르네상스 미술로 읽는 상징과 표징

조지 퍼거슨 George Ferguson 지음
변우찬 옮김

일파소

르네상스 미술로 읽는
상징과 표징

차례

소개의 글	7
머리말	10
역자의 글	15
01 동물, 새, 그리고 곤충	21
02 꽃, 나무, 식물	42
03 땅과 하늘	60
04 인간의 몸	69
05 구약성서	76
06 세례자 성 요한	104
07 동정녀 마리아	109
08 예수 그리스도	117
09 삼위일체, 성모 聖母, Madonna 그리고 천사	142
10 성인	158
11 광채와 문자, 색 그리고 숫자	342
12 종교적인 옷	352
13 종교적인 물건	361
14 상징물	373
그림 목록	392
색인	398

일러두기

1. 성경의 인명·지명, 인용되는 성경 구절은 2005년 한국 천주교 주교회의가 펴낸 『성경』을 따랐다. 단 문맥상 필요한 경우 라틴어본에서 직역하였다.
2. 교회 내 인물, 즉 교황과 성인, 교회가 인정한 신학자들의 이름은 주교회의 〈천주교용어위원회〉가 편찬한 『천주교 용어집 개정 증보판』 2017년 의 원칙에 따라 표기하였다. 단, 그 외의 인물, 즉 황제와 왕, 총독, 배교자와 비신자 등의 인물들은 중세 라틴어 발음에 따라 표기하였다.
   - 한국 천주교회는 'Catholic'을 예외적으로 '가톨릭'으로, 'Christ'를 '그리스도'로 표기한다. 이러한 이유로 'Catharina'를 '가타리나'로 표기한다.
   - 한국천주교회는 'Benedictus'를 '베네딕토'라고 표기하지만, 고유명사화된 '베네딕도 수도원'의 명칭을 따라 예외적으로 '베네딕도'로 표기했다.
3. 인명 지명, 외국말 고유명사와 외래어 표기는 표준 국어 대사전과 외래어 표기법을 따르는 것을 원칙으로 했다.
4. 성인명과 성화聖畵의 제목, 교리상 주요한 단어들에는 라틴어를 병기하였다. 또 이에 해당되는 한글 제목들은 현재 천주교에서 사용하는 용어를 적용하였다.
5. 본래 원문인 영어본에는 각주는 없다. 그러나 내용상 오류이거나 추가 설명이 필요한 경우 각주를 넣었다. 그렇기에 본문의 각주는 모두 역자가 넣은 것이다.
6. 영어본에 명시된 "Virgin"은 모두 예수의 어머니 마리아를 지칭한다. 그런데 영어본에서 "Virgin Mary"란 용어가 별도로 사용하기에 "Virgin"은 "동정녀"로만 번역하였다. 따라서 본문에 있는 "동정녀"는 모두 예수의 어머니 마리아를 의미한다.
7. 일부 용어들은 번역 과정에서 고딕식 성당 구조에 맞추어 새로 확정되었다.
8. 본문에서 *표시가 된 단어는 페이지 하단에 역자주를 넣어 이해를 도왔다.

소개의 글

일곱 살 된 딸이 티에폴로Giovanni Battista Tiepolo, 1696~1770의 그림〈오색 방울새의 성모〉Madonna del cardellino, Madonna of the Goldfinch의 색 재현色再 現을 보고 있었다. 이 그림은 워싱턴 국립 미술관의 관리자 맥브라이드 H.A. McBride 대령이 바로 얼마 전 나에게 보낸 것이었다. 딸아이는 그림 속 소년의 손에 들려 있는 오색방울새가 무엇을 의미하는 것이냐고 물었다.

 몇 년 전에 있었던 딸의 질문은 이 책의 시작이었다. 종교화에서 매우 널리 사용되는 상징들을 쉽게 이해할 수 있게 간단하고 적절한 의미를 부여하는 정보의 보고를 찾고자 하는 작업이었다.

 특히 르네상스 시기의 종교적 상징성에 관한 자료는 양이 방대한데 다 이곳저곳 분산되어 있어 연구에 큰 어려움이 있었다. 전 분야를 통틀어 수년 동안 그 어디에서도 종교적 상징성에 관한 체계적 연구가 이뤄진 적이 없었다. 그리스도교 예술에 대한 관심과 지식을 가진 많은 사람들과 이야기해본 결과, 표징과 상징에 대한 새로운 접근법이 흥미를 일으키고 도움을 주게 될 것이라는 데 의견이 모아졌다. 종교적 주제를 다루고 있는 르네상스 작품들을 삽화로 넣어 그에 대한 상징적 의미를 설명하기로 했다.

 이 책은 지난 5년 동안 종교화의 상징 연구에 관한 흥미로운 모험의 결과이다. 우리는 이 책을 12세의 한 소녀에게 읽어보도록 부탁했고 첫 번째 추천사를 받게 되었다. 이 소녀의 추천사는 우리가 독자들과 공유하기를 바랐던 점들을 무엇보다 잘 표현하고 있다.

"그리스도교 예술에서 상징주의와 그 의미를 다루고 있는 책은 많지 않습니다. 이 책은 읽기 매우 쉽고 미술에 관심이 있었던 사람이라면 누구에게나 꼭 하나쯤 소장할 만한 가치가 있고 그들의 서재에 엄청난 자산이 될 것입니다. 아주 흥미롭고 매력적인 이 책은 단어와 설명 하나하나 읽는 것이 즐거웠습니다. 특히 저는 동물과 새에 대한 부분이 가장 좋았습니다. 또한 동물, 새, 나비, 곤충들에 대한 상징도 훌륭하게 묘사하고 있어요. 또 다른 사랑스러운 부분은 꽃들과 구약성경에 있는 다른 상징들에 대해 설명하고 있는 것도 좋았어요. 이런 점들이 독특하고 재미있어서 책을 보는 내내 즐거웠습니다."

저자인 조지 퍼거슨George Ferguson에게 큰 감사를 보낸다. 그는 아리조나 주 투손Tucson에 있는 언덕의 성 필립보Saint Philip's In The Hills 성당 주임신부이다. 이 책은 그리스도교 미술에서 상징적 의미에 대한 신선하고 독특한 정보를 선사한다. 그로 인해 당신은 그리스도교의 보편성

에 대한 새로운 통찰력을 갖게 될 것이다. 그리스도교 유산의 자녀인 우리가 과거와 마찬가지로 종교에서 생각과 말, 매일의 행동을 자극 받을 수 있다는 사실에 감사해야 할 것이다.

러시 H. 크레스 Rush H. Kress

머리말

그리스도교는 사람이 하느님의 모상模像, imago Dei 으로 창조되었다고 주장한다. 교회는 천국 그 자체에 도달할 수 있고 인간의 마음이 천국의 가장 고귀한 성취, 하느님을 탐구하도록 격려하는 정신을 하느님이 인간에게 주었다고 분명히 말하였다.

사람은 이러한 영적인 열망으로 완전한 곳까지 들어 올려진다. 어떤 단어로도 이 사실을 적절하게 표현할 수 없다. 왜냐하면 하느님이 현실 생활에 대한 지속적인 의식을 즐길 수 있는 특권을 주었기 때문이다. 이러한 현실성은 진리, 아름다움, 선善을 가진 사람이 끝나지 않는 경험을 묘사하는 것과 같다. 이 경험은 매우 필수적이고 다른 사람에게 끊임없이 헌신하려는 움직임이다. 이를 행하려는 움직임을 통해 사람은 참된 하느님의 모상을 이룬다는 사실을 증명한다.

그 경험들을 설명하기 위한 언어가 있다. 태초부터 알고 사용해왔던 언어로 매우 단순하고 아름답다. 이는 표징sign과 상징symbol의 언어, 사람의 영혼을 움직이고 방향성을 제시하는 내면적이고 보이지 않는 사실을 넘어 외적으로 눈에 보이는 형태로 나타난 것이다. 간단한 예를 하나 들어보자. 인간의 사랑을 진실로 표현하는 단어에는 어떤 것이 있는가? 사실 그 어떤 단어보다 손의 감촉, 눈빛, 얼굴의 광채와 같은 사랑의 상징들이 훨씬 더 큰 영향력을 갖곤 한다. 혹은 슬픔의 깊이는 어떻게

표현할 수 있을까? 뺨 위로 흘러내리는 눈물의 상징을 단어로 표현해내기란 쉽지 않다. 또한 선善은 어떤가. 누군가의 선함을 판단할 때 오랜 기간에 걸친 그의 행동과 평소 마음가짐에서 나오는 친절함, 온화함 그리고 다른 사람을 대할 때 얼마나 헌신적인가 등으로 알 수 있다. 이는 누구나 이해하고 있는 상징들이다. 그러한 상징들을 표준화할 수 있는 단어는 없다. 왜냐하면 삶에서 가장 실질적인 경험들은 그렇게 체화된 것이며 이는 가장 보편적인 언어이기 때문이다. 이렇듯 표징과 상징들은 정신의 언어이다.

앞서 우리는 상징과 표징들을 통해 내면적 실재를 드러낼 수 있음을 말했다. 일반적으로 이는 상호교환적으로 사용된다. 표징은 상징이고, 상징은 표징이다. 하지만 기술적 용어를 쓰지 않더라도 이 둘을 구분할 수 있는 방법이 있다. 표징은 "대표한다". 무언가를 가리키고, 그 무엇을 통해 행해진 일을 통해 자신의 성격을 얻는다. 십자가는 그리스도인의 믿음이자 그리스도의 십자가에 못 박힘을 나타낸다. 상징은 "닮았다". 상징은 표징보다 더 깊은 의미를 지닌다. 왜냐하면 상징은 무언가를 가리키는 것과 완전하게 동일시되고, 따라서 그 자체에서 상징의 성격이 비롯되기 때문이다. 유다인 믿음의 희생 동물인 어린 양은 죄에 대한 화해로 제단 위에서 봉헌되었다. 십자가 위에서 그 자신의 봉헌이 속죄의 이 행동을 닮았기 때문에 그리스도는 하느님의 어린 양과 동일시되었다. 세상의 죄들에 대한 성자의 희생에서 십자가는 사람에 대한 하느님의 사랑을 상징하였다.

　이 소리 없는 언어가 지닌 보편성은 그리스도교 상징주의 안에서 풍부해진다. 우리는 그 세계에 대한 그리스도교의 자연스러운 반응으로서 상징성의 발전을 이해할 수 있다. 그리스도인들은 하느님에 대한 탐구에서 잘 알려진 말과 행동들, 혹은 상황, 신비주의적이고 영적인 의미를 부여한다. 이 방식에 따라 하느님의 진리를 알고 모든 창조물 안에서 하느님의 현존을 이해하려는 사람에게는 더 큰 통찰력이 주어진다. 그리스도교 교회가 표징과 상징의 보편적인 언어를 사용하는 것은 그리스도는 모든 사람의 구세주가 된다고 믿고 있기 때문이다. 교회는 하느님의 계획에 따라 세상과 모든 사람을 구원하는 것이 자신의 과업이라고 확신한다. 따라서 교회는 성공적으로 사명을 다하기 위해 가능한 모든 자료를 차용하려고 애쓴다. 상징과 표징, 특히 인간 경험의 영역에서 가장 흔한 것들은 그리스도교적이고 영적인 의미를 부여 받는다.

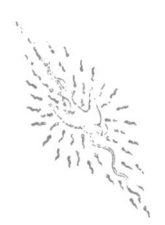

　이 책은 르네상스 시기 종교화에 한해서 상징적 의미를 묘사하고 있다. 작은 편차가 있는 것부터 결정적인 형태를 부여받은 것까지 르네상스 종교화의 본질에 따라 가장 보편적이고 일반적으로 인정받는 표징과 상징들을 함께 실었다. 당시 교회의 후원을 받았던 예술가들은 새로운 시도를 하기보다는 전 그리스도교 시대를 통틀어 알려진 상징적 의미를 확고히 정리하고자 했다. 그리스도인의 공통된 경험이 예술의 형태로 완성되어 우리에게 전해진 것이다.

　초기 그리스도인은 모든 것에서 하느님을 보았다. 하느님 안에서 '살아 움직이고 자신의 존재를 느꼈다.' 당연히 모든 것들이 하느님을 상징하는 것으로 보였다. 그와 같이 자신이 보았던 모든 사물에 종교적이고 영적인 의미를 부여했던 방법이 이 책에서 말하려는 것이다. 그래서 이 책에는 엄밀히 따지면 구약성경, 세례자 성 요한, 동정녀 마리아, 그리고 예수 그리스도에 포함되지 않는 부분들도 다루고 있다. 여기에서 다루는 내용들은 르네상스 화가들이 가장 일반적으로 묘사했던 부분이다. 그들은 최고의 형상화 장면을 묘사하기 위해 자연스럽게 표징과 상징들의 결정적 형태를 사용하게 되었다. 예를 들어 종교복, 종교적 대상처럼 인공적인 부분을 상징적 묘사에 사용하지 않았다. 주변의 사물들에 상징적 의미를 부여한 것과 마찬가지로 이는 그리스도인의 마음과 유대 등을 통해 동일화함으로써 나타났다.

   이상이 이 책에 대한 소개다. 크레시 씨의 관심과 열정은 이 책을 집필할 때 끊임없이 크나큰 동기부여가 되었다. 사무엘 H. 크레스의 방대한 르네상스 미술 소장품Samuel H. Kress Collection 중에서 삽화를 사용할 수 있도록 허락해준 것에 감사한다. 모든 성경의 인용문들은 흠정 영역 성서欽定英譯聖書, Authorized Version, King James Version 에서 나온다.

   크레스 재단의 직원에게도 귀중한 도움을 받았다. 워싱턴 D.C.의 국립 미술관 관장인 존 워커John Walker 는 변함없는 친구이자 조언자였다. 그의 직원도 한결같이 협력해주었다. 애리조나 대학교에서 미술교수인 안드레아스 앤더슨Andreas Andersen 은 수년 간의 준비 기간 동안 소중한 동료였다. 애리조나 대학교에서 미술 조교수인 마크 보리스Mark Voris, 그리고 이닛 벨Enid Bell 은 선화線畵들을 만들어냈다. 또한 진 카드Jean Card 에게도 감사를 표하고 싶다.

조지 퍼거슨George Ferguson

역자의 글

이 책의 저자인 조지 퍼거슨George Ferguson, 1899~1973은 미국 애리조나주 투손Tucson에 있는 영국 국교회, 즉 성공회의 언덕의 성 필립보St. Philip's in the Hills 성당의 초대 주임신부였다. 그는 이 성당에 재임하는 동안 신자들의 교육에 창조적인 미술 방법들을 사용하면서, 상징들과 표징들을 교육에 활용하였다. 그리고 그 결과를 모아서 간결하고, 순서에 따라서, 접근하기 쉬운 책으로 모아 정리하고 출판하였다. 그렇게 이 책은 1954년에 처음 출판되었고, 몇 번의 판을 거치면서 오랜 시간이 지난 지금까지 그리스도교 미술에서, 또 르네상스 시기 미술에서 상징들과 표징들의 연구에 대한 가장 인기 있고 대중적인 자료로 인정받고 있다. 최근까지, 또 최근에도 상징과 표징에 대한 많은 책들이 출판되었지만, 개인적인 판단으로는 이 책보다 내용이 다양하지 않고 이 책의 일부만 특성화한 경우도 있고, 내용만 확충한 경우들이 대부분이다. 그런 이유들로 첫 출판 이후 65년이 지났다는 한계가 있음에도, 이 책을 선정하여 번역하였다.

전공자가 아니면서 상징과 표징에 대한 책을 번역한 것은, 보다 많은 한국인들이 르네상스 시기 미술 작품을 더 잘 이해하기를 바라기 때문이다. 르네상스 시기의 작품들에는 많은 표징이나 상징이 등장한다.

그런데 여기서 말하는 것은 표징標徵, mark 이 아니라 표징表徵, sign 이다. "sign"은 건물에 있는 간판과 안내판, 또 방 명찰만이 아니라, 부호符號, 기호記號, 표標, 약호略號, 신호信號, 징조徵兆, 서명書名 등으로 번역된다. 그런 탓에 "sign"은 어떤 사실을 시각적으로 나타내서 보여준다는 것에 주안점이 있다. 실상 이 책에서 언급되는 표징은 바로 그런, 겉으로 드러나는 특징이나 상징이다.

반면 상징象徵, symbol 은 추상적인 사물이나 개념을 구체적인 사물 모양으로 나타낸다. 그런 탓에 엘리아데Mircea Eliade는, 상징은 '인식의 모든 수단을 거부하는 실재實在의 좀 더 깊은 측면들을 드러내 보이는 유일한 표현 수단'이라고 했다. 또 틸리히Paul Johannes Tillich는 상징이 인간의 영혼을 열어 보이는 '영혼의 언어'langage de l'âme 라고 하였다. 그리고 상징은 표징과 마찬가지로 '가리키는' 기능을 지니면서, 본질적 실재에 '참여하는' 기능을 지닌다고 보았다. 그럼에도 불구하고 상징은 시대, 역사, 문화, 종교에 따라 다르고, 의미가 항상 똑같이 해석되지도 않는다.

하지만 르네상스 시기 미술에는 항상 특정 인물과 결부된 상징, 소품, 배경, 색이 있었다. 그런 것들을 통해 한 인물의 삶, 생애, 그리고 죽음까

지 분명히 알려준다. 그렇기에 이 책을 읽고 그림의 중심부터 각 구석에까지 드러나는 표징과 상징을 통해 눈이 아니라 가슴으로 느끼는 명오明悟가 열리기를 바란다.

두 번째 이유는 앞서 언급한 책들 중 상당수가 그림 그 자체의 아름다움이나 등장인물의 자세, 혹은 그림의 비례, 구도, 색채 사용과 색의 조합, 그리는 방식, 좀 더 구체적으로는 당시 사회 풍조와 유행, 정치적인 배경들만 설명하기 때문이다. 물론 이를 통해서 독자들은 미술적인 이해력을 갖게 될 것이다. 하지만, 반면에 그 그림에 담긴 표징이나 상징적인 의미를 모르기에 화가가 그것을 그리면서 가졌던 마음, 그 그림을 통해서 말하고 싶었던 의도를 충분히 알 수 없기도 하다. 그런 이유로 이 책을 번역하게 되었다.

세 번째 이유는 '중세는 암흑의 시대'라고 말하는 사람들이 있기 때문이다. 그런데 오스트리아 출신의 미술사학자인 곰브리치Ernst H. J. Gombrich, 1909~2001는 "중세는 칠흑 같은 밤이기보다는 별이 총총 빛나는 밤"이라고 말한다. "모든 것이 모호하고 불확실한 상황에서 … 어두운 밤하늘에는 길을 가리키는 별들, 새로운 신앙의 별들이 반짝이고 있었다."라고 한다. 그로 인해 "오직 하느님의 뜻에 따라 살기를 원했다." 그 이상理想을 담은 것이 르네상스 시기의 미술 작품들이다. 읽고 쓸 줄 아는 사람이 아주 소수였던 시기에 삶의 방향을 일깨워주는 것이 르네상스 시기 미술의 의도였다. 그래서 그 시기 작품들에는 많은 이야기들이 담겨 있고, 그것이 때로는 뒷배경으로, 때로는 표징이나 상징으로 표현되었다. 성경의 이야기들에서, 성인·성녀의 그림들에서, 당시 통치자들이나 부유한 상인들의 초상이나 그들이 봉헌한 그림들에서 많은 표징이나 상징들이 등장한다.

물론 추상화나 비구상非具象 작품이라면 표징과 상징을 다른 형태로 사용하겠지만, 구상 작품들에는 모양, 색과 구도와 아름다움은 있지만 그 주제인 누군가의 삶이나 믿음, 신념도 담겨 있어야 한다. 그럼에도 한국에서는 그저 십자가만, 묵주나 책만을 들고 있으면 '순교자'라 하고, 당시의 옷만을 입혀놓고는 '이것이 그 사람성인, 복자, 순교자이다.'라고 말한다. 그의 삶, 신앙이나 신념이 보여지지 않는다. 그건 오랜 역사를 가진 '교회 미술'의 범주에 속하지 않는다고 생각한다. 사실 "인간이 인간다울 수 있는 것은 상징symbol을 만들어낼 수 있는 능력을 소유하고 있다는 것이다."라고 하였던 말을 고민해야 되지 않을까? 어떤 사진을 그대로 그대로 화폭에 옮기거나 조상을 만드는 것보다는 '당신그을, 지금

까지 당신그의 삶을 보여주는 당신그만의 상징은 과연 무엇인가?'라고 질문이 먼저 던져지길 바란다.

이 책이 출판되기까지 도와주신 분들이 있다. 우선 쉴 수 있는 휴양 기간을 허락해주신 서울대교구의 염수정 안드레아 추기경께 감사드린다. 소임에서 벗어나 시간적인 자유로움을 가질 수 있었기에 번역을 하겠다는 용기를 낼 수 있었다.

그리고 김종수 요한 신부님현 천주교 잠실7동 성당 주임신부께 감사드린다. 이 책에는 제2차 바티칸 공의회1962~1965 이후의 전례 개혁으로 현재는 사용되지 않는 용어들과 설명들이 있다. 그것들을 우리말로 어떻게 표현할지, 또 잘못 사용되어온 용어들을 어떤 말로 정리할지에 대해 많은 도움을 주셨다.

또 언제 전화해서 질문을 던져도 답을 일러준 나의 동생 변종찬 마태오 신부가톨릭대학교 신학대학에게는 그저 감사하고 고마울 따름이다. 그리고 번역에 대한 격려를 아끼지 않은 나의 형 변기찬 요셉 교수부산외국어대학교에게 고마움을 전하고 싶다. 번역을 좀 더 편안히 하라고 영어본 원문 전체를 타이핑해준 최광준 암브로시오 군에게 감사한다. 그 덕분에 돋보기를 쓰고 작은 글씨를 번역해야 하는 수고를 덜 수 있었다.

그리고 이 책을 기꺼이 출판하기로 선뜻 응해준 출판사 일파소에 감사한다.

변우찬 사도 요한 신부

01
동물, 새, 그리고 곤충

개 Dog 특유의 성격 때문에 조심성과 충실함의 상징으로 사용된다. 그러한 예가 몇 가지 있는데, 토비아Tobias 의 개와 성 로코Rochus 의 개가 여기 포함된다. 성 로코의 개는 빵을 성인에게 가져와 그 옆에서 지켰다고 한다. 또는 성실한 결혼 관계의 상징으로도 사용되는데, 이때는 종종 기혼 여성의 발이나 무릎 옆에서 보여진다. 입에 불타는 횃불을 물고 있는 개는 성 도미니코Dominicus 의 상징이다.

흑백 얼룩무늬의 개는 흑백의 수도복을 입었던 도미니코회 회원들 Dominicans, Domini canes, '주님의 개들' 의 상징으로 사용된다.

개구리 Frog 끊임없이 개골개골하고 우는 소리와 쏟아지는 개구리들이 이집트에 대한 재앙들 중 하나라는 사실(탈출 8장) 때문에, 개구리는 악마적인 의미로 사용되었고, 때때로 이단자들에 비유된다. 일반적으로 그림에서 개구리는 죄의 혐오스러운 측면을 뜻하였다. 더 넓은 의미에서 개구리는 순간적 쾌락을 쫓는 사람으로 해석된다. 이런 이유로 보통 세속적인 것들을 의미한다.

거미 Spider 거미는 상징적으로 사용된다. 구두쇠가 가난하고 힘없는 사람들을 착취하는 것처럼 거미는 파리에게서 피를 빼먹기 때문에 구두쇠를 의미하는 것으로 쓰인다. 또한 악마가 거미줄처럼 덫을 이용한다는 의미에서 악마를 의미하며. 거미줄에 걸리면 헤어날 수 없는 것처럼 거미줄을 친 악인의 악의를 뜻한다. 거미줄은 유혹에 빠지기 쉬운 인간의 나약함을 상징한다.

거위 Goose 로마제국 시대 이후, 거위는 섭리와 경각심의 상징이 되었다. 갈리아 사람들의 침략으로부터 로마를 구했던 카피톨리네Capitoline 언덕의 거위 전설은 잘 알려져 있다.

그리스도교 미술에서 거위는 투르의 성 마르티노Martinus Turonensis 의 상징물로 나타나곤 한다. 투르 주민들이 자신들의 주교가 되어달라고

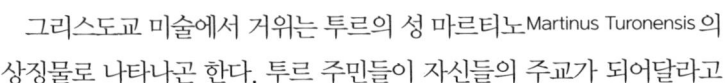

성 마르티노에게 부탁하러 찾아 갔을때 거위 덕분에 그의 숨은 장소를 알 수 있었기 때문이다.

고래 Whale 고대 전설에 따르면, 선원들은 고래의 거대한 몸통을 보고 섬으로 오해해서 고래의 측면에 닻을 내렸다가 위대한 창조물이 갑자기 잠수하는 바람에 배가 부서지는 일이 종종 발생했다고 한다. 그래서 고래는 악마 혹은 교활함의 상징으로 사용하게 되었고, 고래의 벌어진 입은 지옥문이 열렸다는 의미로 종종 묘사되었다.

성경에는 고래가 삼켰다가 3일 후에 토해내는 바람에 돌아왔다는 요나Jonah에 대한 이야기가 있다. 이러한 요나의 경험은 무덤에 있는 예수 그리스도와 3일 후 그의 부활에 비유된다. 고래의 겉모습과 습관에 대한 생소함, 그리고 성경에서 말하는 바다 괴물로서의 정체성 때문에, 이탈리아 르네상스 시기의 미술가들은 자연물로서의 고래를 그리지도 못했다. 오히려 요나를 삼켰던 괴물은 용이나 거대한 텁수룩한 물고기, 돌고래 등의 형태로 나타났다.

고양이 Cat 고양이는 특유의 습관 때문에 게으름과 성욕의 상징으로 받아 들여졌다. 또한 그리스도의 탄생 때 같은 마구간에서 한 고양이가 새끼 몇 마리를 낳았다고 말하는 '성모의 고양이'gatta della Madonna 에 대한 전설이 있다. 이 고양이는 일반적으로 성모의 뒤에서 십자가 모양의 표시로 표시된다.

곰 Bear 야생 동물로서 잔인함과 악마의 영향력을 상징한다. 구약성경에서 세상에 죽음과 타락을 가져왔던 페르시아 왕국을 나타내는 데 사용되었고, 마침내 하느님에 의해 파괴되었다(다니 7, 5). 두 마리의 곰이 숲에서 나타났고 엘리사Elisha, Eliseus 예언자를 대머리라고 놀리며 조롱하던 어린이들을 먹었다고 말하였다(2열왕 2, 24).

새끼 곰은 특정한 형태가 없이 태어나고, 어머니 곰에 의해 형태가 주

제1부 동물, 새, 그리고 곤충

어진다고 믿었다. 이 전설적인 행동은 신앙심이 없는 사람들을 교정하고 새사람이 되게 하는 그리스도교의 상징이 되었다. 이 의미에서 성인이 곰을 길들이는 것에 관한 많은 전설들이 해석될 수 있다. 대표적인 것은 원형경기장에서 성녀 에우페미아Euphemia가 야생 동물들에게 던져졌을 때, 곰에게 잡아먹히지 않고 경배를 받았던 이야기이다.

공작 孔雀, Peacock 그리스도교의 미술에서 공작은 불멸의 상징으로 사용된다. 이 상징적 의미는 공작의 살은 부패하지 않는다는 전설적인 믿음에서 시작되었다. 그래서 공작은 주님 탄생의 장면들에서 주로 나타난다. 공작 꼬리에 있는 '100개의 눈'은 때때로 '모든 것을 보는 교회'를 상징하는 데 사용된다. 또한 자기 깃털의 아름다움을 뽐내면서 펼치는 공작의 습관은 세속적인 자만심과 허영심을 상징하기도 한다. 공작의 깃털은 종종 그녀의 탄생 도시인 헬리오폴리스Heliopolis와 관련하여 성녀 바르바라Barbara의 상징물이다.

그리핀 Griffin 일반적으로 독수리의 머리와 날개, 사자의 몸통으로 묘사되었던 이 전설적인 창조물은 한편으로 구세주를 의미하고, 다른 한편으로는 독수리의 사냥법과 사자의 사나움의 결합이라는 점 때문에, 그리스도인들을 억압하고 박해하는 사람들을 상징하기도 해서 정반대의 두 가지 의미로 사용된다.

기린 Giraffe 르네상스 시기의 기린은 어떤 상징적인 의미보다는 유럽의 동물들 중 낯선 외모와 희귀성 때문에 더 많이 묘사되었다.

나귀 Ass 나귀는 르네상스 시기 그림들에서 〈이사악을 제물로 바침〉, 〈주님 탄생〉, 〈이집트로의 피난〉, 〈그리스도의 예루살렘 입성〉에 대한 그림들에서 자주 묘사된다. 그중 나귀가 규칙적으로 나타난 주님 탄생 장면들은 가장 익숙한 묘사이다. 나귀와 소는 예수가 태어났을 때 참

석하였던 가장 겸손하고 가장 작은 동물 창조물이었고, 예수를 하느님의 성자聖子로 알아보았다는 것을 상징한다. 그리스도의 탄생에 그들의 참석은 이사야서 1장 3절 "소도 제 임자를 알고 나귀도 제 주인이 놓아준 구유를 알건만"의 예언과 관련 있다. 파도바의 성 안토니오 Antonius Patavinus의 전설은 아마도 이 해석과 관계가 있을 것이다. 성 안토니오는 한 유다인을 개종시키려고 헛된 노력을 하였다. 그는 끝내 인내심을 잃고 유다인이 자신의 말처럼 진리를 보게 하는 것보다 차라리 야생 나귀를 성체 앞에 무릎 꿇리는 것이 더 쉽겠다고 소리쳤다. 그때 그 유다인은 실험을 하자고 그에게 도전하였다. 참석한 사람들이 궁금해하자, 야생 나귀는 무릎을 꿇었고, 수많은 유다인들과 믿지 않는 사람들이 그리스도교로 개종하였다.

가축으로서 나귀는 성인들의 다른 전설에서 나타난다. 성 예로니모 Hieronimus의 생애에서 발견되는 대표적인 전설은 수도원을 위해 나무를 옮겼던 나귀에 대해 이야기한다.

나비 Butterfly   나비는 때때로 성모와 아기 예수의 그림들에서 보이며, 보통 아기 예수의 손 안에 있다. 이는 르네상스 시기의 예수 그리스도에 대한 상징이다. 좀 더 일반적인 의미에서, 나비는 모든 사람의 부활을 상징할 것이다. 이는 삶, 죽음, 부활의 분명한 상징들인 애벌레, 번데기, 나비로 나타나는 나비 생애의 세 번째 단계에서 비롯된 것이다.

낙타 Camel   낙타는 오랜 시간 동안 물을 마시지 않고도 견딜 수 있다는 점에서 절제를 상징한다. 동양에서 여행 수단인 낙타는 짐을 지는 짐승일 뿐만 아니라 왕족과 위엄의 표징이었다. 낙타가 진 사람이나 물건은 부자이고 값비싼 것이었다. 그 때문에 르네상스 미술에서 낙타는 동양적 배경을 연출하기 위한 성경 주제로 사용되었다. 특히 베들레헴에 있는 구유에 동방박사들이 방문하는 장면을 묘사하는 데 적용되었다.

낙타의 머리카락은 "요한은 낙타 털 옷을 입고 허리에 가죽 띠를 둘렀으며"(마르코 1, 6)라는 성경의 묘사에서 알 수 있듯이 세례자 성 요한의 변함없는 상징이다.

늑대 Wolf 늑대는 때때로 아시시의 성 프란치스코Franciscus Assisiensis의 상징물로 사용된다. 이것은 구비오Gubbio의 늑대에 대한 유명한 이야기에 근거한다. 성 프란치스코가 늑대와 마주쳤을 때, 늑대는 치명상을 입은 채 구비오의 사람들에게 쫓기고 있었다. 프란치스코는 '늑대 형제'라고 부르며 더 나은 방법을 알지 못했던 동료 창조물로서 늑대를 보호하고 교화시키려 했다.

달걀 Egg 달걀은 희망과 부활의 상징이다. 이 의미는 알에서 작은 병아리가 탄생한다는 점에서 파생되었다.

달팽이 Snail 달팽이는 진흙에서 태어나고 진흙을 먹고 산다고 믿어졌다. 그런 까닭에 달팽이는 음식을 찾기 위한 노력을 하지 않는다고 하여 죄인 혹은 게으름의 상징으로 해석되었다.

독수리 Eagle 독수리는 일반적으로 부활의 상징으로 해석될 수 있다. 독수리는 다른 새들과 달리 정기적으로 태양 근처를 날고 그 다음에 물에 뛰어들어 깃털을 다듬고 젊음을 되찾았다는 초기의 믿음에 근거한다. 이러한 해석은 시편 103장 5절 "… 네 젊음이 독수리처럼 새로워지는구나."에서 잘 나타난다.

독수리는 또한 세례대洗禮臺, fons baptismalis에서 시작되었던 새로운 삶과 그리스도인의 혼이 은총에 의해 강해졌다는 것을 묘사하는 데 사용되었다. "주님께 바라는 이들은 새 힘을 얻고 독수리처럼 날개 치며 올라간다."(이사 40, 31) 독수리는 시력을 잃을 때까지 날아갈 수 있는 능력을 가졌고, 그럼에도 불타는 듯한 한낮의 태양에 순응할 줄 안다고 말한다. 이러한 이유로 독수리는 그리스도를 상징하게 되었다. 좀 더 일반적인 의미에서는 의로운 사람을 상징한다. 혹은 용기, 믿음, 관상觀想의 덕들을 나타낸다. 드물게는 육식조肉食鳥로서 묘사되어 혼을 강탈하는 악령, 혹은 자존심과 세속적인 힘의 죄를 암시한다.

독수리는 성 요한 복음사가의 특정한 상징물이다. 에제키엘서 1장 5절과 10절의 환시에서 "… 그 한가운데에서 네 생물의 형상이 나타나는데, … 그들의 얼굴 형상은 사람의 얼굴인데, 넷이 저마다 오른쪽은 사자의 얼굴이고 왼쪽은 황소의 얼굴이었으며 독수리의 얼굴도 있었다." 는 네 복음사가들에게 속하는 것으로 해석되었다. 왜냐하면 성 요한은 자신의 복음서에서 구세주의 신성神性에 대한 관상觀想이 가파르게 상승하였고, 그로 인해 독수리가 성 요한의 상징이 되었다.

일반적으로 독수리는 복음서들의 영감靈感, inspiratio을 대표하게 되었다. 이 상징적인 해석으로, 복음을 읽었던 강론대는 종종 날개 달린 독수리의 형태를 지니게 되었다.

돌고래 Dolphin 돌고래는 그리스도교 미술에서 다른 물고기보다 자주 묘사된다. 일반적으로 돌고래는 부활과 구원을 상징한다. 물고기들 중에서 가장 강하고 가장 빠른 것으로 여겨지며, 세상 그 너머로 바다를 가로질러 죽은 자의 혼을 가지고 가는 것을 종종 보여주었다. 닻 혹은 배로 묘사되기도 했는데, 그리스도인의 혼이나 그리스도에 의해 구원으로 인도되는 교회를 상징하였다. 돌고래는 요나Jonah의 이야기에서 고래 대신 자주 등장하였다. 결국 돌고래는 부활의 상징으로, 드물게는 그리스도의 상징으로 사용되었다.

돼지 Hog 돼지는 관능과 폭식의 악령을 상징하려고 사용된다. 돼지는 자주 이 악령을 정복하였다고 평판이 나 있던 안토니오Antonius 아빠스의 상징물들 중 하나로 보여진다.

두루미 鶴, Crane 두루미는 경계, 충실, 올바른 생활, 선행, 그리고 수도

제1부 동물, 새, 그리고 곤충

생활에서 질서 정연함의 상징이다. 모든 이 좋은 의미들은 이 새의 전설적인 습관들에서 유래되었다. 매일 밤 두루미들이 자신들의 왕 주변에 원형을 이루어 모인다고 여겼다. 어떤 두루미들은 감시하는 역할이었으며, 무슨 수를 써서라도 잠들지 말아야 했다. 이를 위해 수호자 두루미는 한쪽 발을 들고 다른 한 발로만 서 있었다. 들어 올린 발에는 돌을 잡고 있었고, 이 돌은 자신이 잠들면 다른 발 위에 떨어져 깨우기 위해 사용되었다.

딱따구리 Woodpecker 딱따구리는 보통 인간의 본성을 훼손하고 영원한 벌로 인간을 인도하는 악마, 혹은 이단異端을 상징한다.

말 Horse 고대 신화神話에서 황소는 달의 표장標章, emblem이었던 것처럼, 말은 태양의 표장이었다. 그러나 르네상스 시기에 말은 성욕의 상징으로 가장 자주 묘사되었다. 이 해석은 예레미야서 5장 8절 "그들은 욕정이 가득한 살진 수말이 되어 저마다 제 이웃의 아내를 향해 힝힝거린다."에 기반을 두고 있다.

매 Falcon 종교적인 상징적 의미에서 두 종류로 나누어 볼 수 있다. 사육되어 길든 매는 거룩한 사람, 혹은 그리스도교 믿음으로 개종하였던 이방인을 의미한다. 반면 야생의 매는 사악한 생각이나 사악한 행동을 상징하였다. 가장 선호되는 사냥용 새로 사육된 매는 르네상스 시기 동안 야외극과 기사도적인 장면들에서 종종 묘사되었고, 동방박사들의 무리에서 종종 시동侍童으로 여겨지기도 했다.

물고기 Fish 물고기는 그리스도의 상징으로 가장 빈번하게 사용되었다. 이것은 '물고기 ἰχθύς'라는 단어를 구성하는 다섯 개의 그리스어 글자들이 '하느님의 아드님, 예수 그리스도, 구세주 Ἰησοῦς Χριστός, Θεοῦ Υἱός, Σωτήρ'라는 다섯 단어들의 머리글자들이기 때문이다. 이런 의미에서 물고

기 상징은 초기 그리스도교 미술과 문학에서 자주 사용되었다. 또한 세례의 상징으로 사용되었다. 왜냐하면 물고기는 물 밖에서는 살 수 없는 것처럼, 참된 그리스도인은 세례의 물을 통하지 않고서는 살 수 없다.

르네상스 시기 화상畵像에서, 자신의 아버지 토빗Tobit이 물고기의 쓸개 덕분에 시력을 회복할 수 있었기 때문에 물고기는 토비아Tobias에게 상징물로 주어진다. 또한 어부인 그의 존재에 대한 암시로 성 베드로에게, 물고기에게 설교하였던 파도바의 안토니오에게 상징물로 주어진다.

바실리스크 Basilisk 바실리스크는 반은 수탉이고 반은 뱀인 우화에 등장하는 짐승이다. 전설에 따르면, 바실리스크는 단지 눈길 한 번에 상대방을 죽일 수 있었다고 한다. 초기 상징적 의미에서, 바실리스크는 두에Douay판에서 "너는 사자와 독사 위를 거닐고 힘센 사자와 용을 짓밟으리라."라고 읽었던 시편 91장 13절에 근거를 둔 해석에서, 악마 혹은 거짓 그리스도Antichristus의 상징으로 흔히 받아 들여졌다. 성 아우구스티노Augustinus는 이 네 짐승을 승리를 거둔 그리스도에게 짓밟힌 악마의 네 측면으로 해석했다. 중세에서는 잘 정립된 상징으로 자주 사용되었지만 르네상스 시기 이탈리아 그림에서는 바실리스크가 좀처럼 등장하지 않는다.

벌 Bee 벌은 근면한 습관들 때문에 활기, 근면함, 일, 그리고 질서정연함의 상징이 되었다. 또한 벌은 꿀을 생산한다고 하여 달콤함, 종교적인 웅변의 상징으로 받아들여진다. 그래서 벌집은 성 암브로시오Ambrosius와 클레르보의 성 베르나르도Bernardus Claraevallensis의 상징으로 사용되곤 하는데, 이는 그들의 웅변이 꿀처럼 달콤하였다고 전해지기 때문이다. 벌집은 마찬가지로 경건하고 통일된 공동체의 상징이다. 성 암브로시오는 벌집으로 교회를, 그리고 열심히 일하고 영원히 충실한 벌에 그리스도인들을 비유하였다. 벌은 그리스도의 상징인 꿀의 생산자로서, 그리고 훌륭한 습관 덕분에 마리아의 동정성을 상징하는 데 사용되었다.

그 이후 고대 전설에 따르면, 벌은 결코 잠자지 않는다고 했는데 그런 점에서 때때로 선함을 행하고 덕을 얻을때 그리스도인의 조심성과 열성을 암시하는 데 사용되었다(제14부 벌집 참조).

베짱이 grasshopper, 메뚜기[locust]   베짱이 혹은 메뚜기는 파라오의 마음이 주님의 말씀에 대해 마음이 완고해졌기 때문에, 이집트 사람들에게 내려진 재앙들 중 하나였다. 따라서 아기 그리스도가 베짱이를 잡고 있는 장면은 국가들의 그리스도교로의 개종에 대한 상징이다. 이는 또한 이전에 자신들의 왕을 위해 그리스도 없이 국가들을 언급하는 것으로 일찍이 해석되었던 구절인 잠언 30장 27절 "임금이 없지만 모두 질서 정연하게 나아가는 메뚜기"에서 유래되었다. 세례자 성 요한은 메뚜기들을 먹었다고 알려졌다.

부엉이 Owl   어둠 속에 숨고 빛을 두려워한다는 점에서 부엉이는 사탄, 어둠의 왕자[魔王]를 상징하게 되었다. 사탄이 인류를 속인 것과 마찬가지로, 부엉이는 다른 새들을 속여 사냥꾼이 놓은 덫에 걸려들게 한다. 부엉이는 또한 고독을 상징하고, 이런 의미에서 기도하는 은수자들의 장면들에서 나타난다. 반면에 부엉이의 가장 오래된 선물은 지혜이고, 이 의미로 때때로 성 예로니모와 함께 등장한다.

다른 의미에서 부엉이는 인류를 구하려고, "어둠과 죽음의 그늘에 앉아 있는 이들에게 빛을 주려고"(루카 1, 79) 자기 자신을 희생하였던 그리스도의 상징물이다. 이것은 십자가에 못 박힘의 장면들에서 부엉이의 존재를 설명한다.

불사조 不死鳥, Phoenix   불사조는 아라비아 사막에서 살았던 매우 아름다운 신화적인 새였다. 불사조의 수명 기간이 300년에서 500년 사이라는

말이 있었다. 불사조는 정기적으로 화장터 장작더미 위에서 자기 자신을 불태웠고, 그 결과 자신의 재로부터 부활할 것이고, 젊음의 신선함을 모두 되찾고, 다른 삶의 주기를 시작할 것이다. 코린토인들에게 보낸 자신의 첫 번째 편지에서 성 클레멘스에 의해 이 새의 전설이 관련되었을 때, 불사조는 1세기 이전에 그리스도교 상징으로 도입되었다. 초기 그리스도교의 미술에서, 불사조의 특별한 의미는 죽은 자의 부활과 죽음을 넘어 영원한 생명의 승리로서 장례식 석조 위에 빈번히 나타난다. 불사조는 후에 그리스도 부활의 상징이 되었고, 일반적으로 십자가에 못 박힘과 관련되어 나타난다. 다른 의미에서, 불사조는 믿음과 불변함을 의미한다. 불사조는 중세 시대의 미술에서는 흔하게 사용되었지만 이탈리아 르네상스 회화에서는 드물다.

비둘기 Dove 고대와 그리스도교 미술에서 비둘기는 순수함과 평화의 상징이었다. 노아의 방주에서 비둘기를 내보내 물이 줄어드는지 확인했고 하느님이 사람과 함께 평화를 만든다는 것을 증명하기 위해 올리브 가지를 가지고 돌아왔다(창세 8장).

모세의 법에 비둘기는 순수한 것으로 선언되었고, 이런 이유로 아이를 낳은 후에 정결 예식을 위한 제물로 사용되었다. 가끔 성전에서 행해지는 그리스도의 봉헌 장면에서 요셉은 바구니 안에 하얀 비둘기 두 마리를 들고 있었다. "모세의 율법에 따라 정결례를 거행할 날이 되자, 그들은 아기를 예루살렘으로 데리고 올라가 주님께 바쳤다. … 그들은 또한 주님의 율법에서 '산비둘기 한 쌍이나 어린 집비둘기 두 마리를 바치라고 명령'한 대로 제물을 바쳤다."(루카 2, 22-24) 순수함의 표장標章, emblem으로서 비둘기는 때때로 동정녀 마리아의 머리 위에 나타난다. 시에나의 성녀 가타리나Catharina Senensis가 기도하고 있는 동안 아버지는 그녀의 머리 위에서 비둘기를 본다.

무엇보다 그리스도교 미술에서 비둘기가 중요한 이유는 성령의 상징으로 사용되기 때문이다. 이 상징적 의미는 그리스도의 세례에 대한 이야기에서 처음으로 등장한다. "요한은 또 증언하였다. 나는 성령께서 비둘기처럼 하늘에서 내려오시어 저분 위에 머무르시는 것을 보았다."(요한 1, 32) 성령의 상징인 비둘기는 삼위일체, 세례, 주님 탄생 예고 Annunciatio의 묘사들에 나타난다. 일곱 마리의 비둘기들은 하느님의 일곱 가지 영들 혹은 은총의 일곱 부분으로 된 선물 안에 있는 성령을 묘사하는 데 사용되었다. 이는 이사야서 11장 1–2절의 "이사이의 그루터기에서 햇순이 돋아나고 그 뿌리에서 새싹이 움트리라. 그 위에 주님의 영이 머무르니, 지혜와 슬기의 영, 경륜과 용맹의 영, 지식의 영과 주님을 경외함이다."라는 예언에 잘 나타난다.

비둘기는 또한 여러 성인들의 생애와 연결되었다. 그것은 베네딕도가 하얀 비둘기의 모양으로 천국으로 올라가는 자신의 죽은 자매 스콜라스티카Scholastica의 혼을 보았기 때문에, 비둘기는 성 베네딕도의 상징물이다. 또한 성 대 그레고리오Gregorius Magnus의 상징물로도 사용되는데, 그가 글을 쓰고 있는 동안 성령의 비둘기가 어깨 위에 앉았기 때문이다.

사자 Lion 사자는 상황에 따라, 여러 가지 의미로 르네상스 시기 미술에서 사용되었다. 일반적으로 사자는 힘, 위엄, 용기, 그리고 불굴의 용기를 상징한다. 자연사自然史에서 전설적인 이야기는 이미 죽어서 태어난 새끼 사자에게 3일 후에 아빠 사자가 입김을 불어넣자 살아 움직였다는 것이다. 그래서 사자는 부활과 관련지어졌고, 그것은 생명의 주님인 그리스도의 상징이다.

사자는 에제키엘의 예언에서 나타난 네 마리의 동물들 중 하나이다. 그는 마르코Marcus 복음사가의 상징이다. 왜냐하면 성 마르코는 자신의 복음서에서 그리스도의 부활을 가장 자주 언급했고 그리스도의 왕의 위엄을 특히 강조하였기 때문이다. 날개 달린 사자는 변함없이 성 마르코의 상징물이고 베네치아의 표장으로 나타난다. 그 도시가 성 마르코의 보호 아래에 있었기 때문이다. 성 예로니모가 사자 발에 박힌 가시를 제거해주었고, 그런 연유로 사자와 친구가 되었다고 한다.

　사자는 눈을 뜨고 잠을 잔다는 것이 중세의 믿음이었다. 그래서 사자는 조심성의 상징이 되었다. 드물기는 하지만 사자의 자만심과 사나움 때문에 어둠의 왕자의 상징으로 사용되기도 했다. 이 해석은 시편 91장 13절 "너는 사자와 독사 위를 거닐고 …"에서 알 수 있다. 이 구절은 악마와 싸워 승리를 거둔 그리스도로 해석된다. 게다가 사자는 이집트의 성녀 마리아, 성녀 에우페미아Euphemia, 성 오누프리오Onuphrius, 그리고 은수자 바오로의 상징물로도 나타난다.

산토끼 Hare, 집토끼[Rabbit]　무방비의 산토끼는 그리스도와 그분의 수난에서 자신들의 구원을 희망하는 사람들의 상징이다. 또한 성욕과 다산多産의 의미로 잘 알려진 상징이다. 흰 산토끼는 때때로 성욕에 대한 승리를 암시하려고 동정녀 마리아의 발밑에 자리 잡고 있다.

새 Birds　그리스도교 미술의 초창기에, 새들은 '날개 달린 혼'의 상징으로 사용되었다. 종種에 따라 새들을 확인하려는 미술가들의 시도가 있었고, 새의 모습은 물질에 반대하는 것으로 영적인 것을 시사하는 데 사용되었다. 새에 의한 혼의 표현은 고대 이집트의 미술로 돌아간다. 이 상징적 의미는 예수가 손에 새를 잡고 있거나 아기 그리스도가 줄을 묶은 새를 잡고 있는 그림들에 시사되어 있을 수 있다. 아시시의 성 프란치스코는 종종 새들에 대한 설교로 표현된다.

소 Bull　단지 짐승의 힘을 나타내는 소는 죽은 소를 되살리는 기적을 행하였던 성 실베스테르Sylvester의 발 앞에 때로 무릎을 꿇고 있는 모습으로 그려지곤 한다. 황동의 소는 큰 불이 붙여졌던 곳 아래에서 황동색의 황소 안에 감금되어 자신의 가족과 함께 순교되었던 성 에우스타키오Eustachius의 상징물이다(황소 참조).

수사슴 Srag 수사슴은 시편 42장 2절 "수사슴*이 시냇물을 그리워하듯 하느님, 제 영혼이 당신을 이토록 그리워합니다."에서 상징적인 의미를 찾을 수 있다. 따라서 수사슴은 경건함과 종교적인 열망이 대표격이 되었다. 또한 수사슴은 높은 산에서 자유롭게 뛰놀며 피난처를 찾기 때문에, 삶의 고독과 정화淨化를 상징하는 데 사용되었다.

성 에우스타키오Eustachius와 성 후베르토Hubertus의 상징물로 등장할 때는 수사슴의 양 뿔 사이에 십자고상十字苦像이 그려져 있다. 십자고상이 없는 수사슴은 여관주인 성 율리아노Julianus Hospitator의 상징물이다.

수탉 Cock 울음 소리로 아침을 깨우는 수탉은 조심성과 경계의 표장으로 사용된다. 그림에서 성 베드로 옆에 수탉이 있으면 그의 부인否認과 그 이후의 뉘우침을 나타낸다. 이와 관련하여, 수탉은 예수 수난의 상징들 중 하나가 되었다. 이것은 충성에 대한 베드로의 공언公言을 향한 그리스도의 응답, "내가 진실로 진실로 너에게 말한다. 닭이 울기 전에 너는 세 번이나 나를 모른다고 할 것이다."(요한 13, 38)에 근거를 둔다.

숫양 Ram 숫양은 무리의 지도자이기 때문에, 때때로 그리스도에 대한 상징으로 사용되었다. 숫양이 늑대와 싸워 이기는 것처럼 그리스도는 사탄과 싸워 승리한다. 아브라함이 자신의 아들 이사악 대신에 제물로 바칠 수 있도록 가시가 많은 수풀 안에 두도록 하느님이 야기하였던 동물인 숫양은 가시나무로 왕관을 썼고 인류를 위해 희생하였던 그리스도를 의미한다. 일반적인 의미에서 숫양은 힘에 대한 상징으로 사용된다.

영어본에서는 42장 1절로 되어 있지만, 한글 성경에서는 42장 2절이다. 또 한글 성경에서는 "암사슴"이라고 되어 있지만, 영어 본문에서는 "수사슴", 특히 '붉은 사슴의 수사슴(hart)'이란 단어를 사용하였다. 그래서 주제와 영어 본문에 맞춰 "수사슴"이라 하였다.

어린 양 Lamb 그리스도의 상징으로서 어린 양은 인기 있는 것 중 하나이고, 그리스도교 미술을 통틀어 가장 자주 사용되었다. 이에 대한 상징적 의미는 많은 성경 구절에서 찾을 수 있다. 대표적인 것은 요한복음 1장 29절 "이튿날 요한은 예수님께서 자기 쪽으로 오시는 것을 보고 말하였다. '보라, 세상의 죄를 없애시는 하느님의 어린양이시다.'"이다.

거룩한 어린 양은 종종 네 개의 개울이 흐르는 작은 언덕 위에 서 있는(묵시 14, 1) 후광後光과 함께 묘사된다. 그 언덕은 그리스도의 교회, 하느님의 집이 있는 산을 의미한다. 개울은 언제나 지상에 있는 교회의 목장들을 흐르고 생기를 되찾게 하는 낙원의 네 개의 강, 네 개의 복음서를 의미한다.

구조하는 목자로 등장하는 그리스도가 있는 그림에서는 어린 양이 죄인을 상징하는 데 사용되기도 한다. 일반적으로 착한 목자로 불렸던 이 주제는 초기 그리스도교 미술에 매우 자주 등장했으나 르네상스 시기에는 드물게 사용되었다.

르네상스 시기 동안 어린 양은 아기 성 요한과 함께 성가정聖家庭의 묘사에서 자주 나타난다. 여기에서 어린 양은 그리스도의 선구자로서 성 요한의 사명을, 예수의 세례 때 그리스도에 대한 요한의 인식은 하느님의 어린 양으로 암시한다. 이 의미는 주로 자신의 왼손에 안고 있는 어린 양을 가리키는 세례자 성 요한의 묘사에 의해 표시된다.

어린 양agnus은 스스로 그리스도의 신부임을 선언하며 결혼하기를 거부하였기 때문에 순교하였던 성녀 아녜스Agnes의 상징물로 나타난다. 또한 어린 양에 의해 물이 있던 장소를 발견한 성 클레멘스의 상징물로 여겨졌다.

여우 Fox 전통적으로 교활함과 간교한 속임수의 상징이자 악마를 상징했다. 이는 중세 시기의 조각에서 자주 보여졌지만, 르네상스 시기에는 삽화 책에 한정되었다.

염소 Goat 초기 그리스도교 미술에서, 염소는 최후 심판에서 단죄 받았던 사람들의 상징으로 여겨졌다. 이 해석은 목자가 염소들로부터 양을 떼어놓는 것처럼 믿지 않는 사람들로부터 믿는 사람을 떼어놓을, 예수의 오심에 그리스도가 어떻게 관련되었는지 나오는 성경의 긴 구절(마태 25, 31-46)에 근거한다. 르네상스 시기에 염소는 주로 의인들로부터 죄인을 구별하기 위해 보여진다.

오색방울새 Goldfinch 오색방울새는 엉겅퀴와 가시나무를 먹는 모습으로 등장한다. 모든 가시 많은 나무는 그리스도의 가시관에 대한 암시로 받아 들여지며 오색방울새 또한 그리스도의 수난에 대한 일반적 상징이 되었다. 이런 의미에서, 육화와 수난 사이에서 밀접한 관계를 보이는 아기 그리스도와 함께 자주 나타난다.

용 Dragon, 큰 뱀[Serpent] 르네상스 화가들은 악마를 상징하기 위해 용을 주로 사용했다. 하느님의 적으로서 용은 요한 묵시록 12장 7-9절에, "그때에 하늘에서 전쟁이 벌어졌습니다. 미카엘과 그의 천사들이 용과 싸운 것입니다. 용과 그의 부하들도 맞서 싸웠지만 당해내지 못하여, 하늘에는 더 이상 그들을 위한 자리가 없었습니다. 그리하여 그 큰 용, 그 옛날의 뱀, 악마라고도 하고 사탄이라고도 하는 자, 온 세계를 속이던 그자가 떨어졌습니다. 그가 땅으로 떨어졌습니다. 그의 부하들도 그와 함께 떨어졌습니다."라고 생생하게 묘사되었다. 천국에서 추방당한 용은 하느님에 대항한 전쟁을 계속하였다. 그래서 용은 홧김에 자신의 희생자들을 죽인, 사람을 괴롭히는 괴물로 묘사되었다.

용은 성녀 마르가리타와 성녀 마르타의 상징물로, 그 두 사람은 용과 싸워 정복하였다고 알려져 있다. 용은 또한 '예수 그리스도의 능력을 통하여' 용을 죽였던 카파도키아의 성 제오르지오 Georgius Cappadox를 포함하여 여러 성인들을 상징하기도 한다. 용은 어둠의 능력에 대한 승리의 표시로 사도 필립보, 성 실베스테르, 그리고 미카엘 대천사의 발 아래에 나타난다.

악마와 사탄을 상징하는 큰 뱀은 아담과 하와의 유혹자로 묘사되었다. "주 하느님께서 여자에게 '너는 어찌하여 이런 일을 저질렀느냐?' 하고 물으시자, 여자가 대답하였다. '뱀이 저를 꾀어서 제가 먹었습니다.'"(창세 3, 13) 그래서 큰 뱀은 일반적으로 사람을 죄에 빠뜨리는 교활한 유혹자로 묘사된다. 큰 뱀은 때때로 인간 타락의 원인이 되는 사악한 힘이, 사람이 구원받을 수 있도록 죽었던 그리스도의 능력으로 극복되었다는 것을 의미하려고 때때로 십자가 밑에 묘사된다(제5부 아담과 하와 참조).

원숭이 Ape 그리스도교 미술에서 원숭이는 주로 죄, 악의惡意, 교활함, 성욕을 상징하는 데 사용된다. 또한 욕심에 눈이 멀어, 탐욕스럽고, 죄를 짓는 사람의 나태한 정신을 상징하기도 한다. 그래서 때때로 사탄은 원숭이의 형태로 묘사되며, 사슬로 묶인 원숭이는 믿음과 덕으로 정복된 죄의 관념을 표현한 것이다. 가끔 원숭이는 다른 동물들과 함께 동방박사의 방문 장면에서 나타난다.

유니콘 Unicon 신화에 따르면 유니콘은 새끼 염소 정도의 작은 동물이나, 이마 중앙에 달린 매우 날카로운 단 하나의 뿔을 지녔고 놀랄 만큼 사납고 빨랐다. 어떤 사냥꾼도 힘으로 그 동물을 생포할 수 없었으니 속임수를 써야 잡을 수 있었다. 사냥꾼은 유니콘이 주로 출몰하는 장소에 한 동정녀를 데려다 놓았다. 처녀의 순결을 느낀 유니콘은 그녀에게 달려왔을 것이고, 그녀의 무릎을 베고 잠들었다. 아마 이런 식의 속임수로 생포가 이루어졌을 것이다. 그래서 유니콘은 일반적으로 순결, 특히 여성의 순결을 의미하는 상징으로 일찍이 받아들여졌다. 그리스도인 저술가들은 이 전설을 주님 탄생 예고와 그리스도의 육화, 동정녀 탄생의 우화寓話로 해석했다.

유니콘은 일반적으로 동정녀 마리아의 상징물이지만, 큰 유혹 아래

에서 자신들의 순결을 유지하였던 파도바의 성녀 유스티나Justina Patavii
와 안티오키아의 성녀 유스티나Justina Antiochiae를 상징하기도 한다.

자고새 Partridge 좋게 말해, 자고새는 교회와 진리의 상징으로 사용된
다. 하지만 대개는 속임수와 도둑질, 더 일반적인 의미에서 악마를 상징
한다. "올바르지 못한 방법으로 재산을 모은 자는 제가 낳지도 않은 알
을 품는 자고새와 같다. 한창때에 그는 재산을 잃고 끝내는 어리석은 자
로 드러나리라."(예레 17, 11)

전갈 Scorpion 전갈은 악마의 상징들 중 하나이다. 전갈 꼬리의 독침은
유해하고 찔리면 큰 고통이 따른다. "그 괴로움은 사람이 전갈에게 쏘였
을 때와 같은 괴로움이었습니다."(묵시 9, 5)처럼 성경에서 종종 언급된
다. 전갈에 쏘인 상처와 같았던 그의 배신 때문에 전갈은 유다의 상징이
되었다. 배신의 상징으로서 전갈은 그리스도의 십자가에 못 박힘을 도
왔던 병사들이 잡았던 깃발과 방패에 나타난다.

제비 Swallow 르네상스 시대에 제비는 그리스도의 육화의 상징이었다.
이런 이유로 제비는 주님 탄생 예고와 주님 탄생Nativity 장면에서 어린
새가 처마 밑이나 벽의 구멍에 있는 모습으로 등장한다. 제비는 겨울 동
안 진흙에서 동면하고, 봄에 죽은 듯한 상태에서 깨어난다. 그래서 부활
을 상징하기도 한다.

조개껍질 Shell 그리스도교 미술에서 일반적으로 조개껍질, 특히 새조
개의 조가비cockleshell, 혹은 가리비 껍데기scallop shell는 순례를 뜻한다.
특히 가리비 껍데기는 성 대大 야고보의 상징물로 특별히 사용된다. 일
반적으로 스페인의 콤포스텔라Constostella에 있는 성 대大 야고보의 유
명한 순례지shrine를 위해 만들어졌던 무수한 순례 여행을 암시한다. 성
로코Rochus는 습관적으로 새조개의 조가비가 그려진 모자를 쓴 순례자

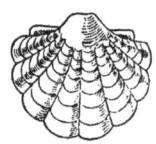

로 그려진다.

족제비 Ermine   이 작은 동물은 순백純白의 자기 모피가 더러워지느니 죽음을 선택했다는 전설 때문에, 순결을 상징하는 데 사용된다.

종달새 Lark   높이 날아오르고 오직 천국을 향해 날고 있을 때 노래하기 때문에, 사제직의 겸손의 상징으로 표시된다.

쥐 Rat, 생쥐[Mouse]   쥐혹은 생쥐는 해로운 동물이기 때문에 악을 상징한다. 성녀 피나Fina의 상징물로 나타날 때를 제외하고 르네상스 미술에서 거의 볼 수 없다.

참새 Sparrow   모든 새들 사이에서 가장 하찮게 여겨졌던 참새였으나 성부 하느님의 보호 아래에 있던 모든 사람들 사이에서 가장 하찮은 사람, 비천한 사람의 상징으로 사용되었다. 왜냐하면 참새조차도 하느님의 의지를 통해서 세상에 왔고 그에게서 자기 삶의 의미들을 받았기 때문이다.

켄타우로스 Centaurus   이 전설적인 창조물은 말의 몸과 인간의 머리와 상반신을 가지고 있다. 그 모습은 그리스도교 미술에서 야만적인 격정과 난폭함, 특히 간통의 죄를 상징하려고 사용되었다. 또한 폭력과 복수를 나타내고, 이단자異端者를 상징하며, 선과 악 사이에서 자아가 분열된 사람을 보여주려고 사용되었다. 켄타우로스는 때때로 사악한 사람들의 불타는 듯한 화살을 상징하는 활과 화살을 들고 묘사되었다.

우화에 나오는 이 동물은 성 안토니오 아빠스의 생애에 대한 그림에서 자주 등장하는데, 전설에 따르면 사막의 은수자 성 바오로에게 이르는 방법을 켄타우로스가 알려주었기 때문이다.

큰까마귀 Raven

유다인의 전설에 따르면, 큰까마귀는 원래 흰색이었지만, 노아가 홍수 상태 확인을 위해 큰까마귀를 보냈지만 방주로 되돌아오지 못하면서 깃털이 검은색으로 변했다고 한다. 큰까마귀는 영혼을 어둠으로 내동댕이 치고 지성을 침해하고 부패를 즐겼던 악마를 상징한다. 큰까마귀의 흑색 깃털, 죽은 사람의 눈과 뇌를 먹어치우는 것으로 알려진 습관, 그리고 부패된 살을 즐겨 먹기 때문이다. 하지만 몇몇 성인들에 관해서는 좀 더 호의적인 상징으로 사용되기도 한다. 이는 하느님이 성스러운 유해를 지키려고 큰까마귀를 보냈기 때문에 성 빈첸시오Vincentius의 상징물이다. 또한 성 안토니오 아빠스와 성 바오로 은수자의 상징물이기도 하다. 그들이 사막에서 함께 살 때, 날마다 빵 한 덩어리를 그들에게 가져왔기 때문이다. 이 은수자 성인들과 관련하여 고독을 상징하기도 한다.

파리 Fly

파리는 오랫동안 악 또는 악성 전염병의 전달자로 간주되었다. 그리스도교 상징주의에서 파리는 죄의 상징이다. 죄와 구원의 관념을 나타내려는 성모자聖母子의 그림에도 등장한다. 질병을 부르는 자로서 질병을 거스르는 '구원의 새'인 오색방울새와 함께 나타난다.

펠리컨 Pelican

전설에 따르면, 펠리컨은 지구상 어떤 창조물보다 새끼에 대한 사랑이 크다고 한다. 새끼들에게 피를 먹이기 위해 스스로 자신의 가슴을 찔렀다고 전해진다. 이 이야기에 근거해 펠리컨은 모든 인류를 위한 사랑을 실천하는 그리스도의 희생을 상징하게 되었다. 같은 맥락에서 성체성사를 상징하기도 한다. 이 해석은 그리스도에게 일반적으로 인정된 암시인 시편 102장 6절 "나는 마치 사막 속의 사다새같이"* 에 의해 뒷받침된다. 또한 펠리컨은 십자가의 꼭대기에 둥지를 틀고 있는 모습으로 나타나기도 한다.

---

* 이 구절은 공동번역 성서의 번역이다.

표범 Leopard 표범은 죄, 잔인함, 악마, 거짓 그리스도의 상징이다. 표범은 그리스도의 육화肉化, incarnatio 가 죄로부터 구원받기 위해 필요하였다는 것을 나타내기 위해 동방박사들의 경배에 대한 묘사에서 때때로 나타난다.

황새 Stork 황새는 신중함과 경계, 경건함, 순결의 상징이다. 황새가 봄이 옴을 알리는 것처럼, 마리아에게 주님 탄생 예고는 그리스도의 도래到來를 암시하기 때문에, 황새는 주님 탄생 예고와 연관되어 있다. 황새가 갓난아기를 물어다준다는 북유럽의 전설은 주님 탄생 예고와 이 새의 연관에서 파생되었을 가능성이 있다.

황소 Ox 유다인들의 희생 동물인 황소는 유다 민족을 의미하려고 르네상스 시기 회화에서 자주 사용되었다. 또한 인내와 힘의 상징으로도 쓰인다. 대부분 황소와 나귀는 예수 탄생에 대한 회화들에서 함께 나타난다(나귀 참조). 일부 초기 그리스도인 교부들의 저술에서 황소는 참된 제물인 그리스도의 상징으로 받아들여졌다. 이는 다른 사람들의 선善을 위해 침묵 속에서 노력하고 견디는 모든 사람을 대변하다는 점에서 유사하게 사용된다. 날개 달린 황소는 우리 주님의 속죄의 희생적인 측면뿐만 아니라 주님의 신성한 사제직에 대한 강조 때문에 성 루카Lucas 의 상징물이다.

흑조 黑鳥, Blackbird 흑조는 검은 깃털과 흑조의 감미로운 노래로 인해 죄의 어둠과 매혹적인 육체적 유혹의 상징이 되었다. 이런 의미에서 육체의 유혹에 대항하여 큰 투쟁을 해야 했던 성 베네딕도의 생애를 표현한 장면들에서 흔히 볼 수 있다. 전설에 의하면 어느 날, 성 베네딕도가 기도를 하던 중 악마가 그의 신앙심을 빼앗으려고 흑조의 모습으로 그 앞에 나타났다고 한다. 하지만 성 베네딕도는 악마임을 알아보았고 십자 성호로 물리쳤다고 전해진다.

02
꽃, 나무, 식물

가시 Thorn 가시와 가시 가지는 비탄, 고난, 죄를 의미한다. 성 토마스 아퀴나스에 따르면, 가시덤불은 소죄小罪를, 성장하는 찔레나무혹은 가시 나무는 대죄大罪를 암시한다. 십자가에 못 박힘Crucifixio 전에 병사들이 그 리스도에게 씌웠던 가시관은 로마 황제의 축제 왕관을 모방해 장미나 무로 만든 것이었다. 사제의 삭발례削髮禮, tonsure는 이 가시관에 대한 경 건한 암시이다.

성인들과 연관되어 보여지는 가시관은 순교의 상징이다. 시에나 의 성녀 가타리나Catharina Senensis는 그리스도로부터 받았던 오상五傷, stigmata과 가시관과 함께 자주 묘사된다.

가시나무 Bramble 가시나무는 주님의 천사가 모세Moses에게 나타났던 불타는 덤불로, "떨기에 불이 붙었는데도, 떨기는 타서 없어지지 않았 다."(탈출 3, 2)로 간주된다. 가시나무는 정욕에 의해 소모되지 않고 하느 님의 사랑의 불꽃을 지탱하였던 동정녀 마리아의 순결에 대한 상징이 되었다.

갈대 Reed 갈대는 예수 수난Passio의 상징들 중 하나이다. 그리스도가 십자가 위에서 갈대 끝에 식초를 적신 해면을 받았기 때문이다. 따라서 갈대는 위대함의 치욕을 상징한다. 또한 은총의 바다를 깊이 생각하는 의인을 의미하는 데 사용된다. 세례자 성 요한에 의해 들고 있었던 작은 십자가는 일반적으로 갈대로 만든다.

곡물 Grain 성체성사의 잘 알려진 상징인 밀은, 그리스도의 인간 본성을 암시하는 데 사용된다. 이 해석은 요한복음 12장 24절 "내가 진실로 진 실로 너희에게 말한다. 밀알 하나가 땅에 떨어져 죽지 않으면 한 알 그 대로 남고, 죽으면 많은 열매를 맺는다."에 근거를 둔다. 곡물의 이삭과 포도송이들은 성찬 전례의 빵과 포도주를 상징한다.

나무 Tree 나무는 그리스도교의 상징주의에서 중요한 역할을 해왔다. 일반적으로 나무는 건강하고 강한지, 혹은 영양 상태가 나쁘고 시들었는지 여부에 따라 생명이나 죽음의 상징이 된다. 창세기 2장 9절은 에덴의 동산에 주님이 어떻게 심었는지를 묘사한다. "주 하느님께서는 보기에 탐스럽고 먹기에 좋은 온갖 나무를 흙에서 자라게 하시고, 동산 한가운데에는 생명나무와 선과 악을 알게 하는 나무를 자라게 하셨다." 창세기에서는 아담이 지식의 나무 열매를 먹음으로써 인간의 타락이 초래되었다고 반복적으로 말한다. 거기에는 아담이 죽은 후, 미카엘 대천사가 그 무덤에 지식의 나무 가지를 심도록 하와에게 지시했다는 이야기도 전해진다. 이 가지에서 솔로몬이 성전 정원으로 옮겼던 나무가 자랐다. 이는 나중에 폐기되었고 벳자타의 물웅덩이에 던져졌다. 십자가로 만들기 위해 가져갈 때까지 남아 있었다(제5부 솔로몬과 스바의 여왕 참조).

꽃이 피는 나무는 성 제노비오 Zenobius 의 상징물로 사용된다. 성인이 죽은 나무에 손을 대자 잎을 터뜨렸다는 전설과 관련이 있다.

느릅나무 Elm 느릅나무는 삶의 존엄을 암시한다. 모두를 아우르는 느릅나무의 성장과 그 큰 가지가 모든 방향으로 뻗어간다는 점에서 신앙심이 깊은 사람이 믿음에서 얻는 강인함을 상징한다.

담쟁이덩굴 Ivy 담쟁이덩굴은 상징적으로 죽음과 불멸과 동일시되었다. 왜냐하면 담쟁이덩굴은 사시사철 녹색이기 때문에 충실함과 영원한 생명의 상징이다.

또한 버팀대에 착 달라붙어 있다 하여 애착과 영원한 애정에 대한 상징이다.

데이지 꽃 Daisy 15세기가 끝날 무렵에 데이지 꽃은 아기 그리스도의 무죄함의 상징으로서 '동방박사의 경배'Adoratio 에 대한 그림들에서 사용되기 시작하였다. 언뜻 보기에 데이지 꽃의 향기로운 소박함은 키가

크고 당당한 백합보다 예수의 무죄함의 더 좋은 상징으로 느껴졌다.

도금양 桃金孃, Myrtle 상록常綠의 도금양은 먼 옛날부터 사랑의 상징으로 사용되었다. 로마 신화에서 도금양은 사랑의 여신인 베누스Venus, 비너스에게 신성한 것으로 여겨진다. 그리스도교의 상징적 의미에서 도금양은 그리스도에 의해 개종되었던 이방인들에 대한 암시이다. 이 해석은 스카르야서 1장 8절 "내가 밤에 보니, 붉은 말을 탄 사람이 골짜기의 도금양나무 사이에 서 있었다. 그 사람 뒤에는 붉은 말들과 검붉은 말들과 흰말들이 서 있었다."에 근거한다. 이 구절은 이방인들 한가운데에서 붉은 말에 타고 순교자들과 증거자들의 계층들이 잇따랐던 그리스도를 보여주는 것으로 해석되었다.

독보리 Cockle 독보리는 평범한 잡초로 종종 경작 작물에 섞여 밭을 망치곤 한다. 이러한 점에서 교회의 선한 부분에 침범한 사악함을 상징한다. "밀 대신 엉겅퀴가 나오고 보리 대신 잡초*가 자라도 괜찮네."(욥 31, 40)

딸기 Strawberry 딸기는 완전한 정의正義의 상징이고, 또 선행의 열매를 맺는 정의로운 사람의 표장이다. 다른 과일이나 꽃과 함께 나타날 때는 정의로운 사람의 선행 혹은 영의 열매를 의미한다. 딸기 송이들로 장식된 옷을 입은 동정녀가 때로 등장하는 것은 이 의미와 비슷하다. 진실로 영적인 것은 항상 겸손하다는 것을 암시하려고 가끔 제비꽃과 함께 그려진다.

레몬 Lemon 레몬은 사랑 안에서 충실함의 상징이며, 이와 같이 동정녀 마리아와 종종 관련된다.

한글 성경에서는 '잡초'로 번역하였는데, 이는 열매에 독이 있는 '독보리'를 가리킨다. 경우에 따라 '가라지'로 번역되기도 하는데, 학명(學名)은 Lolium temulentum이다.

매발톱꽃 Columbine 이 꽃의 형태는 흰색 비둘기에 비유되었고, 이런 이유로 매발톱꽃은 성령을 상징하는 데 사용되었다. 매발톱꽃은 비둘기를 나타내는 라틴어 콜룸바 columba에서 유래되었고, 줄기에 나는 일곱 개의 꽃들은 이사야서 11장 2절 "그 위에 주님의 영이 머무르니, 지혜와 슬기의 영, 경륜과 용맹의 영, 지식의 영과 주님을 경외함이다."에 따르면 성령의 일곱 가지 은혜들을 상징하였다.

무화과 無花果, Fig 무화과나무는 때때로 사과나무 대신에 에덴 동산에 있는 지식의 나무로 사용된다. 무화과나무의 잎은 창세기 3장 7절 "그러자 그 둘은 눈이 열려 자기들이 알몸인 것을 알고, 무화과나무 잎을 엮어서 두렁이를 만들어 입었다."에 있는 타락의 이야기에 나타난다. 잎에 대한 이 암시처럼 무화과는 성욕의 상징이 되었다. 많은 씨를 가졌다는 점에서 풍요의 상징이기도 하다.

민들레 Dandelion '쓴 나물' 중 하나인 민들레는 예수 수난의 상징으로 사용되었고, 다른 꽃들과 함께 성모자 Madonna and Child와 십자가에 못 박힘 Crucifixio의 그림들에서 나타난다.

밀 Wheat 밀은 땅의 너그러움을 암시하는 데 사용되지만, 성찬 전례와 관련해서는 성체성사의 빵을 상징한다(곡물 참조).

박 Gourd 박은 요나의 이야기에서 두드러진다. 요나와의 관련성 때문에 부활을 상징하게 되었다(요나 4장). 사과와 함께 그려졌을 때는 죽음의 상징인 사과에 대한 해독제이다.

 순례자들은 물을 나르기 위한 용기로 박을 사용하였다. 박은 대大 야고보와 라파엘 대천사의 특별한 상징물이자 엠마오로 가는 길에 두 명의 사도들과 합류하였고, 순례자로서 옷을 입었던 그리스도에게 때때로 주어진다. 미술에서 박은 오이와 유사하다.

밤나무 Chestnut 껍데기 속에 들어 있는 밤은 가시로 둘러싸여 있지만, 가시에 의해 해를 입지 않는다는 점에서 밤나무는 순결의 상징이다. 왜냐하면 이 덕목은 가시들로 상징된 육신의 유혹에 대한 승리이기 때문이다.

배 Pear 배는 인류를 위한 예수의 사랑에 대한 암시로, 그리스도의 육화와 관련하여 자주 나타난다.

백양나무 Aspen 백양나무에 대해 두 가지 초기 전설이 있다. 하나는 십자가가 백양나무로 만들어졌고, 나무가 자신이 사용될 목적을 깨달았을 때, 그 잎들은 공포에 떨며 결코 멈추지 않았다는 것이다. 다른 전설은 그리스도가 십자가 위에서 죽었을 때, 모든 나무들이 백양나무를 제외하고 슬픔에 고개를 숙였다는 것이다. 자존심과 오만 때문에 백양나무의 잎들은 끊임없이 전율할 운명이었다.

백합 百合, Lily 백합은 순결의 상징이고, 동정녀의 꽃이 되었다. 본래 그리스도교의 상징적 의미에서, 백합은 동정 성인들의 상징물로 사용되었다. 가시나무들 사이에서 백합은 세상의 여러 죄 사이에서 보존된 순결의 표시로서, 동정녀의 원죄 없는 잉태 Immaculata Conceptio 의 상징이 되었다. 동정녀의 생애에서 한 사건인 주님 탄생 예고 Annuntiatio 는 특히 백합과 관련이 있다. 르네상스 시기에 그려졌던 주님 탄생 예고의 많은 장면들에서, 가브리엘 대천사는 백합을 들고 있거나 백합이 동정녀와 주님 탄생을 예고하는 천사 사이의 한 꽃병 안에 자리 잡고 있다. 이러한 이유로 백합은 대천사 가브리엘의 상징물이 되었다.

가끔 아기 그리스도는 성인에게 백합들의 작은가지를 주는 것으로 묘사된다. 여기서 백합은 순결의 덕을 상징한다. 순결의 상징으로서 백합은 여러 성인들, 그들 중에서 성 도미니코, 성 프란치스코, 파도바의 성 안토니오, 성녀 글라라, 성 요셉의 상징물이다.

여러 가지의 백합 모양으로 이뤄진 백합 문장fleur-de-lis은 왕족의 표장標章, emblem이다. 백합 문장은 세례를 통해 자기 정화의 표장으로서 클로비스Clovis 왕에 의해 선택되었고, 이 꽃은 그 후 프랑스 왕들의 표장이 되었다. 그래서 백합은 두 프랑스 왕가의 구성원들인 프랑스의 성 루도비코[Ludovicus Francorum, 루이 9세]와 툴루즈의 성 루도비코Ludovicus Tolosanus의 상징물이다. 백합 문장은 또한 피렌체Firenze 시의 표장이었다. 왕족의 상징물로서 백합 문장은 왕관들과 왕과 같은 성인들의 홀笏들에 나타나고, 천국의 여왕으로서 동정녀 마리아에게 주어진다.

백향목 柏香木, 香栢, cedar 백향목, 특히 레바논의 삼나무는 "그이의 모습은 레바논 같고 향백나무처럼 빼어나답니다."(아가 5, 15)처럼 그리스도의 상징이다. 백향목의 당당한 모습은 아름다움과 위엄을 나타낸다. 에제키엘 예언자는 메시아와 그분의 왕국의 상징으로 백향목을 사용하였다. "내가 손수 높은 향백나무의 꼭대기 순을 따서 심으리라. 가장 높은 가지들에서 연한 것을 하나 꺾어 내가 손수 높고 우뚝한 산 위에 심으리라."(에제 17, 22)

버드나무 Willow 버드나무는 많은 가지들을 아무리 잘라내도 다시 쑥쑥 잘 자라는 뛰어난 생명력을 갖고 있다. 그런 까닭에, 버드나무는 세상의 사람들 사이에 아무리 넓게 나뉘어졌더라도 온전히 남은 그리스도 복음의 상징이 되어 왔다.

버즘나무 Plane Tree 가지를 높고 넓게 펼치는 버즘나무는 자비, 결단성, 도덕적 우월성의 상징이 되었다. 특히 버즘나무는 그리스도의 자비의 상징이다.

복숭아 Peach 덕과 고결한 마음, 혀의 침묵을 상징한다. 때로는 구원의 열매를 상징하는 사과를 대신해서 성모자의 그림들에서 나타난다.

부들 Bulrush 부들은 물 근처에서 자라는 낮고 조밀하게 무리를 이루는 평범한 식물이다. 그래서 겸손한 삶을 살고 생수生水의 원천인 교회의 가르침을 준수하는 많은 신자들에 대한 상징이 되었다. 이 설명은 욥기 8장 11절 "습지가 없는데 왕골*이 솟아나고 물이 없는데 갈대가 자라겠는가?"에서 지지를 얻었다. 또한 아기 모세그리고 모세는 그리스도의 선구자로서 선택되었다는 부들 속에서 발견되었기 때문에, 부들은 구원이 온 장소와 연결된다.

사과 Apple 라틴어에서 '사과'를 위한 단어와 '악'을 위한 단어인 말룸 malum은 동일하다. 여기서 에덴 동산에 있는 지식의 나무, 즉 아담과 하와에게 금지되었던 열매가 사과나무였다는 전설이 생겨났다(창세 3, 3). 에덴 동산에서 큰 뱀이 하와를 유혹하는 모습을 담은 그림들에서, 일반적으로 하와는 아담에게 줄 사과를 손에 쥐고 있다. 또한 사과는 사람의 죄의 짐을 책임졌던 새로운 아담 그리스도를 상징할지도 모른다. 그래서 사과가 아담의 손에 있을 때는 죄를 의미하지만, 그리스도의 손에 있을 때는 구원의 열매를 상징한다. 그러한 해석은 아가서 2장 3절 "젊은 이들 사이에 있는 나의 연인은 숲 속 나무들 사이의 사과나무 같답니다. 그이의 그늘에 앉는 것이 나의 간절한 소망 그이의 열매는 내 입에 달콤하답니다."에 근거를 둔다. 이 구절은 그리스도에 대한 암시로 해석되어 왔다.

　그리스도는 새로운 아담인 것처럼, 그와 같이 전통적으로 성모 마리아는 새로운 하와로 여겨지고 있다. 따라서 마리아의 손에 있던 사과 또한 구원에 대한 암시로 여겨진다. 세 개의 사과는 성녀 도로테아 Dorothea의 상징물이다.

영어 본문에서는 rush라는 단어가 사용되었는데, 이는 이집트 나일 강변에서 자라는 파피루스나 골풀 등을 일컫는다. 갈대와 비슷한 식물인데, 이를 '부들'이라 할 수 있다.

사이프러스 Cypress 이교도의 시기에도 사이프러스는 죽음과 관련이 있었다. 그리스도인과 이교도 모두의 공동묘지에서 자주 발견되었으며 많은 그리스도인의 무덤에서 사이프러스를 묘사한 조각들이 나왔다. 죽음과 사이프러스를 관련시키는 몇몇 이유들이 있는데, 예를 들어서 사이프러스가 검은 나뭇잎을 가졌고, 한 번 자르면 자기 뿌리에서 결코 다시는 움트지 못한다는 것 때문이다.

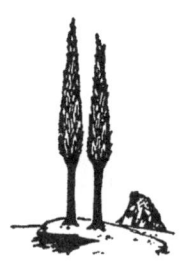

석류 石榴, Pomegranate 그리스도교 상징주의에서, 석류는 한 열매 안에 수없이 많은 씨앗들이 들어 있기 때문에 교회를 넌지시 암시한다.

이교도 신화에서, 석류는 프로세르피나Proserpina의 상징물이었고 봄이면 지상으로 귀환하는 그녀를 의미했다. 봄의 귀환과 땅의 회복에 대한 이교도의 이 상징적 의미로부터, 그리스도교의 미술에서 나타난 석류의 두 번째 상징적 의미는 불멸과 부활에 대한 희망이 유래되었다. 또한 석류는 그 속의 많은 씨들 때문에 다산多產을 상징하기도 한다.

수선화 水仙花, Narcissus 이기주의와 자기애自己愛, 냉정함, 무관심을 의미한다. 이는 물속에 비친 자신의 모습과 사랑에 빠져 껴안으려고 하다가 물에 빠져 죽은 나르키소스Narcissus라는 젊은이에 대한 그리스 전설과 관련이 있다. 그가 죽은 뒤 그 자리에서 꽃이 피어났고 수선화나르키소스라고 이름 붙여진다.

수선화는 하느님 사랑의 승리, 희생, 죽음, 이기적 행동, 그리고 죄에 대한 영원한 생명을 보여주기 위해 주님 탄생 예고 혹은 낙원의 장면에서 묘사된다.

시클라멘 Cyclamen 이 식물은 일찍이 동정녀 마리아에게 바쳐졌다. 꽃의 속잎에 있는 빨간 점은 마리아의 심장에 있는 피 흘리는 슬픔을 의미한다. 시클라멘은 '피 흘리는 수녀'로 불리기도 한다.

아네모네 Anemone 이교도의 신화에서 아네모네는 슬픔과 죽음의 상징이다. 그런 확신은 흰색에서 빨간색으로 변하였던 아네모네를 깐 바닥에서 죽었다고 믿었던 아도니스Adonis의 전설에 근거를 두었다. 그리스도교의 상징주의에서는 질병의 암시로도 사용한다. 아네모네는 십자가에 못 박힘Crucifixio의 장면들에서 혹은 그리스도의 수난에 대한 동정녀 마리아의 슬픔을 보이려고 그녀와 함께 묘사될 수 있다. 아네모네가 십자가에 못 박힘의 저녁에 골고타 언덕에서 싹텄다고 하기 때문에, 꽃잎 위의 빨간 점들은 그리스도의 피를 상징한다. 교회 초기에 아네모네의 세 겹 잎은 삼위일체를 상징하려고 사용되었다.

아몬드 Almond 아몬드는 하느님의 인정 혹은 은혜의 상징이다. 이 상징적 의미는 싹이 돋은 지팡이의 기적을 통해 주님의 사제가 되도록 아론Aaron이 어떻게 선택되었는지를 들려주는 민수기 17장 16-26절* 특히 "레위 집안을 대표한 아론의 막대기에 싹이 나 있는 것이었다. 싹이 나오고 꽃이 피고 편도扁桃, almond 열매가 이미 익어 있었다."에 근거한다. 이 구절과 관련하여 아몬드는 동정녀 마리아의 상징이 되었다(제11부 신광[대후광, 大後光, Mandorla] 참조).

아이리스 Iris 동정녀의 꽃으로서 백합의 경쟁자인 아이리스는 초기 플랑드르 거장들의 작품들에서 종교적인 상징으로 처음 나타났으며, 동정녀에 대한 작품 속에서 백합과 함께 등장하거나 백합을 대체한다. 이는 아이리스가 그리스도의 수난에 동정녀의 슬픔에 대한 암시로 받아들여졌던 '칼 백합'sword lily을 의미한다는 사실에서 유래한다. 스페인 화가들은 천국의 여왕의 상징물로서, 원죄 없이 잉태하신 분Immaculata Conceptio의 상징물로서 아이리스를 그려 넣었다(백합 참조).

아카시아 Acacia 아카시아는 혼의 불멸에 대한 상징이다.

영어본에서는 1-8절이라 되어 있지만, 인용되는 구절을 포함해 문장의 내용상 16-26절이 타당하다.

양귀비 楊貴妃, Poppy 다산, 수면, 무지, 사치, 무관심의 상징이다. 양귀비 꽃의 진한 붉은색과 더불어 수면이나 죽음에 대한 의미 때문에 그리스도의 수난에 대한 암시로 묘사된다.

양치류 羊齒類, Fern 양치류는 숲 그늘이 드리워진 골짜기 안에서 자신의 우아함, 섬세함, 아름다움을 숨긴다. 양치류의 매력은 오직 성실하게 숲을 수색하는 사람만 찾을 수 있기 때문에 고독한 겸손, 솔직함, 성실함을 상징한다.

엉겅퀴 Thistle 창세기 3장 17-18절 "땅은 너 때문에 저주를 받으리라. 너는 사는 동안 줄곧 고통 속에서 땅을 부쳐 먹으리라. 땅은 네 앞에 가시덤불과 엉겅퀴를 돋게 하고 너는 들의 풀을 먹으리라."에서 하느님이 아담에게 선언한 저주 때문에 엉겅퀴는 세속적인 슬픔과 죄의 상징이다. 엉겅퀴는 가시가 많은 식물이고, 이 구절처럼 가시와의 연관성 때문에 그리스도 수난의 상징들 중 하나, 특히 예수의 가시관이 되었다(가시 참조).

열매 Fruit 열매는 종종 성령의 12가지 열매들, 사랑, 기쁨, 평화, 오래 참음, 호의, 선행, 믿음, 온유, 인내, 겸손, 절제, 순결을 암시하는 데 사용된다.

오렌지 Orange 오렌지나무는 순수성, 순결, 그리고 너그러움으로 간주된다. 그래서 가끔 동정녀 마리아에 대한 그림에서 묘사된다. 오렌지나무는 인간의 타락을 보여주는 장면들에서 사과나무 혹은 무화과나무 대신 사용되었다. 하지만 낙원을 묘사할 때는 인간의 타락과 구원을 암시한다. 또한 흰 꽃은 순수성을 암시하며, 같은 이유로 오렌지 꽃은 신부新婦의 전통적인 장식품이다.

올리브 Olive 올리브는 참된 성경의 나무, 엄청난 양의 기름을 생산하는 '풍부함으로 가득한' 나무이다. 올리브의 풍부한 수확량은 자신의 자녀를 향한 하느님의 섭리를 상징하였다. "기름을 부어 자신들의 임금을 세우려고 나무들이 길을 나섰다네. '우리 임금이 되어 주오.' 하고 올리브 나무에게 말하였네. 올리브나무가 그들에게 대답하였네. '신들과 사람들을 영광스럽게 하는 이 풍성한 기름을 포기하고 다른 나무들 위로 가서 흔들거리란 말인가?'"(판관 9, 8-9)

올리브 가지는 언제나 평화의 상징으로 여겨졌고, 평화에 대한 비유적인 그림에서 자주 나타난다. 노아가 홍수 동안 방주에 있을 때, 물이 빠졌는지 확인하려고 비둘기 한 마리를 보냈던 것을 기억할 것이다. "저녁때가 되어 비둘기가 돌아왔는데, 싱싱한 올리브 잎을 물고 있었다. 그래서 노아는 땅에서 물이 빠진 것을 알게 되었다."(창세 8, 11) 이 구절에서 올리브 가지는 사람과 함께 만들었던 하느님의 평화를 상징한다. 올리브 잔가지를 물고 있는 비둘기는 죽었던 혼들이 하느님의 평화 안에 떠났다는 것을 나타내는 데 자주 사용된다. 주님 탄생 예고 장면에서 대천사 가브리엘이 동정녀 마리아에게 평화의 표시로 올리브 가지를 전달한다. 특히 시에나 화파Sienese school의 화가들이 이러한 상징적 의미를 자주 사용했다. 그들은 주님 탄생 예고에 관례적으로 사용되던 백합을 피하고자 했다. 왜냐하면 백합은 시에나의 공공연한 적인 피렌체의 표장이었기 때문이다.

우슬초 牛膝草, Hyssop 돌 위에서도 유독 음습한 곳에서 자라는 우슬초는 참회와 겸손을 상징한다. 또한 정화하는 특성 때문에 회복된 무죄함, 그러므로 세례를 상징하기 위해 선택되었다. "우슬초로 제 죄를 없애 주소서. 제가 깨끗해지리이다. 저를 씻어 주소서. 눈보다 더 희어지리이다."(시편 51, 9)*

---

* 영어본에서는 7절로 되어 있지만, 9절이 맞다.

월계수 月桂樹, Laurel 월계수는 승리, 영원함, 순결을 상징한다. 고대의 시합에서 승리자는 월계수 화관을 썼다. 성 바오로는 이 화관을 승리를 거둔 그리스도인이 쓰는 것과 불멸의 화관을 대조시킨다(1코린 9, 24-27). 월계수 잎들은 결코 시들지 않으며 녹색 잎을 보존한다는 사실 때문에 영원함의 상징이 된다. 순결과 월계수의 관련은 아마도 영원한 순결을 서약하였던 베스타 여신의 동정녀들에게 월계수가 바쳐졌다는 이교도 상징에서 파생되었다.

은방울꽃 Lily of the Valley 은방울꽃은 한 해의 첫 번째 꽃들 중 하나이고 봄의 귀환을 알린다. 이 이유 때문에 그리스도의 대림待臨의 상징이 되었다. 은방울꽃의 순백색과 달콤한 향기 때문에 특히 동정녀 마리아의 원죄 없는 잉태의 상징이다. 후자의 의미는 아가서 2장 1절 "나는 사론의 수선화, 골짜기의 나리꽃* 이랍니다."에 근거를 둔다.

이사이Iesse**의 나무** 성 마태오의 복음서에 따르면, 그리스도의 족보는 다윗의 아버지인 이사이로부터 생긴 나무의 형태로 자주 나타나고, 그 열매로서 그리스도의 여러 조상들을 낳았다. 보통 나무는 자신의 팔에 하느님의 아들을 품고 있는 동정녀의 모습으로 정점에 이른다. 이사이의 나무의 표현은 이사야 예언서 11장 1-2절 "이사이의 그루터기에서 햇순이 돋아나고 그 뿌리에서 새싹이 움트리라. 그 위에 주님의 영이 머무르리니…"에 근거를 둔다. 이사이의 나무에서 십자가에 못 박혔던 그리스도의 현존은, 만일 십자가에 못 박힌 그리스도가 이사이의 나무에 접목되고 자신의 피로 되살아난다면 죽은 생명의 나무는 다시 푸르러질 수 있다는 중세의 전승에 근거를 둔다. 이사이의 나무 정상에 홀로 있는 동정녀 마리아의 현존은 그녀의 원죄 없는 잉태를 암시한다. 나무를 대신해서 때때로 성체성사의 상징인 포도나무를 발견할 수 있다.

골짜기의 나리꽃은 은방울꽃이란 영어 단어를 직역한 말이다.

자두 Plum 자두는 충실함과 독립성을 상징한다. 하지만 르네상스 시기에는 장식을 위한 목적으로 자주 사용되었다.

장미 薔薇, Rose 전통적으로 고대 로마인들 사이에서 장미는 승리, 자부심, 성공한 사랑의 상징이었다. 장미는 사랑의 여신인 베누스Venus, 비너스의 꽃이었다.

그리스도교의 상징주의에서 흰 장미가 순결의 상징인 반면, 빨간 장미는 순교의 상징이다. 그 설명은 그리스도교의 초기부터 통용되었다. 성 암브로시오는 장미가 어떻게 가시를 가지게 되었는지에 대하여 이야기하였다. 장미가 땅의 꽃들 중 하나가 되기 전인 낙원에서는 가시가 없었다. 단지 사람이 타락한 후에 장미는 그가 저질렀던 죄와 은총에서의 추락에 대해 다른 사람들에게 상기시키기 위해 가시가 돋아났다. 동시에 향기와 아름다움으로 낙원의 화려함을 계속 상기시키기도 했다. 동정녀 마리아가 원죄의 결과에서 면죄되었다는 전승 때문에 그녀를 '가시 없는 장미'라고 부르게 된 전설에 대하여 이야기하였다. 르네상스 시기의 미술에서 장미 화관은 복된 동정녀의 묵주에 대한 암시로 자주 나타난다(제13부 묵주 참조).

천사, 성인, 천상의 행복으로 들어간 인간이 쓰고 있는 장미 화관은 천상의 기쁨을 가리킨다. 멀리 교황 그레고리오 1세의 시기까지 거슬러 올라가는 고대의 관습에 따라서, 교황이 금으로 만든 장미를 탁월한 사람들에게 보내는 것은 교황 축복의 특별한 상징이다. 장미와 사과가 담긴 바구니는 카파도키아의 성녀 도로테아Dorothea in Cappadocia를 알아보는 데 사용되었고, 장미들로 가득 찬 앞치마는 헝가리의 성녀 엘리사벳Elizabeth Hungarrorum의 상징물이다.

재스민 Jasmine 재스민의 백색과 달콤한 향기는 동정녀 마리아의 상징이다. 넓은 의미에서는 은총, 우아함, 상냥함을 뜻한다.

전나무 Fir 전나무는 낮은 갈망들을 경멸하는, 천국에서 선택된 사람의 상징이다. 또한 인내의 덕에서 탁월한 사람들을 상징한다.

제비꽃 Violet 겸손의 상징이다. 성 베르나르도는 동정녀 마리아를 '겸손의 제비꽃'으로 묘사한다. 또한 인간의 모습을 취한 하느님 아드님의 겸손을 나타내려고 사용된다. 하얀 제비꽃은 성녀 피나Fina, Serafina의 상징물이다. 죽음 후에 그녀의 무덤이 이 꽃들로 덮혀져 발견되었기 때문이다(딸기 참조).

종려나무 Palm 로마인들 사이에서, 종려나뭇잎은 전통적으로 승리의 상징이었다. 이 의미는 종려나무 가지를 죽음에 대한 순교자의 승리를 암시하는 데 사용되었던 그리스도교 상징주의로 옮겨졌다. 순교자들은 순교의 장소나 수단에 더하여 종려나무와 함께 종종 묘사된다. 그리스도는 죄와 죽음에 대한 자신의 승리의 상징으로 종려나무 가지를 들고 있는 것으로 보인다. 예루살렘으로 예수의 개선의 입성과 더 큰 관련이 있다. "이튿날, 축제를 지내러 온 많은 군중이 예수님께서 예루살렘에 오신다는 말을 듣고서, 종려나무 가지를 들고 그분을 맞으러 나가 이렇게 외쳤다. '호산나! 주님의 이름으로 오시는 분은 복되시어라. 이스라엘의 임금님은 복되시어라.'"(요한 12, 12-13)

성 크리스토포로Christophorus가 여행중에 몸을 의지할 지팡이를 만들기 위해 종려나무를 뿌리째 뽑았다는 전설이 있어 그의 상징물이기도 하다. 강을 건너 그리스도를 옮긴 후, 성 크리스토포로는 땅 속에 그 지팡이를 밀어 넣었고, 지팡이는 그곳에 뿌리를 내리고 열매를 맺었다. 종려나뭇잎으로 만들어진 옷은 성 바오로 은수자의 상징물이다.

질경이 Plantain 르네상스 시기 그림들에서 자주 등장한 질경이는 길과 통로를 따라서 무성하였던 평범하고 초라한 식물이다. '잎이 넓은 식물'way bread로 그리스도에게로 가는 길을 찾는 대중의 '잘 다져진 길'의

상징으로 알려지게 되었다.

참나무 Oak 서력기원西曆紀元 훨씬 이전에, 드루이드Druids의 고대 켈트Celtic 예식은 참나무를 숭배하였다. 과거에 종종 이교도 미신에 흔히 있는 경우지만, 참나무 숭배는 그리스도교의 상징적 의미에 흡수되었고 참나무는 그리스도 혹은 동정녀 마리아의 상징으로 바뀌었다. 참나무는 십자가를 만드는 나무로 알려졌던 몇몇 나무들 중 하나였다(밤나무, 백양나무 참조).

참나무의 견고함과 내구력 때문에 믿음과 덕의 힘, 역경을 이겨낸 그리스도인의 인내에 대한 상징이다.

체리 Cherry 체리의 붉은색과 달콤한 맛은 선행善行에서 유래되었던 성격의 다정함을 상징한다. 그래서 종종 낙원의 과일이라 불린다. 아기 그리스도의 손에 들고 있는 체리는 복된 사람들의 큰 기쁨을 암시한다.

카네이션 Carnation 붉은 카네이션은 순수한 사랑의 상징이다. 플랑드르의 관습에 따르면, 결혼식에서 신부가 분홍색의 카네이션 품종을 지니고, 신랑은 이를 찾는 관습이 있었다고 한다. 그래서 분홍색은 결혼의 상징이 되었고 신혼부부는 종종 분홍색 꽃을 들고 나타났다.

큰솔나물 Lady's Bed-Straw 이 초라한 식물은 아기 그리스도가 눕혀졌던 구유에 밀짚과 함께 뒤섞여 있었다는 전설에서 이름이 유래되었다.

털가시나무 Ilex 상록수인 털가시나무, 혹은 떡갈나무holly oak는 가시 나뭇잎 때문에 그리스도의 가시관의 상징으로 여겨진다. 또한 십자가 나무로 알려진 까닭에 그리스도의 수난을 상징한다. 그리스도가 십자가에 못 박히게 되었다는 소식이 전해졌을 때, 다른 모든 나무들이 십자가에 이용되지 않기로 합의했다는 전설과 관련이 있다. 나무들은 도끼가 닿자 모두 천 개의 조각들로 쪼개진 반면, 털가시나무만이 그대로 남았고 예수 수난의 도구로 자신을 허락하였다는 것이다. 이런 점에서 예수 수난에 대해 묵상하는 성 예로니모, 혹은 예수의 수난을 예언하고 하느님의 어린 양인 그리스도를 칭송한 세례자 성 요한의 그림들에서 자주 발견된다.

토끼풀 Clover 세 잎 토끼풀은 삼위일체에 대한 명백한 상징이다. 전설에 따르면, 성 파트리치오 Patricius 가 아일랜드에 복음을 전할 때 삼위일체에 대한 실례로 주어졌고, 그래서 토끼풀 혹은 샴록 shamrock 은 아일랜드의 표장이 되었다. 세 잎 토끼풀에 대한 다른 이름은 '삼엽형三葉形 식물 trefoil'이다.

팬지꽃 Pansy 르네상스 시기에 좀처럼 묘사되지 않았지만, 팬지꽃은 기억과 묵상 meditatio 의 상징이다.

포도 葡萄, Grapes 곡물의 이삭들과 함께 포도송이들은 성찬 전례의 포도주와 빵을 상징하는 데 사용된다. 일반적으로 미사주와 같은 포도는 그리스도의 피의 상징이다. 포도원에서의 노동에 대한 표현들은 주님의 포도밭에서 일하는 선한 그리스도인을 상징한다. 포도덩굴 혹은 포도 잎은 '참된 포도나무'인 구세주의 표장으로 사용된다(포도나무 참조).

포도나무 Vine 포도나무는 성경에서 생생한 상징들 중 하나이고 하느님과 그분의 백성 사이의 관계를 표현하려고 사용된다. 포도나무는 때때로 포도원지기인 하느님의 애정 어린 돌봄 아래에서 잘 자라는 포도나무들인 하느님의 자녀들이 보호받는 장소로서 포도원을 나타낸다. "만군의 주님의 포도밭은 이스라엘 집안이요, 유다 사람들은 그분께서 좋아하시는 나무라네."(이사 5, 7) 포도나무는 이 관계가 다만 홀로 존재하는 하느님의 교회의 상징으로 사용되었다.

그리스도의 표장으로서 포도나무는 자신을 통하여 하느님과 사람 사이의 새로운 관계를 표현하는 예수의 말씀에서 나온다. "나는 참포도나무요 나의 아버지는 농부이시다. … 나는 포도나무요 너희는 가지다. 내 안에 머무르고 나도 그 안에 머무르는 사람은 많은 열매를 맺는다. 너희는 나 없이 아무것도 하지 못한다. … 너희가 많은 열매를 맺고 내 제자가 되면, 그것으로 내 아버지께서 영광스럽게 되실 것이다."(요한 15, 1. 5. 8)

히아신스 Hyacinth 때때로 그리스도인의 신중함, 마음의 평화, 천국에 대한 갈망의 상징으로 여겨진다. 히아신스의 상징적 의미는 이교도의 신화에서 파생되었고, 원반던지기 놀이를 하다가 아폴로Apollo가 던진 원반을 맞고 뜻하지 않게 죽임을 당했던 아름다운 청년 히아친투스Hyacinthus의 전설에 기반을 두고 있다. 이후 아폴로는 히아친투스의 피에서 히아신스 싹을 틔웠다.

제2부 꽃, 나무, 식물

03
땅과 하늘

강 江 고대의 전승에 따르면, 4개의 거룩한 강, 피손Pison, 기혼Cihon, 티그리스Tigris, 유프라테스Euphrates가 있었다.* 그 강들은 하나의 단일 암석에서 네 개의 강으로 갈라졌다고 믿었고, 그로 인해 그리스도로부터 흐르는 네 개 복음서들의 상징으로 사용되었다.

구름 하늘에 있는 구름은 푸른 하늘의 천연 덮개이고, 그런 까닭에 보이지 않는 하느님의 상징으로 사용된다. 구름에서 나오고 있는 손은 하느님의 전능함에 대한 일반적인 상징이다.

금 金 비싼 금속인 금은 순수한 빛, 하느님이 사는 천상의 요소로 사용되며 세속적인 부와 우상숭배의 상징으로도 사용된다. 이는 모세가 없을 때, 참된 하느님 대신에 숭배하도록 금송아지를 만들었던 아론의 이야기(탈출 32장)에 근거한다.

기름 油 기름은 하느님 은총의 상징이다. 그것은 세례 성사, 견진 성사, 성품 성사, 병자 성사에서 사용된다.

꿀 Honey 꿀의 순도와 달콤함은 하느님의 일과 그리스도의 봉사의 상징으로 쓰인다. 그리스도를 위한 신자들의 노력에 대한 보상인 낙원은 '젖과 꿀의 땅'으로 알려져 있다.

날개 날개는 하느님이 보낸 파견의 상징이다. 그래서 천사, 대천사, 치품천사熾品天使, Seraphim, 지품천사智品天使, Cherubim를 그린 그림에서는 언제나 날개가 달려 있는 것을 볼 수 있다. 네 복음사가들의 표장인, 성 마르코의 사자, 성 루카의 황소, 성 마태오의 사람, 성 요한의 독수리는 모두 날개를 가진 창조물들로 묘사된다.

---

* 이 내용은 창세 2, 10-14에 근거하고 있다.

남쪽 주요한 지점들 중 하나로서 남쪽은 빛과 따뜻함의 자리이다. 그래서 남쪽은 신약성경, 특히 서간들과 관련된다.

돌 Stones 견고함의 상징으로 돌에 맞아 죽었던 성 스테파노Stephanus의 상징물로 사용된다. 성 예로니모는 돌로 자신의 가슴을 때리는 기도에서 자주 묘사된다.

동쪽 해가 뜨는 방향으로 우주의 태양인 그리스도를 상징한다.

무지개 홍수 후에 나타났었기 때문에 통합의 상징이고, 하느님이 인류에 베푼 용서와 화해의 상징이다. 미술에서 무지개는 주님의 옥좌로 사용되는데, 최후 심판을 묘사할 때 그리스도는 종종 무지개 위에 앉아 있다. "하늘에는 또 어좌 하나가 놓여 있고 그 어좌에는 어떤 분이 앉아 계셨습니다. … 어좌 둘레에는 취옥같이 보이는 무지개가 있었습니다."(묵시 4, 2. 3)

물 물은 청결과 정화淨化의 상징이다. 이런 의미에서 물은 죄의 씻음과 생명의 부활을 상징하는 세례 성사에서 사용된다. 또한 빌라도가 "나는 이 사람의 피에 책임이 없소."(마태 27, 24)라고 말하면서 자신의 손을 공개적으로 씻었을 때처럼 무죄함을 의미한다. 드물게는 근심 혹은 시련을 암시한다. "하느님, 저를 구하소서. 목까지 물이 들어찼습니다. … 물속 깊은 곳으로 빠져 물살이 저를 짓칩니다."(시편 69, 2. 3)* 포도주에 섞인 물은 성찬 전례에서 그리스도의 인간성을, 포도주는 예수의 신성을 뜻하게 되었다.

별 밤하늘의 어둠을 밝히는 별은 하느님의 인도 혹은 은혜의 상징이

---

* 영어 본문에서는 1절과 2절이라고 하지만 한글 성경에서는 2절과 3절이다.

다. 동방박사들을 주제로 한 작품에서 자주 등장했던 동쪽의 별은 베들레헴으로 현자들을 안내했고 그리스도가 태어났던 곳의 구유 위 하늘에 있었다. 12개의 별은 이스라엘의 12지파와 12명의 사도들을 상징할 수 있다. 원죄 없이 잉태된 동정녀와 하늘의 여왕은 12개의 별들로 왕관을 썼다(묵시 12, 1). 하나의 별은 '바다의 별'stella maris 인 그녀의 칭호에서 동정녀의 상징이다. 가슴에 있는 별은 톨렌티노 성 니콜라오Nicolaus Tolentini 의 상징인 반면, 이마에 있는 하나의 별은 성 도미니코에게 주어진 상징물들 중 하나이다.

북쪽 북쪽은 항상 춥고 어두운 지역으로 간주되어 왔다. 교회 초기에 야만인들은 북쪽에 살았다. 제대의 북쪽 끝에서 복음을 읽는 것은 야만인들을 개종시키려는 교회의 열망을 상징하였다.

분수 噴水 분수는 '살아있는 물의 분수'로 여겨졌던 동정녀 마리아의 상징물들 중 하나이다. 이 해석은 아가서 4장 12절 이하와 시편 36장 10절* "정녕 당신께는 생명의 샘이 있고 당신 빛으로 저희는 빛을 봅니다."에서 유명한 구절에 입각한다. 분수는 자신의 제자들을 위해 사막에서 물을 기적적으로 발견하였던 성 클레멘스Clemens 의 상징물이기도 하다.

불과 불꽃 순교와 종교적인 열정, 두 가지를 모두 상징한다. 불꽃은 불의 수호성인인 파도바의 성 안토니오Antonius Patavii 의 상징물이다.

성 라우렌시오Laurentius 는 석쇠 위에서 받은 고문과 관련하여 때때로 불타는 부제복tunica 을 입었다. 불꽃의 불은 성 안토니오 아빠스와 성녀 아녜스Agnes 와 같은 성인들의 열정을 의미하는 상징물로 나타날 수 있다. 불 그 자체는 불꽃을 토하는 괴물로서, 혹은 전설에 의하면 불에

---

* 영어본문은 9절로 되어 있지만, 내용상 10절이 맞다.

타지 않고 불 안에서 살 수 있는 불도마뱀에 의해 때때로 의인화擬人化 된다.

성령 강림에 대한 그림에서 사도들의 머리에 있는 불꽃은 성령의 현존을 상징한다. 또한 지옥의 괴로움을 상징하기도 한다(제4부 심장 참조).

빛 빛은 요한복음 8장 12절 "예수님께서 다시 그들에게 말씀하셨다. '나는 세상의 빛이다. 나를 따르는 이는 어둠 속을 걷지 않고 생명의 빛을 얻을 것이다.'"에 있는 예수의 말씀과 관련하여 그리스도의 상징이다.

산호 珊瑚, Coral 산호는 '악마의 눈'에 대항한 부적으로 사용되었고, 주로 어린이의 목에 걸려 있다. 아기 그리스도의 그림에서 산호는 악에 대항한 보호를 나타낸다.

상아 象牙, ivory 상아는 '순백의 색과 견고한 감촉'이라는 두 가지의 뛰어난 성질을 가졌다. 그래서 순결과 도덕적 용기의 상징이 되었다. 가끔 상아는 무덤에서 예수의 육신이 부패하지 않음과 관련된 그리스도의 상징이다. 이것은 상아로 〈십자가에 못 박힘〉을 조각하는 관습의 발단일 가능성이 크다.

새벽 그리스도의 피의 상징이다. 예수는 피를 흘림으로써 죄의 어둠을 정복하였고, 영원한 구원의 새벽은 세상의 빛을 만들었다. 부활을 의미하는 그림에서, 새벽의 장밋빛(을 드리운) 옷을 입은 그리스도가 표현된다. 새벽은 그리스도의 재림의 상징이다.

서쪽 서쪽은 네 개의 중요한 지점들 중 하나로서 어둠의 자리와 악령들의 거주지를 의미하였다. 성당의 서쪽 높은 곳에 있는 장미창薔薇窓, rose window은 어둠에 앉아 있는 사람들에게 보이는 복음의 빛을 만든다

고 말해왔다.

소금 힘과 우월성의 상징이다. 산상설교山上說敎에서 그리스도는 자신의 제자들을 "세상의 소금"(마태 5, 13)이라 불렀다. 소금은 음식의 부패를 막기 때문에 악을 거스른 보호의 상징으로 사용되고, 때때로 세례받은 어린이의 입에 놓는다.

시간 Time 르네상스 미술에서 시간의 의인화擬人化인 '시간 할아버지'Father Time는 일반적으로 날개가 달린 벌거벗은 모습으로 묘사된다. 그의 가장 일반적인 상징물은 큰 낫scythe 혹은 작은 낫sickle인데, 간혹 모래시계나 꼬리를 물고 있는 뱀혹은 용, 황도십이궁대黃道十二宮帶, zodiac로 대치된다. 대부분 늙음을 암시하기 위해 목발을 짚은 모습이다.

암석 岩石, Rocks 암석은 주님의 상징이다. 모세가 백성의 기운을 돋우기 위해 암석을 쳐서 샘물이 나오게 했다는 이야기에서 유래되었다. 그리스도는 복음의 순수한 강들이 흘러나오는 암석으로 종종 나타난다. 또한 성 베드로는 "너는 베드로이다. 내가 이 반석 위에 내 교회를 세울 터인즉, …"(마태 16, 18)라는 그리스도의 진술 때문에 교회의 주춧돌인 반석으로 나타난다.

어둠 Darkness 육체의 어둠은 영적인 어둠의 상징이다. 악마는 어둠의 왕자이다. 악마의 왕국에서는 모든 것이 어둡고, 하느님의 왕국에서 모든 것은 빛이다.

연기 Smoke 연기는 공기 중으로 올라가 사라지기 때문에 덧없음과 찰나의 것을 암시하게 되었다. 이승에서의 삶이 짧음과 세속적인 영광의 헛됨을 상징한다. 하느님의 노여움과 분노는 연기로 자주 나타난다. "하느님, 어찌하여 마냥 버려두십니까? 어찌하여 당신 목장의 양떼에게 분

노를 태우십니까?"(시편 74, 1)

우물 우물과 분수는 세례, 생명과 재생再生의 상징이다. 흐르는 분수는 영원한 생명의 물을 상징한다. 봉인된 우물 혹은 분수는 마리아의 동정성의 상징이다(분수 참조).

은 銀 그 자체의 순백純白 때문에, 불에 의해 정련精鍊된 귀중한 금속이라는 점 때문에 순수함과 순결의 상징이 되었다. 또한 복음사가의 이성理性에 호소하는 힘을 상징한다. 이 개념들은 시편 12장 7절* "주님의 말씀은 순수한 말씀 흙 도가니 속에서 일곱 번이나 정제된 순은이어라."라고 말하는 구절에 근거한다(제14부 돈과 동전 참조).

재 재는 그리스도교의 상징적 의미에서 뉘우침의 상징이다. 사순 시기의 첫 번째 날인 재의 수요일에 회개의 의미로 이마에 재를 바른다. 재는 이전 성지주일의 종려나무에서 나온다. 또한 인간 육신의 죽음을 의미하고 삶의 짧음을 상징한다.

정원 庭園 둘러싸인 정원은 동정녀 마리아의 원죄 없는 잉태의 상징이다. 이 상징은 아가서 4장 12절 "그대는 닫힌 정원, 나의 누이 나의 신부여 그대는 닫힌 정원, 봉해진 우물"에서 차용되었다.

지구 地球 나무와 식물이 자라고 인간을 위한 주거지를 공급하는 지구는 영적인 믿음으로 사람을 먹이고 대피처를 제공하는 교회를 위한 상징으로 사용된다. 그래서 십자가가 심어졌던 지구는 때때로 이러한 상징적인 의미를 제공한다.

영어 본문에서는 6절로 되어 있지만, 한글 성경에서는 7절로 되어 있다.

진주 珍珠, Pearl 지구상 어떤 보물보다 큰 가치가 있는 '가장 귀중한 보석'으로서 진주는 구원의 상징으로 사용된다. 마태오복음 13장 45절에서 그리스도는 "하늘나라는 밭에 숨겨진 보물과 같다. 그 보물을 발견한 사람은 그것을 다시 숨겨 두고서는 기뻐하며 돌아가서 가진 것을 다 팔아 그 밭을 산다."라고 말한다. 마태오복음에 있는 다른 곳에서 진주는 하느님의 말씀을 의미한다. "거룩한 것을 개들에게 주지 말고, 너희의 진주를 돼지들 앞에 던지지 마라. 돼지들이 발로 진주를 짓밟고 돌아서서 너희를 물어뜯을지도 모른다."(마태 7, 6)

태양과 달 태양은 그리스도를 상징하고, 그 해석은 말라키서 3장 20절* "그러나 나의 이름을 경외하는 너희에게는 의로움의 태양이 날개에 치유를 싣고 떠오르리니 …"에 근거하고 있다. 태양과 달은 "태양을 입고 발밑에 달을 두고"(묵시 12, 1) 있는 여인을 나타내는, 동정녀 마리아의 상징물로 사용된다. 태양과 달은 그리스도의 죽음에서 모든 창조물의 슬픔을 보여주려고 십자가에 못 박힘의 장면들에서 자주 묘사된다. 성 토마스 아퀴나스 Thomas Aquinas 는 때때로 자신의 가슴에 태양과 함께 묘사된다.

피치 Pitch 피치**는 특유의 색과 들러붙는 성질 때문에 악의 상징이다. '피치처럼 검은색'은 죄악의 상태 혹은 조건을 나타내는 데 사용된 익숙한 구절이다.

항만 港灣, Harbor 어떤 근거에 따르면, 항만은 영원한 생명의 상징이고, 항만을 위해 만들어진 배들은 천국을 찾는 혼에 비유된다.

---

*   영어 본문에서는 4장 2절로 되어 있지만, 한글 성경에서는 3장 20절이다.
** '피치'는 목재에 함유된 끈적끈적한 물질로, 원류와 콜타르를 증류한 후 남은 흑색 광택이 있는 찌꺼기이다. 이것은 그리스도교 신자들을 박해할 때, 고문 수단으로 사용되었다.

홍옥 紅玉, Carbuncle   홍옥의 짙은 혈적색血赤色은 피와 괴로움을 뜻한다. 그래서 그 돌은 그리스도의 수난과 순교의 상징이다. 다섯 개의 홍옥은 십자가에 못 박힘 동안 그리스도가 받았던 다섯 개의 상처오상를 상징하는 십자가에서 때때로 나타난다.

04
인간의 몸

골격 骨格, Skeleton 인간의 골격은 죽음의 상징으로 사용된다. 때때로, 골격은 한쪽 손에 생명 단축의 상징인 큰 낫을, 다른 쪽 손에 시간 경과의 상징인 모래시계를 가지고 있음을 보여준다.

귀 인간의 귀는 그리스도의 배신과 수난의 상징들 중 하나이다. 귀는 요한복음 18장 10절에서 카야파의 종들에 의한 그리스도의 체포에서 "시몬 베드로가 가지고 있던 칼을 뽑아, 대사제의 종을 내리쳐 오른쪽 귀를 잘라 버렸다."와 관련되어 있다.

나체 裸體, Nudity 나체 상태의 인체人體 묘사는 여러 가지 표현을 지지하는 훌륭한 가르침을 가졌다. 르네상스 시기에 나체의 상징적 유형들은 크게 다음의 네 가지로 나누어볼 수 있다.

자연본성적 나체 Nuditas natualis 세상에 태어날 때 사람의 자연 상태. "우리는 이 세상에 아무것도 가지고 오지 않았으며 이 세상에서 아무것도 가지고 갈 수 없습니다."(1티모 6, 7) 이 사실에 대한 인간의 인식은 "의로움과 신심과 믿음과 사랑과 인내와 온유를 추구하십시오."(1티모 6, 11)로 그를 인도한다.

일시적 나체 Nuditas temporalis 세속적인 재물과 소유물의 부족. 나체는 태어날 때 인간의 자연스러운 상태이지만, 사람이 빈곤 상태에 살아가도록 야기한 삶의 시련과 어려움의 결과일 수 있다. 그렇지만 하느님에게 전적으로 봉사하기 위해 모든 현세의 것들을 자진해서 내어준 사람들의 경우처럼, 이런 세속적인 재물의 부족은 자발적일 수 있고, '하느님의 영광'으로 추측될 수 있다.

상징적 나체 Nuditas virtualis 순결과 무죄의 상징으로 사용된 경우다. 삶의 활동에 종사하지만, 그럼에도 불구하고 자신을 둘러싼 악과 유혹에 꼼짝하지 못하는 이 세상의 사람들을 의미한다. 고결한 삶의 높고 바람직한 자질을 의미한다.

죄악의 나체 Nuditas criminalis 이때는 상징적 나체의 반대로 성욕, 자만심, 모든 덕의 부재를 상징한다.

마지막 두 가지 나체 형태의 차이점은 일시적인 지복至福 이후의 추구가 아니라 영원한 지복을 위한 탐색으로 설명될 수 있다. 티치아노의 〈신성한 사랑과 세속적인 사랑〉Amor Sacro e Amor Profano에서 보면 이러한 대조를 드러내고 있다. 영원한 지복, 〈상징적 나체〉는 썩기 쉬운 세상의 것들에 대한 경멸을 나타내는 한 여인에 의해 의인화擬人化된다. 그녀의 오른손에 있는 불꽃은 하느님의 사랑을 상징한다. 일시적인 지복, 〈죄악의 나체〉는 화려하게 옷을 입었고 눈부신 보석들로 장식한 한 여인으로 묘사된다. 그녀는 이 세상의 재물과 쾌락에 대한 허영심과 애정을 상징하는 금과 보석이 담긴 그릇을 손에 들고 있다.

진리를 덕으로 묘사할 때, 보통 나체의 여인 모습으로 묘사된다.

눈 성경에서 하느님의 눈에 대해 자주 언급하고 있어서 눈은 모든 것을 알고 항상 존재하는 하느님을 상징하게 되었다. "주님의 눈은 의인들을 굽어보시고 그분의 귀는 그들의 간구를 들으신다."(1베드 3, 12) 잠언 22장 12절에서는 "주님의 눈은 지식을 지켜 주시고 배신자의 말을 뒤엎으신다."라고 쓰여 있다. 르네상스 후기 그림에서 삼각형에 둘러싸였던 하느님의 눈은 삼위일체를 상징하는 데 사용된다. 원에 둘러싸였고 광선이 빛을 발하는 삼각형 안의 눈은 삼위일체 하느님의 무한한 거룩함을 암시한다. 종종 큰 접시 위에 있는 한 쌍의 눈은 성녀 루치아Lucia의 상징물이다.

두개골 頭蓋骨, Skull 두개골은 이 세상 생명의 일시적인 성격을 상징한다. 그런 까닭에 세속적인 것의 무익한 허영심을 뜻한다. 두개골은 때때로 성녀 마리아 막달레나Maria Magdalena, 성 바오로, 성 예로니모, 아시시의 성 프란치스코처럼 회개하는 성인들의 상징물로 사용된다. 은수자들은 죽음에 대한 자신의 관상을 암시하려고 두개골과 함께 등장한다. 십자가가 두개골과 함께 묘사된 것은 죽음 후의 영원한 생명에 대한 그들의 묵상을 암시한다.

몇몇 르네상스 시기의 그림들에서 십자가 아래에 두개골 밑에 대퇴골 2개를 교차시킨 도형crossbones이 함께 있으며, 이는 '두개골의 장소'인 골고타의 십자가를 언급한다. 십자가를 통하여 모든 사람들이 영원한 생명으로 부활할 것을 암시하는 십자가는 아담의 두개골과 뼈들 위에 있었다는 전설이 있다. "성경에도 이렇게 기록되어 있습니다. '첫 인간 아담이 생명체가 되었다.' 마지막 아담은 생명을 주는 영이 되셨습니다."(1코린 15, 45)

머리 몸에서 가장 위에 있고 주요한 부분인 머리는 때때로 모든 사람을 대표하려고 사용된다. 또한 삶의 자리를 대표하고, 몸의 주요 구성을 이루며 다른 구성원들 모두에 대한 통치와 통제를 상징한다. 그래서 그리스도는 모든 신자에게 명성과 영향력뿐만 아니라 생명과 힘을 전달하는 것에서도 자기 교회의 영적인 머리이다.

머리는 성경의 많은 인물의 상징으로 사용된다. 절단된 채 손에 들려 있거나 남성의 발밑에 있는 머리는 다윗의 상징물이다. 다윗은 무릿매 돌 하나로 필리스티아 사람인 골리앗을 쓰러뜨렸다. 유딧은 홀로페르네스Holofernes의 목을 잘랐고 그 잘린 머리를 높이 치켜든 모습으로 자주 등장한다. 살로메Salome는 큰 접시 위에 후광에 싸인 세례자 요한의 머리를 들고 있는 모습으로 자주 묘사된다. 그래서 큰 접시 위의 머리는 때때로 세례자 성 요한의 상징물로 사용되었다.

머리카락 묶지 않고 치렁치렁 늘어뜨린 머리카락은 뉘우침의 상징이다. 루카복음 7장 37-38절 "그 고을에 죄인인 여자가 하나 있었는데, 예수님께서 바리사이의 집에서 음식을 잡수시고 계시다는 것을 알고 왔다. … 예수님 뒤쪽 발치에 서서 울며, 눈물로 그분의 발을 적시기 시작

하더니 자기의 머리카락으로 닦고 나서, …"에 근거한다. 이 성경 속 이야기는 은수자뿐만 아니라 보속을 하는 모든 사람들이 머리카락을 길게 기르는 관습으로 이어졌다.

고대에 결혼하지 않은 여인들은 머리카락을 묶지 않고 길게 늘어뜨렸다. 이것이 동정 성인들이 길고 치렁치렁한 머리카락으로 자주 묘사되었던 이유이다. 남자들의 긴 머리카락은 때로 힘을 상징하는데, 삼손 Samson이 그 예다.

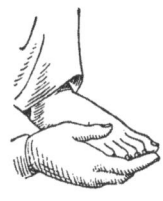
발 땅의 먼지를 접촉하기 때문에 겸손과 자발적인 노예 상태를 나타내기 위해 사용된다. 바리사이의 집에서 자신의 눈물로 그리스도의 발을 씻었던 여인은 겸손과 뉘우침의 표시로 그렇게 하였고, 결국 그 죄를 용서받았다(루카 7, 38). 그리스도 그 자신은 최후 만찬에서 제자들의 발을 씻겼다(요한 13, 5). 성 목요일에 발씻김 예식을 거행하는 주교들을 위한 전통은 이 행위에서 근거하고 있다.

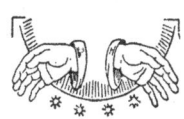
손 그리스도교 미술의 초기 시절, 그리스도인들은 하느님의 생김새를 묘사하는 것을 주저했다. 전능한 분의 현존은 '아무도 보고 살 수 없었던'(탈출 33, 20) 하느님의 경외심을 불러일으키고 영광스러운 통치권을 숨겼던 구름에서 손이 나오는 것으로 표현했다. 이는 성경에서 전능한 힘과 의지의 상징들인 주님의 손과 팔이 빈번하게 언급되었던 것에 기원한다. 그 손은 어떤 물건을 꼭 잡거나 움켜쥐고 있는 것처럼 보이지만, 삼위일체의 상징인 세 손가락을 펼친 채 종종 손이 열려 빛의 광선이 나온다. 항상 그런 것은 아니지만, 그 손은 주로 후광에 싸여 있다. 손바닥을 밖으로 들어 올린 손은 하느님의 축복을 상징한다.

손은 그리스도의 수난에서 중요한 역할을 한다. 열린 손은 공용 현관에서 뺨을 맞았던 그리스도의 조롱을 상기시킨다. 짚을 뒤덮고 있는 손은 그리스도나 바라빠 중 어느 하나가 석방되어야 할 것인지를 보려고 훨씬 더 그렸던 전통을 생각나게 한다.

제4부 인간의 몸

다른 손에 돈을 퍼붓는 손, 또는 돈 가방을 든 손은 유다의 배신에 대한 암시이다. 마지막으로 대야 위에 얹은 손은 빌라도가 그리스도의 십자가에 못 박힘에 대한 책임을 거부하는 이야기를 암시한다. 결혼식에서처럼 손의 움켜쥠은 일치를 상징하는 의미를 가졌다.

심장 심장은 이해, 사랑, 용기, 신앙심, 슬픔, 기쁨의 원천으로 여겨졌다. 심장의 종교적 의미를 깊이 파헤쳐 보면, 사무엘기 상권 16장 7절 "그러나 주님께서는 사무엘에게 말씀하셨다. '겉모습이나 키 큰 것만 보아서는 안 된다. … 나는 사람들처럼 보지 않는다. 사람들은 눈에 들어오는 대로 보지만 주님은 마음을 본다.'"에서 표현된다. 성인의 심장은 사랑과 경건함을 상징한다. 타는 듯한 심장은 최고의 종교적인 열정을 암시한다. 화살에 찔린 심장은 극단적인 시련의 상황 아래에서 통회, 깊은 후회, 신앙심을 상징한다. 열의에 대한 하느님의 인도를 의미하며, 타는 듯한 심장과 구멍이 난 심장은 성 아우구스티노Augustinus의 상징물로 사용된다. 십자가를 지닌 심장은 시에나의 성녀 가타리나Catharina Senensis의 상징물이다. 가타리나의 기도에 대한 응답으로 어느 날 구세주가 나타났고 자신의 심장과 그녀의 것을 바꿨다는 전설이 있다. 또한 시에나의 성 베르나르디노Bernardinus Senensis의 상징물로도 쓰인다.

오상 五傷, Stigma 'stigmata'라는 단어는 "흔적"을 의미하는, 일반적으로 불명예 혹은 악명惡名인 'stigma'라는 단어의 복수이다. 오상은 십자가 위에서 그리스도가 고통받았던 다섯 개 상처의 모습으로, 종교적으로 명성이 높은 사람들에게 초자연적으로 새겨졌던 흔적이라고 한다. 그리스도교 미술에서, 오상은 특히 시에나의 성녀 가타리나와 아시시의 성 프란치스코의 상징물로서 사용된다. 흔적이 둘 다에게 나타났다고 알려졌기 때문이다.

유방 乳房, breast 여성의 유방은 모성의 상징이며, 사랑, 영양, 보호의 상

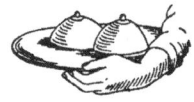
징물이다. 어머니로서 동정녀는 아기 예수에게 자신의 유방을 준다. 큰 접시 위에 두 개의 유방은 순교의 일환으로 집게 혹은 큰 가위로 유방이 찢겨졌던 성녀 아가타Agatha의 상징물들로 사용된다.

피 본질적으로 피는 생명과 인간 혼의 상징이다. 하느님의 성자聖子인 그리스도는 죄로부터 인류를 구원하려고 십자가 위에서 피를 흘린다. "또 잔을 들어 감사를 드리신 다음 제자들에게 주시며 말씀하셨다. '모두 이 잔을 마셔라. 이는 죄를 용서해 주려고 많은 사람을 위하여 흘리는 내 계약의 피다.'"(마태 26, 27. 28) 피의 붉은색은 그리스도를 부정하기보다는 피흘리며 죽어간 모든 순교자들의 공통의 상징물이 되었다.

제4부 인간의 몸

05
구약성서

머리말 르네상스 시기 화가들의 큰 관심은 그리스도, 동정녀, 교회의 성인들에 집중되었다. 그러나 구약성경의 사건과 인물들이 그리스도의 생애에서 사건들을 예표한다는 믿음은 구약성경의 장면과 이야기들에 대한 많은 묘사로 이어졌으며 구약성경의 극적인 이야기들이 갖는 매력 때문에 더 친숙한 주제로 사용되었다. 그리스도교 계시의 선구자로 여겨지던 구약성경 속 인물들을 일상적 모습으로 묘사한 것은 그리스도를 통해 인간이 성취한 사건과 역사에서 하느님의 행동을 증명할 수 있기 때문이다. 다음은 르네상스 미술에서 다루고 있는 가장 대중적인 구약성경 주제이다.

창조 창세기의 제1장에서 창조에 관련된 주제들이 많이 등장한다. "땅은 아직 꼴을 갖추지 못하고 비어 있었는데, 어둠이 심연을 덮고 하느님의 영이 그 물 위를 감돌고 있었다."(창세 1, 2) 첫째 날에 하느님은 빛을 창조하여 어둠에서 빛을 나누어 낮과 밤을 창조하였다. 둘째 날에 하느님은 물을 나누었고 그가 하늘로 불렀던 궁창을 창조하였다. 셋째 날에 그분은 자신이 땅이라 불렀던 뭍을 창조하였고, 땅 위에 식물과 꽃, 나무를 자라게 했다. 넷째 날에 하느님은 태양, 달, 별과 같은 하늘의 빛을 창조하였다. 다섯째 날에 그분은 공중의 새들과 물에 사는 창조물들을 창조하였다. 마지막으로 여섯째 날에 하느님은 땅의 짐승들과 사람을 창조하였다. "하느님께서 말씀하셨다. '우리와 비슷하게 우리 모습으로 사람을 만들자.'"(창세 1, 26) "하느님께서는 하시던 일을 이렛날에 다 이루셨다. 그분께서는 하시던 일을 모두 마치시고 이렛날에 쉬셨다. 하느님께서 이렛날에 복을 내리시고 그날을 거룩하게 하셨다."(창세 2, 2.3)

아담과 하와 아담과 하와의 이야기에서 가장 흔히 알려진 장면들은 다음과 같다.

아담의 창조 첫째 사람인 아담의 창조는 창세기 2장 7절에 이런 식으로 묘사된다. "그때에 주 하느님께서 흙의 먼지로 사람을 빚으시고, 그 코에 생명의 숨을 불어넣으시니, 사람이 생명체가 되었다."

하와의 창조 하느님이 아담을 창조한 후에, 사람에게는 새들과 짐승들 외에도 협력자가 필요하다고 결정하였다. 그런 까닭에 그분은 "사람 위로 깊은 잠이 쏟아지게 하시어 … 그의 갈빗대 하나를 빼내시고 그 자리를 살로 메우셨다. 주 하느님께서 사람에게서 빼내신 갈빗대로 여자를 지으시고, 그를 사람에게 데려오시자, 사람이 이렇게 부르짖었다. '이야말로 내 뼈에서 나온 뼈요 내 살에서 나온 살이로구나! 남자에게서 나왔으니 여자라 불리리라.'"(창세 2, 21이하)

하와의 유혹 아담과 하와를 두었던 에덴 동산에서, 하느님은 '선과 악을 알게 하는 나무'를 심었다. 그리고 그는 이 나무의 열매를 먹지 않도록 죽음의 형벌을 아담에게 경고하였다. 그러나 "모든 들짐승 가운데에서 가장 간교하였던" 큰 뱀은 여인인 하와에게 왔고, 만일 그녀가 그렇게 하면 그녀의 눈이 열려질 것이고 그녀는 선과 악을 아는 하느님처럼 될 것이라고 그녀에게 말하면서(창세 3, 1 이하), 그 나무의 열매를 먹으라고 그녀를 유혹하였다. 유혹을 받은 하와는 금지된 과일을 먹었고 자신의 남편 아담에게도 약간 주었다. "그러자 그 둘은 눈이 열려 자기들이 알몸인 것을 알고, 무화과나무 잎을 엮어서 두렁이를 만들어 입었다."(창세 3, 7)

아담과 하와의 추방 아담과 하와가 하느님의 명령을 듣지 않았고, 그들이 이제 에덴 동산에서 자라고 있던 생명 나무의 열매를 먹고 하느님과 같이 될 것을 두려워하여, 주님은 아담과 하와에게 확실한 형벌들을 지웠고 에덴 동산으로부터 그들을 추방하였다. 하와의 죄 때문에, 그 후 모든 여인들은 고통 속에서 아기를 낳아야 할 것이고 남자에게 복종해야 할 것이라고 명하였다. 아담은 똑같이 죄를 지었기 때문에, 이제부터 남자는 땀흘려 일해서 자신의 빵을 벌어야 할 것이라고 명하였다. 그리고 하느님은 아담에게 "너는 먼지이니 먼지로 돌아가리라."(창세 3, 19)라고 선언하였다.

지상에서 아담과 하와의 고생 아담과 하와의 공통된 묘사는 그들이 에덴 동산에서 추방된 후 사람은 자신의 이마에 땀을 흘려서 자기의 빵을 벌어야 할 것이라는 주님의 결정이 성취되어 이 세상에서 힘들게 일해야 한다는 것이다.

아벨의 제물 아담과 하와에게서 태어난 첫 번째 아기는 농부가 되었던 카인Cain이었고, 동생 아벨Abel은 목자가 되었다. 그리고 주님에게 제물로서 자기 양 떼의 맏배 중 하나를 가져왔던 것은 아벨이었다. "그런데 주님께서는 아벨과 그의 제물은 기꺼이 굽어보셨으나"(창세 4, 4) 아벨의 이 제물은 '하느님의 어린 양'인 예수가 비슷하게 희생되었기 때문에, 십자가에 못 박힘을 예시한다고 생각되었다.

카인의 아벨 살해 카인 또한 하느님에게 제물을 바쳤다. "카인과 그의 제물은 주님이 굽어보지 않으셨다. 그래서 카인은 몹시 화를 내며 얼굴을 떨어뜨렸다."(창세 4, 5) 화가 난 카인은 자신의 동생 아벨을 들판에서 만났고 그를 살해하였다. 이 죄에 대한 형벌로 하느님은 도망자와 부랑자인 카인을 만들었고 모든 사람들이 그를 알 수 있도록 그에게 한 표시를 주었다.

노아 Noah 예언자 노아는 아담과 하와의 셋째 아들인 셋Seth에게서 태어난 직계자손이다. 노아 시절에 "주님께서는 사람들의 악이 세상에 많아진 것을 보시고," 하느님은 자신이 창조하였던 사람들을 멸망시키려고 결심하였다(창세 6, 5 이하). 노아 홀로 하느님의 눈에서 은총을 찾았다. 그래서 하느님은 방주를 만들라고 노아에게 지시하였다. "너는 아들들과 아내와 며느리들과 함께 방주로 들어가거라. 그리고 온갖 생물 가운데에서, 온갖 살덩어리 가운데에서 한 쌍씩 방주에 데리고 들어가, 너와 함께 살아남게 하여라. 그것들은 수컷과 암컷이어야 한다."(창세 6, 18. 19)

방주의 건조 미술에서 종종 묘사되었던 것은 노아가 하느님이 자신

제5부 구약성서

에게 주었던 특별지시에 따라 방주를 건조하고 있는 장면이다. "방주의 길이는 삼백 암마, 너비는 쉰 암마, 높이는 서른 암마이다. … 문은 방주 옆쪽에 내어라. 그리고 그 방주를 아래층과 둘째 층과 셋째 층으로 만들어라."(창세 6, 15, 16)

홍수 주님이 땅에 놓아 주었고 '150일 동안 땅 위에 활개치고 있었던' 큰 홍수 그 자체도 자주 묘사되는 장면이다. 노아와 그의 가족과 그가 데리고 들어갔던 동물들은 방주 안에서 안전하게 홍수를 이겨냈다. 그리고 주님은 땅에 대한 자신의 정화가 성취되었음을 마침내 느꼈고 비가 멈추고 물이 빠지도록 하였다. 물이 빠졌을 때, 노아의 방주는 아라랏Ararat의 산 위에 멈춰 섰다. 땅에 다시 사람이 살 수 있는지를 알기 위해, 큰까마귀 한 마리를 보냈지만 돌아오지 않았다. 그 다음에는 비둘기 한 마리를 보냈으나, 살만한 땅의 흔적을 찾아오지 못했다. 두 번째로 보내자, 비둘기는 자기 부리에 올리브 잎을 물고 돌아왔다(창세 8, 11). 그래서 노아는 홍수가 가라앉는 중이었다는 것을 알았다. 방주에서 노아의 이 경험은 그리스도의 세례에 비유되었다.

노아의 제물 홍수로부터 구원받은 것에 대한 감사로, "노아는 주님을 위하여 제단을 쌓고, 모든 정결한 짐승과 모든 정결한 새들 가운데에서 번제물을 골라 그 제단 위에서 바쳤다."(창세 8, 20)

노아의 만취 노아의 삶에서 자주 등장하는 또 다른 장면은 노아가 포도주를 너무 많이 마시고 벌거벗은 채 천막에서 누워 있을때, 그의 알몸을 보았던 막내아들 함Ham의 행동이다. 노아가 깨어 아들이 하였던 것을 들었을 때, 그는 "그는 제 형제들의 가장 천한 종이 되리라."(창세 9, 25)라고 말하며 그를 저주하였다.

아브라함 Abraham 노아의 자손으로 자신이 태어난 곳에서 가나안의 땅으로 가도록 하느님에게 선택되었던 것은 아브라함이었다(창세 12, 1 이하). 가장 일반적으로 묘사되는 아브라함의 이야기는 다음과 같다.

하가르와 이스마엘 아브라함의 아내 사라Sarah는 자신이 아기를 낳을 수 없음을 알고, 남편에게 자신의 하녀 하가르Hagar를 또 다른 아내로 받아들이도록 요청하였다(창세 16장). 이 결혼으로 아들 이스마엘Ishmael이 태어났다.

세 천사들의 출현 그가 나이가 지긋해졌을 때, 아브라함에게 하느님이 찾아왔고, 아브라함과 사라가 마침내 자신의 아들을 얻는 축복을 받을 것이라고 말하였다. 처음에 아브라함은 자신과 아내 둘 다 너무 늙었다고 생각하면서 이것을 믿지 않았다. 얼마 후에, 아브라함이 자신의 천막 입구에 앉아 있을 때, 세 사람이 그의 앞에 나타났다. 그들이 하느님의 천사들이라는 것을 감지한 아브라함은 그들에게 경의를 표하기 위해 서둘렀다. 또한 그들은 그와 그의 아내에게 아들이 허락될 것이라고 예언하였다(창세 18, 2 이하). 하느님은 약속했던 것처럼 정해진 시간에 사라 앞에 나타났고, 그녀는 아브라함의 아들을 낳아 이사악Isaac이라는 이름으로 불렸다(창세 21, 1-3). 세 천사들의 방문 때, 아브라함이 그들을 단수형으로 불렀기 때문에 이 장면은 삼위일체에 대한 암시로 여겨진다.

아브라함과 멜키체덱 아브라함이 가나안 땅에 정착하고 얼마 지나지 않아, 소돔 성이 공격을 받으면서 그곳에 살던 조카 롯Lot이 포로로 끌려가고 전 재산을 빼앗겼다는 것을 들었다. 이 소식을 들은 아브라함은 부하들을 무장시켜 침입자들을 뒤쫓았다. 아브라함이 그들을 따라잡아 밤중에 공격하였고 모든 포로들과 훔쳤던 물건을 되찾았다. 아브라함이 승리를 거두고 돌아왔을 때, 살렘Salem의 왕이자 대사제인 멜키체덱Melchizedek이 빵과 포도주를 가지고 그 승리자를 만나려고 왔다. 그리고 멜키체덱은 "하늘과 땅을 지으신 분 지극히 높으신 하느님께 아브라함은 복을 받으리라."라고 말하면서 축복하였다. 이어서 아브라함은 멜키체덱에게 십일조로 전투 전리품의 십분의 일을 주었다. 히브리인들에게 보낸 서간의 저자는 이 사건을 예수의 희생과 그리스도의 사제직과 연관지었다(히브 7, 1 이하).

이사악의 제물 아브라함의 생애에서 가장 많이 묘사되었던 주제는 하느님의 시험에 따라 자신의 아들 이사악을 제물로 바치고자 했던 사건이다. 아브라함이 아들 이사악을 막 죽이려던 결정적 순간에 하느님은 "그 아이에게 손대지 마라. 그에게 아무 해도 입히지 마라. 네가 너의 아들, 너의 외아들까지 나를 위하여 아끼지 않았으니, 네가 하느님을 경외하는 줄을 이제 내가 알았다."(창세 22, 12)라고 말하며 개입하였다. 이 사건은 그리스도 수난의 빛 안에서 해석되었다. 왜냐하면 아브라함이 하느님의 뜻을 따르기 위해 자신의 아들을 제물로 바치고자 했던 것처럼, 그렇게 그리스도는 성부聖父의 명령에 따라 자신을 희생하였기 때문이다. 그리고 이사악이 곧 자신이 희생될 곳에 장작더미를 쌓으려고 나무를 옮겼던 것처럼, 그렇게 그리스도는 골고타로 자신의 십자가를 지고 갔다.

롯, 그의 아내와 딸들 하느님은 소돔과 고모라의 사악한 도시들을 파괴하려고 결심하였다. 그러나 하느님은 롯의 선량함 때문에 롯과 그의 가족을 구해 주기로 결심하였다. "동이 틀 무렵에 천사들이 롯을 재촉하며 말하였다. '자, 이 성읍에 벌이 내릴 때 함께 휩쓸리지 않으려거든, 그대의 아내와 여기에 있는 두 딸을 데리고 어서 가시오.' … 뒤를 돌아다보아서는 안 되오. … 휩쓸려 가지 않으려거든 … 그런데 롯의 아내는 뒤를 돌아다보다 소금 기둥이 되어 버렸다."(창세 19장) 이 비극이 자신의 아내에게 생긴 후, 롯은 자신의 두 딸들과 함께 산의 동굴에 살려고 갔다. 그곳에는 그들과 결혼할 남자가 없었기 때문에, 그리고 롯 자신도 아내가 없었기 때문에, 딸들은 아버지를 유혹하려고 함께 공모하였다. 아버지 롯이 만취하도록 포도주를 먹이고 인사불성이 된 그의 침대에 차례로 들어간다. 결국 그들은 아들 모압Moab과 암몬Ammon을 낳았다.

이사악과 레베카 Rebekah 나이가 지긋해진 아브라함은 아들 이사악이 가나안의 딸이 아닌 칼데아Chaldea 땅의 여인과 결혼하기를 열망하였다. 그래서 아브라함은 신임하는 종을 보내 적합한 아내감을 데려오도록 했다. 도시 나호르Nahor에 도착했을 때 그 종은 자신과 자신의 낙타에게 마실 것을 주는 이가 이사악의 아내가 되는 인도를 해 주시길 기도했다. 그 기도는 응답받았고 아브라함의 종은 처녀 레베카Rebekah를 데리고 가나안Canaan으로 돌아왔다. 저녁에 들판에서 묵상하고 있던 이사악은 가까이 다가오는 낙타 무리를 보았다. "레베카도 눈을 들어 이사악을 보고서는 얼른 낙타에서 내려, 그 종에게 물었다. '들을 가로질러 우리 쪽으로 오는 저 남자는 누구입니까?' 그 종이 '그분은 나의 주인입니다.' 하고 대답하자, 레베카는 너울을 꺼내어 얼굴을 가렸다. … 이사악은 레베카를 어머니 사라의 천막으로 데리고 들어가서, 아내로 맞아들였다."(창세 24, 64 이하)

야곱 Jacob 이사악과 레베카 사이에서 쌍둥이 아들 야곱Jacob과 에사우Esau가 태어났다. 에사우는 탁월한 사냥꾼이 되었고 아버지의 총애를 받았다. "온순한 사람으로 천막에서 살았던" 야곱은 어머니의 마음에 들었다.

야곱의 축복 이제 나이든 이사악은 시력이 나빠지고, 죽음이 가까이 왔다고 느꼈다. 그는 "나를 위해 사냥을 해 오너라. 그런 다음 내가 좋아하는 별미를 만들어 가져오너라. 그것을 먹고, 내가 죽기 전에 너에게 축복하겠다."라고 말하면서 에사우를 불렀다. 이 사실을 엿들은 이사악의 아내 레베카는 에사우 대신 자신이 편애하는 야곱이 그 축복을 받기를 바랐다. 에사우가 자리를 비운 사이, 레베카는 야곱에게 에사우의 옷을 입히고 몸에 털이 많았던 에사우처럼 보이기 위해 야곱의 양손과 목에 염소가죽으로 덮었다. 그런 다음 맛있는 고기를 준비하여 야곱의 손에 들려 아버지에게 보냈다. 눈이 어두워진 이사악은 누가 왔었는지 확실히 알 수 없었다. 이사악은 '야곱의 목소리다. 그러나 손은 에사우의 손이었다.'고 말했다. 그가 만졌던 손이 털복숭이였기 때문에 속고 만 이사악은 형제와 자신의 모든 부족들에 대한 권한을 야곱에게 주면서 축복하였다(창세 27장).

야곱의 꿈 야곱이 아내를 찾기 위해 하란Haran으로 여행하던 중에 꾼 꿈은 르네상스 회화에서 자주 등장하는 대표적 주제이다. 야곱은 한밤중에 돌을 베개 삼아 잠을 자려고 길가에 누웠다. "(그리고 그는) 꿈을 꾸었다. 그가 보니 땅에 층계가 세워져 있고 그 꼭대기는 하늘에 닿아 있는데, 하느님의 천사들이 그 층계를 오르내리고 있었다."(창세 28, 12) 그때 주님이 "나는 너의 아버지 아브라함의 하느님이며 이사악의 하느님인 주님이다. 나는 네가 누워 있는 이 땅을 너와 네 후손에게 주겠다."라고 말하면서 야곱을 불렀다. 야곱이 깨어났을 때, 주님이 자신과 함께 있었음을 실감했다. 베고 있던 돌베개를 가져가 기둥을 세웠고, 그 위에 기름을 부으면서 그곳을 베텔Bethel로 불렀다. 또한 만일 하느님이 자신과 함께 남아 있다면 "제가 기념 기둥으로 세운 이 돌은 하느님의 집이 될 것입니다. 그리고 저는 당신께서 주시는 모든 것에서 십분의 일을 당신께 바치겠습니다."(창세 28, 22)라는 서원을 하였다.

천사와 함께 씨름한 야곱 야곱은 사이가 소원해진 형제 에사우를 만나기 위해 떠난 여행에서 자신을 향한 하느님의 호의에 대한 또 다른 경험을 한다. 밤에 자리를 뜬 "야곱은 혼자 남아 있었다. 그런데 어떤 사람이 나타나 동이 틀 때까지 야곱과 씨름을 하였다." 천사는 야곱을 쓰러뜨리지 못했다. "그가 '동이 트려고 하니 나를 놓아다오.' 하고 말하였지만, 야곱은 '저에게 축복해주시지 않으면 놓아 드리지 않겠습니다.' 하고 대답하였다. 그가 야곱에게 '네 이름이 무엇이냐?' 하고 묻자, '야곱입니다.' 하고 대답하였다. 그러자 그가 말하였다. '네가 하느님과 겨루고 사람들과 겨루어 이겼으니, 너의 이름은 이제 더 이상 야곱이 아니라 이스라엘이라 불릴 것이다.' 야곱이 '당신의 이름을 알려주십시오.' 하고 여쭈었지만, 그는 '내 이름은 무엇 때문에 물어보느냐?' 하고는, 그곳에서 야곱에게 복을 내려 주었다. 야곱은 '내가 서로 얼굴을 맞대고 하느님을 뵈었는데도 내 목숨을 건졌구나.' 하면서, 그

곳의 이름을 프니엘이라 하였다."(창세 32, 24-32)

요셉 Joseph 야곱과 그가 애지중지하는 아내 라헬Rachel 사이에서 태어난 아들이다. 야곱은 "요셉을 늘그막에 얻었으므로, 다른 어느 아들보다 더 사랑하였다. 그래서 그에게 긴 저고리를 지어 입혔다." 이 저고리는 아버지를 위해 노동하던 다른 형제들과 달리 요셉은 집에 남아 있도록 허락받는 등의 여러 특권을 보여주는 것이다. "아버지가 다른 형제보다 요셉을 더 사랑하는 것을 본 형들은 그를 미워하게 되고 요셉에게 정답게 말을 건네지 않았다." 어느 날 야곱은 자신의 아들들이 돌보는 양떼들이 잘 지내고 있는지 알아보려고 요셉을 보냈다. "그런데 그의 형들은 멀리서 그를 알아보고, 가까이 오기 전에 그를 죽이려는 음모를 꾸몄다. … 이윽고 요셉이 형들에게 다다르자, 그들은 그의 저고리, 곧 그가 입고 있던 긴 저고리를 벗기고, 그를 잡아 구덩이에 던졌다. … 요셉을 구덩이에서 끌어내었다. 그들은 요셉을 이스마엘인들에게 은전 스무 닢에 팔아넘겼다. 이들이 요셉을 이집트로 데리고 갔다. … 그들은 요셉의 저고리를 가져다, 숫염소 한 마리를 잡아 그 피에 적셨다. … 그들은 그 긴 저고리를 아버지에게 가지고 갔다. … 야곱은 그 저고리를 살펴보다 말하였다. '내 아들의 저고리다.' 야곱은 옷을 찢고 … 아들의 죽음을 오랫동안 슬퍼하였다."(창세 37장) 형제들이 동생 요셉을 이스마엘인들에게 판 일은 그리스도에 대한 유다의 배신에 비교되었다. 그는 은전 30냥 때문에 자신의 스승을 팔았다.

이후 사건들 중에 요셉의 생애에서 그림에 자주 등장하는 사건은 다음과 같다.

요셉과 포티파르의 아내 요셉은 이집트로 잡혀갔고, 그곳에서 파라오의 경호대장인 포티파르Portiphar의 종이 되었다. 요셉은 매우 충실히 일했고 포티파르의 재산 관리인이 되었다. 그러나 포티파르의 아내는 요셉에게 반하였고 그를 유혹하려고 하였다. 어느 날, 요셉은 그녀가 자신의 옷을 잡자 그녀의 손에 옷을 버려둔 채 그녀의 희롱에서 도망쳐야 했다. 요셉에게 무시당하였다고 화가 난 포티파르의 아내는 그가 자신에게 치근거렸다며 증거로 그 옷을 제시했다(창세 39장).

파라오의 꿈 포티파르는 아내의 거짓 고발을 듣고 요셉을 감옥에 가두었다. 그곳에서 요셉은 파라오의 종들의 꿈을 해석해주며 도왔다. 약 2년 후에 파라오는 걱정스러운 꿈을 꾸었다. 첫 번째 꿈에서 잘 생기고 살진 암소 일곱 마리가 개울로 내려와 물을 마시고 있었다. 그 뒤를 따라 야위고 아사직전인 소 일곱 마리가 오고 있었는데, 먼저 온 살진 암소들을 먹어 치웠다. 다시 그는 일대 한 줄기에 일곱 개의 이삭이 탐스럽게 익어가는 것을 본다. 그 후에 일곱 개의 마른 이삭들이 돌아나 탐스러운 일곱 이삭을 삼켜버린다. 파라오가 주변 사람들에게 이 꿈이 무슨 의미인지 물어봐도 만족스러운 대답을 들을 수 없었다. 그러다 감옥에서 요셉에게 도움을 받았던 종이 요셉을 불러 물어보라고 설득하였다. 요셉은 이집트의 땅에 7년의 풍년이 있을 것이고 7년의 기근이 뒤따를 것이라고 그 꿈을 해석하였다. 요셉의 조언에 따라 7년 풍년에서 얻은 수확물을 잇따라 일어날 기근에 대비하여 비축하였고, 이집트의 백성들은 재난에서 구제받았다(창세 40장과 41장).

요셉과 그의 형제들 이집트를 괴롭혔던 그 기근이 요셉이 태어난 가나안 땅에도 영향을 주었다. 요셉의 아버지 야곱은 자신의 사람들이 굶지 않도록 곡물을 사기 위해 아들들을 이집트로 보냈다. 그 사이에 요셉은 모든 이집트의 통치자가 되어 있었다. 그의 형제들이 요셉 앞에 나타났을 때 형제들은 그를 알아보지 못하였다. 요셉과 형제들의 만남과 그들의 마지막 재회는 자주 묘사되었다(창세 42-47장).

모세 Moses 요셉이 죽은 후, 이스라엘인은 크게 증가하였고 이집트 땅에서 강력하게 되었다. 이를 두려워 한 이집트 왕은 이스라엘인의 모든 남자 어린아이를 죽이라고 명령하였다. 그런데 한 이스라엘 여인이 자신의 아들을 구하기로 결심하였다. 세 달이 지나 더 이상 아들을 집에 숨길 수 없게 되자, 여인은 버드나무 바구니에 그를 놓았고 "강가 갈 대 사이에 놓아두었다."(탈출 2, 3) 그때 아기의 누이는 근처에서 무슨 일이 일어날까 지켜보고 있었다. 누이는 마침 목욕하러 내려왔던 파라오의 딸이 그 아기를 발견하는 것을 보았다. 공주는 아기가 이스라엘인들의 아기라는 것을 깨달았으나, 우는 아기를 보자 동정심이 일었다. 지켜보던 누이는 공주에게 다가가 아기에게 젖을 물릴 만한 여인을 찾아오겠다고 제안한다. 그리하여 아기 엄마는 자신의 아들을 돌보기로 허락받았다. "아이가 자라자 그 여인은 아이를 파라오의 딸에게 데려갔다. 공주는 그 아이를 아들로 삼고, '내가 그를 물에서 건져 냈다.' 하면서 그 이름을 모세라 하였다."(탈출 2, 10)

모세의 생애 중 많은 장면들이 르네상스 미술의 주제가 되었는데 다음과 같은 것들이 있다.

모세와 금관 아기 모세가 파라오 궁전에 살 때, 어느 날 왕이 장난으로 그의 머리에 왕관을 씌웠다. 왕관 중앙에는 우상이 있었는데, 아기는 바닥에 왕관을 던졌다. 왕은 궁전의 현자들에게 이게 무슨 징조인지 해석하라 명하였다. 몇몇은 모세가 언젠가 왕을 전복시킬 징조라고 말했고, 다른 몇몇은 단지 어린아이의 변덕일 뿐이라고 했다. 그 의문을 해결하려고 왕은 아기 모세를 시험하기로 한다. 아기 모세 앞에 두 개의 큰 접시가 놓였고, 하나에는 불타는 석탄을, 다른 하나에는 체리를 수북이 담았다. 만일 모세가 뜨거운 숯을 잡는다면, 구조하기로 합의한 후 이루어졌다. 모세는 하느님에게 이끌려 한 줌의 불타는 석탄들을 잡았고, 소리치면서 자신의 입에다 손을 넣었다. 결국 모세의 혀는 불탔고, 그 후 말하기 힘들었다고 전설은 말한다. 히브리들의 전설에 근거한 이 이야기는 이탈리아 화가에게서 종종 그려졌다.

모세와 미디안 사람들 젊은 시절 모세는 이집트인들이 이스라엘인을 잔혹하게 억압하고 있음을 깨달았다. 자신의 사람 중 하나를 변호하다가 그는 한 이집트인 감독을 죽이게 된다. 모세는 목숨을 보존하기 위해 도망쳐 미디안Midian 의 땅으로 피신한다. 어느 날 모세가 우물가에 앉아 있는데, 미디안 사제의 일곱 딸이 아버지의 양들에게 물을 먹이려고 왔다. 지역의 일부 목자들이 소녀들을 내쫓으려 했지만, 모세는 양들이 정당하게 물을 마실 수 있도록 도와주었다. 이를 들은 사제는 모세를 집으로 데려왔다. 모세는 후에 그 딸들 중 한 사람인 치포라Zipporah와 결혼하였다(탈출 2, 11 이하).

모세와 불타는 떨기나무 어느 날 모세가 장인 이트로Jethro의 양을 지키고 있다가 우연히 하느님의 산, 호렙Horeb으로 가게 되었다. "주님의 천사가 떨기나무 한가운데로부터 솟아오르는 불꽃 속에서 그에게 나타났다. 그가 보니 떨기가 불에 타는데도, 그 떨기는 타서 없어지지 않았다."(탈출 3, 2) 모세는 왜 그것이 불에 타지 않는지를 보려고 잠시 멈추었을 때, 하느님은 그 떨기의 중앙에서 그를 불러냈다. 그때 하느님은 모세가 파라오의 땅으로 돌아가도록 선택받았고 "내 백성 이스라엘 자손들을 이집트에서 이끌어 내어라."라고 말하였다.

이집트의 재앙들 하느님의 뜻에 따라 모세는 아론Aaron과 함께 이집트로 돌아갔고 파라오에게 이스라엘 사람들을 노예 신분에서 해방시키라고 간곡히 부탁하였다. 하지만 파라오의 뜻은 완고하여 이스라엘 사람들을 풀어주는 대신에 그들의 짐들을 늘렸다(탈출 5, 7 이하). 그때 하느님의 도움으로 모세는 일련의 재해들을 이집트에 일으켰다. 모세는 우선 자신의 지팡이로 이집트의 강물을 세게 쳤다. 강물은 피로 변했고 물고기는 죽었다. 다음에는 개구리들이 그 땅에 들끓게 하였다. 다음에 모세는 먼지를 쳤고 사람과 짐승을 괴롭히는 이lice, 蟲*의 재앙으로 변하게 하였다. 파라오가 여전히 동의하기를 거부하였을 때, 모세는 땅 위에 파리떼**의 재앙을 일으켰다. 다음에는 이집트

---

* 한글 성경에 따르면, 이 재앙은 모기(mosquito) 재앙이다.
** 넷째 재앙인 이것은 한글 성경에 따르면, '등에'(horsefly)로 인한 재앙이다.

의 소에게 악성 전염병을 가져 왔고 이스라엘 사람들의 소를 제외한 모든 소가 죽었다. 그래도 파라오가 뜻을 굽히지 않자, 모세는 이집트인들을 괴롭히려고 종기 재앙을, 그 다음에 들판에 있는 수확물을 모조리 앗아갈 폭풍과 번개를 동반한 우박을 쏟아부었다. 그러나 파라오는 여전히 하느님의 뜻 앞에 굴복하기를 거부하였고, 결국 모세는 메뚜기 재앙을 일으켜 그 땅에 푸르렀던 모든 것을 먹어 치움으로 이집트를 공격하였다. 그 다음에 모세는 손을 뻗었고 3일 동안 이집트 땅은 어둠에 덮였다. 마지막으로 모세는 파라오에게 만일 이스라엘 사람들을 풀어주지 않는다면, 모든 이집트 가정의 맏아들은 죽게 될 것이라고 경고하였다. 그런데도 파라오는 여전히 거부하였고, 하느님은 "이집트 땅의 맏아들과 맏배를, 곧 왕좌에 앉은 파라오의 맏아들부터 감옥에 있는 포로의 맏아들과 짐승의 맏배까지 모조리 치셨다."(탈출 12, 29) 그러나 하느님이 "이집트인들을 치실 때, 이스라엘 자손들의 집을 거르고 지나가시어"(탈출 12, 27) 이스라엘 사람들의 아이들은 해를 입지 않았다. 이 최악의 재앙을 겪고서야 파라오는 이스라엘 사람들에게 이집트를 떠나도록 허락하였다.

홍해의 통과 마침내 파라오는 이집트에서 이스라엘 사람들을 떠나도록 하였음에도 불구하고 그의 자존심은 그들이 자유롭게 가도록 내버려 두지 않았다. 파라오는 그들을 뒤쫓으려고 전사와 전차를 동시에 모았다. 이집트 군대는 홍해의 기슭에 있는 이스라엘 사람들을 발견했고, 이스라엘인들은 공포에 떨었다. "모세가 바다 위로 손을 뻗었다. 주님께서는 밤새도록 거센 샛바람으로 바닷물을 밀어내시어, 바다를 마른 땅으로 만드셨다. 그리하여 바닷물이 갈라지자, 이스라엘 자손들이 바다 가운데로 마른 땅을 걸어 들어갔다. 물은 그들 좌우에서 벽이 되어 주었다."(탈출 14, 21. 22)

파라오와 그의 군대의 멸망 이스라엘 사람들을 추격하던 파라오의 군대가 홍해를 가로질러 이스라엘 사람들을 뒤쫓으려고 하였을 때, 모세는 바다 위에 자신의 손을 다시 뻗었다. "물이 되돌아와서, 이스라엘 자손들을 따라 바다로 들어선 파라오의 모든 군대의 병거와 기병들을 덮쳐 버렸다. 그들 가운데 한 사람도 살아남지 못하였다."(탈출 14, 28) "그날 주님께서는 이렇게 이스라엘을 이집트인들의 손에서 구해주셨고, 이스라엘은 바닷가에 죽어 있는 이집트인들을 보게 되었다."(탈출 14, 30)

만나를 줍는 이스라엘 백성들 이집트에서 탈출한 이스라엘 자손들은 방랑 동안 사막에서 길을 잃었고 먹을 것도 부족했다. 그때 주님이 도움을 주셨다. "아침에는 진영 둘레에 이슬이 내렸다. 이슬이 걷힌 뒤에 보니, 잘기가 땅에 내린 서리처럼 잔 알갱이들이 광야 위에 깔려 있는 것이었다. 이것을 보고 이스라엘 자손들은 그것이 무엇인지 몰라, '이게 무엇이냐?' 하고 서로 물었다. 모세가 그들에게 말하였다. '이것은 주님께서 너희에게 먹으라고 주신 양식이다.'"(탈출 16, 13 이하) 이스라엘 사람들은 그 만나를 모아 먹었다. 그들이 가나안에 도착하기 전까지 방랑했던 40년 동안 만나가 있었기에 살아남을 수 있었다.

모세와 호렙의 바위 이스라엘의 자손들은 사막으로 간 후에 르피딤Rephidim이라 불렸던 장소에 천막을 처음 세웠다. 그곳에는 물이 없었고, 그들은 매우 목말랐다. 모세가 하느님에게 도움을 요청하자, 하느님은 말하였다. "'이스라엘의 원로 몇 사람을 데리고 백성보다 앞서 나아가거라. 나일 강을 친 너의 지팡이를 손에 잡고 가거라. 이제 내가 저기 호렙의 바위 위에서 네 앞에 서 있겠다. 네가 그 바위를 치면 그곳에서 물이 터져 나와, 백성이 그것을 마시게 될 것이다.' 모세는 이스라엘의 원로들이 보는 앞에서 그대로 하였다."(탈출 17, 5. 6)

십계명을 받은 모세 모세의 생애에서 가장 유명하고 자주 표현되는 장면 가운데 하나는, 하느님의 명령에 따라 모세가 시나이Sinai 산에 올라갔고, 그곳에서 하느님에게서 그분의 계명들이 쓰여 있던 돌 증언판 두 개를 받았던 것이다(탈출 31, 18).

모세와 금송아지 모세가 시나이 산에서 하느님의 계명을 받으러 간 사이, 이스라엘 사람들은 "일어나, 앞장서서 우리를 이끄실 신을 만들어 주십시오. 우리를 이집트에서 데리고 올라온 저 모세라는 사람은 어떻게 되었는지 모르겠습니다."(탈출 32, 1)라고 말하면서 아론에게 왔다. 그래서 아론은 사람들에게 금을 모아오게 하여 그것으로 금송아지를 만들어 숭배하게 하였다. 시나이 산에서 돌아온 모세가 그 우상을 보자 격분했고 하느님의 증언판을 땅에 내던져 부숴버렸다. 그 다음에 모세는 금송아지를 빼앗아 파괴하였다(탈출 32, 20).

모세와 구리뱀 이스라엘 사람들이 방랑하는 동안 에돔Edom의 땅에 갔다. 그들은 어렵고도 긴 여정 때문에 많이 낙심해 있었다. 그래서 하느님이나 모세에 대해 투덜거렸다. 하느님은 형벌로 불타는 뱀들의 재앙을 보냈고 그들 중 많은 사람들이 물려 죽었다. 그러나 모세는 사람들을 위해 기도하였고, 하느님은 말하였다. "'너는 불 뱀을 만들어 기둥 위에 달아 놓아라. 물린 자는 누구든지 그것을 보면 살게 될 것이다.' 그리하여 모세는 구리뱀을 만들어 기둥 위에 달아 놓았다. 뱀이 사람을 물었을 때, 그 사람이 구리뱀을 쳐다보면 살아났다."(민수 21, 8. 9) 이 방법으로 이스라엘 자손들의 믿음은 복원되었다.

여호수아 Joshua

모세가 죽자, 여호수아가 이스라엘 모든 사람들의 지도자가 되었다. 여호수아의 명령에 따라 이스라엘 사람들은 길르앗Gilead의 땅, 하느님이 자신들에게 약속하였던 '젖과 꿀이 흐르는' 땅으로 요르단 강을 건넜다. 그의 군사적인 위업 때문에 르네상스 시기의 화가들은 예리코Jericho의 이야기를 특별한 관심으로 지목하였다.

예리코의 함락 요르단을 가로질렀던 이스라엘 사람들은 자신들이 포위하였던 예리코의 성벽 앞에서 멈추었다. 하느님은 여호수아에게 나타나 어떻게 도시를 장악할지 그에게 말하였다. 6일 동안 매일 이스라엘 사람들은 계약 궤를 들고 예리코의 성벽 주변을 조용히 한 바퀴 돌았다. 일곱째 날에, 하느님의 명령을 따른 그들은 일곱 번 그 도시를 돌았다. "일곱 번째가 되어 사제들이 뿔 나팔을 불자 여호수아가 백성에게 말하였다. '함성을 질러라. 주님께서 저 성읍을 너희에게 넘겨주셨다.' … 사제들이 뿔 나팔을 부니 백성이 함성을 질렀다. 백성은 뿔 나팔 소리를 듣자마자 큰 함성을 질렀다. 그때에 성벽이 무너져 내렸다. 백성은 저마다 성읍을 향하여 곧장 앞으로 올라가서 그 성읍을 함락하였다."(여호 6, 16 이하)

삼손 Samson 여호수아가 죽고 몇 해가 지나자 이스라엘 사람들은 덕德의 방향에서 벗어났다. 그 형벌로 하느님은 처음에는 미디안 사람들의 손에, 그 다음에 필리스티아인들Philistines의 손에 그들을 넘겨주었다. 하지만 마침내 하느님은 측은하게 생각하였고 "이스라엘을 필리스티아인들의 손에서 구원해 내기 시작할"(판관 13, 5) 한 아들이 이스라엘의 여인에게서 태어날 것이라고 정하였다. 그 소년은 삼손이라 불렸고, 힘이 무척 셌다. 삼손은 젊은 시절에 맨손으로 사자를 때려잡고 후에 나귀의 턱뼈로 어떻게 천 명의 필리스티아인들을 죽였는지 말했다. 삼손의 생애에서 아래에 언급되는 장면들이 가장 일반적으로 묘사된다.

삼손과 들릴라 Delilah 삼손은 들릴라Delilah 라는 이름의 필리스티아인 여인과 사랑에 빠졌다. 이 사실을 안 필리스티아인 지도자들은 그녀의 계략을 이용하려고 들릴라에게 압력을 가하였다. 즉 삼손의 강한 힘이 어디서 나오는지 알아내어 삼손의 힘을 빼앗아 정복하기 위함이었다. 들릴라는 비밀을 알아내기 위해 사랑의 말들을 속삭이며 삼손을 속이려 했다. 세 번째 시도에서 삼손은 결국 그 힘의 원천은 태어난 후 한 번도 자르지 않은 자신의 머리카락에 있다고 고백하고 만다. 삼손을 잠자도록 만든 그녀는 "사람 하나를 불러 일곱 가닥으로 땋은 그의 머리카락을 깎게 하였다. 그러자 삼손은 허약해지기 시작하더니, 힘이 빠져나가 버렸다."(판관 16, 19) 삼손은 필리스티아인의 손에 넘겨졌다.

삼손의 죽음 삼손을 붙잡았던 필리스티아인들은 우선 그의 눈을 멀게 하였고, 그 다음에 족쇄를 채워 가자Gaza에 감금하였다. 삼손의 머리카락은 다시 자랐지만 그들은 잊고 있었다. 얼마 후 필리스티아인이 삼손을 조롱하기 위해 감옥 독방에 있던 그를 큰 모임으로 불러냈다. 그는 장님이었기 때문에 한 젊은이에 의해 그 집으로 인도되었다. 삼손은 기댈 만한 곳이 필요하다며 지붕을 지탱하는 기둥으로 자신을 인도해줄 것을 젊은이에게 요청하였다. 삼손은 큰 힘을 이용해 기둥들을 허물었고 건물 지붕이 연회에 참석하였던 사람들 위로 무너져 내렸다. 이때 삼손 자신도 죽었고 "삼손이 죽으면서 죽인 사람이, 그가 사는 동안에 죽인 사람보다 더 많았다."(판관 16, 30) 용기의 우화적 인물인 삼손의 이 행동과 관련해 때때로 원주 혹은 기둥과 함께 묘사되었다.

룻 Ruth 르네상스 시기의 미술에 자주 등장하는 모압Moab의 여인이다. 남편과 시아버지 둘 다 죽었을 때, 시어머니 나오미Naomi에게 "어머님을 두고 돌아가라고 저를 다그치지 마십시오. 어머님 가시는 곳으로 저도 가고 어머님 머무시는 곳에 저도 머물렵니다. 어머님의 겨레가 저의 겨레요 어머님의 하느님이 제 하느님이십니다."(룻 1, 16)라고 말하며 계속 고집했다.

룻과 보아즈 Boaz 나오미가 자신의 탄생 도시인 베들레헴으로 돌아왔을 때, 룻도 함께였다. 룻은 먹을 것을 구하기 위해 수확 후 남은 이삭을 주우려고 들판으로 나갔다. 그 들판은 엄청난 재산을 소유했던 보아즈Boaz의 땅이었고 그는 나오미와 같은 집안이었다. 들판에 서 있는 룻을 본 보아즈는 그녀에게 사랑을 느꼈고 굉장한 친절을 베풀었다. 그날 밤 룻은 탈곡이 끝난 후에 탈곡장에 있는 보아즈에게 갔고, 그에게 자신을 알렸다. 그런 다음에 보아즈는 그녀를 차지하기 위해 친척으로서 자신의 권리를 행사하기로 마음먹었다. 결국 그들은 결혼을 하게되고 아들을 낳았는데, 다윗 왕의 아버지인 이사이Isai의 아버지였던 오벳Obed이었다.

다윗 David 삼손의 죽음 이후, 이스라엘 사람들이 필리스티아인들에게 대항하여 전쟁 준비를 갖추고 있는 동안, 한나Hannah의 아들 사무엘Samuel이 주님의 참된 예언자로 인정받게 되었다. 이스라엘 사람들은 사무엘에게 자신들 중 한 사람을 자신들의 왕이 되도록 임명해 달라고 호소하였다. 사무엘이 이스라엘 사람들의 왕으로 선택한 첫 번째 사람은 위대한 전사 사울Saul이었다. 사울은 이스라엘의 적에 대항하여 맹렬하게 싸웠으나 그의 우상숭배 때문에 왕으로 인정받지 못했다. 그때 하느님은 어떻게 이사이의 아들 다윗을 찾을 수 있는지와 그를 온 이스라엘의 왕으로 만들라고 사무엘에게 지시하였다. 르네상스 시기 그림에서 가장 일반적으로 묘사된 다윗의 생애에 관한 사건들은 다음이 포함된다.

다윗에게 기름 부음 사울을 이스라엘의 왕으로 인정하지 않은 하느님은 사무엘 예언자에게 뿔에다 기름을 채우라고 지시하였고, "… 떠나라. 내가 너를 베들레헴 사람 이사이에게 보낸다. 내가 친히 그의 아들 가운데에서 임금이 될 사람을 하나 보아 두었다."(1사무 16, 1) 베들레헴에서 이사이는 자신의 아들들을 각각 차례로 앞으로 데리고 나와 사무엘에게 보였으나 모두 거부당했다. 마지막으로 들판에서 양을 치고 있던 가장 어린 다윗을 데려왔다. 그때 하느님은 사무엘에게 말하였다. "주님께서 '바로 이 아이다. 일어나 이 아이에게 기름을 부어라.' 하고 말씀하셨다. 사무엘은 기름이 담긴 뿔을 들고 형들 한가운데에서 그에게 기름을 부었다. 그러자 주님의 영이 다윗에게 들이닥쳐 그날부터 줄곧 그에게 머물렀다."(1사무 16, 12. 13)

하프를 연주하는 다윗 이 장면은 "하느님께서 보내신 영이 사울에게 내릴 때마다, 다윗은 비파를 손에 들고 탔다. 그러면 악령이 물러가고, 사울은 회복되어 편안해졌다."라고 읽었던 사무엘기 상권 16장

23절에 있는 구절을 기반으로 한다.

다윗과 골리앗 Goliath 다윗과 필리스티아인 전사 골리앗 사이의 영웅적인 전투는 사무엘기 상권 17장에 있는 구절에서 묘사된다. 그 이야기는 "그러면서 다윗은 주머니에 손을 넣어 돌 하나를 꺼낸 다음, 무릿매질을 하여 필리스티아 사람의 이마를 맞혔다. 돌이 이마에 박힌 그는 땅바닥에 얼굴을 박고 쓰러졌다. 이렇게 다윗은 무릿매 끈과 돌멩이 하나로 그 필리스티아 사람을 누르고 그를 죽였다. 다윗은 손에 칼도 들지 않고 그를 죽인 것이다. 다윗은 달려가 그 필리스티아 사람을 밟고 선 채, 그의 칼집에서 칼을 뽑아 그를 죽이고 목을 베었다. 필리스티아인들은 저희 용사가 죽은 것을 보고 달아났다."(1사무 17, 49 이하)로 말을 맺었다.

다윗의 승리 다윗의 생애에서 두 개의 승리 장면이 자주 묘사된다. 첫째는 필리스티아인들에 대한 승리 후에 다윗과 사울의 귀환을 묘사하고, 사무엘기 상권 18장 6절 이하에서 "다윗이 그 필리스티아 사람을 쳐 죽이고 군대와 함께 돌아오자, 이스라엘 모든 성읍에서 여인들이 나와 손북을 치고 환성을 울리며 악기에 맞추어 노래하고 춤추면서 사울 임금을 맞았다. 여인들은 흥겹게 노래를 주고받았다. '사울은 수천을 치시고 다윗은 수만을 치셨다네!' 사울은 이 말에 몹시 화가 나고 …"라고 읽었던 구절에 근거한다. 그 후 사울은 질투 때문에 다윗에게 반감을 품게 되었다.

두 번째 장면은 사울의 죽음 후에 일어났고 다윗은 이스라엘의 모든 지파들에 의해 왕으로 선택되었다. 다윗은 곧 왕이 되었고, 그는 필리스티아인들과 싸우도록 다시 강요받아 두 번의 큰 전투에서 승리한다. 그런 다음에 다윗은 선택된 부하들을 모아 필리스티아인들의 손에 있던 하느님의 궤를 되찾기 위해 유다로 갔다. 다윗은 이 궤를 자신이 정치적·종교적 수도로 만들었던 예루살렘으로 의기양양하게 돌려보냈다(2사무 6장). 다윗의 예루살렘 입성은 수난에 앞서 그리스도의 예루살렘 입성을 예언하는 것으로 해석되었다.

궤 앞에서 춤추는 다윗 예루살렘으로 들어가는 하느님의 궤를 묘사할 때, "다윗은 기뻐하며 오벳 에돔의 집에서 다윗 성으로 하느님의 궤를 모시고 올라갔다. 주님의 궤를 멘 이들이 여섯 걸음을 옮기자, 다윗은 황소와 살진 송아지를 제물로 바쳤다. 다윗은 … 온 힘을 다하여 주님 앞에서 춤을 추었다."라고 이야기되었다.

다윗과 밧 세바 Bathsheba 다윗이 자신의 궁전 지붕에서 처음 보고 몹시 탐냈던 밧 세바는 다른 사람의 아내였다. 다윗이 그녀의 남편을 전투에서 죽음에 이르도록 획책하였을 때까지 그는 그녀와 결혼할 수 없었다. 그리고 구약성경이 진술하는 것처럼 "다윗이 한 짓이 주님의 눈에 거슬렸다."(2사무 11, 27)

다윗의 참회 밧 세바의 남편인 우리야 Uriah의 죽음을 초래하고 그 부인 밧 세바와 결혼한 것에 대해 주님은 형벌을 내린다. 다윗과 밧 세바 사이에서 처음 태어난 아기를 중병에 걸리게 하였다. 자신의 행동에 대한 큰 뉘우침으로 다윗은 자신이 주님을 거슬러 죄지었음을 인정하였다. 그는 용서받았으나, 그 아기는 죽었다. 그의 뉘우침 다음에 두 번째 아기가 태어났고, 그는 솔로몬이란 이름으로 불렸다(2사무 12장).

솔로몬 Solomon 다윗과 밧 세바의 아들이고 이스라엘의 왕으로 다윗을 계승했던 솔로몬은 놀라운 지혜로움으로 널리 알려져 있었다. 미술 작품의 주제였던 그의 생애에 관한 이야기들 중에서 가장 많이 알려진 것은 다음과 같다.

솔로몬의 재판 두 명의 여인들이 각자 자기가 엄마라고 주장하면서 논쟁을 벌이며 솔로몬에게로 왔다. 솔로몬은 그 분쟁을 수습하려고 칼을 가져오게 했다. "살아있는 그 아이를 둘로 나누어 반쪽은 이 여자에게, 또 반쪽은 저 여자에게 주어라."(1열왕 3, 25) 그때 아기를 진정으로 사랑하여 죽는 것을 원치 않았던 어머니는 말하였다. "'저의 임금님! 산 아기를 저 여자에게 주시고 제발 그 아기를 죽이지 마십시오.' 그러나 다른 여자는 '어차피 내 아이도 너의 아이도 안 된다. 자, 나누시오!' 하고 말하였다." 이 말들로부터 솔로몬은 누가 진짜 어머니인지 확인할 수 있었고 그녀에게 아기를 돌려줄 수 있었다.

솔로몬과 스바 Sheba 여왕 스바 여왕은 지혜로움으로 유명한 솔로몬을 시험해보기 위해 큰 행렬의 수행원들과 함께 예루살렘을 방문했다. 여왕은 그에게 많은 질문을 던졌고, 각각의 질문들에 대해 솔로몬은 타당하고 정확한 대답을 주었다. 크게 감명을 받은 여왕은 많은 귀중한 선물들을 솔로몬에게 준 후 떠났다. 이어서 솔로몬은 "그의 손에 걸맞게 스바 여왕에게 선물을 주었을 뿐만 아니라, 여왕이 가지고 싶어 하는 것을 청하는 대로 다 주었다."(1열왕 10, 13)

스바 여왕이 예루살렘을 방문했을 때, 시내를 가로지른 나무로 만든 다리와 마주쳤다는 전설이 있다. 그녀는 즉시 나무의 놀랄만한 성질을 깨달았고 다리 앞에 무릎을 꿇었다. 그 다리의 나무는 아담이 죽었을 때, 그의 아들 셋Seth이 자기 아버지의 무덤 위에 심었던 한 나뭇가지로 여겨진다. 이 나뭇가지가 거대한 나무로 자랐고 솔로몬의 시대에 여전히 잘 자라고 있었다(제2부 나무 참조). 솔로몬은 그 나무의 아름다움에 감탄하였고 그 나무를 성전의 기둥으로 사용하라고 명령하였다. 그러나 나무는 크기가 적당하지 않았다. 그 나무는 폐기되어 던져져서 시내에 걸쳐진 다리가 되었다. 더 나아가서 전설에 의하면, 스바의 여왕은 이 나무가 이스라엘 사람들을 멸망시킬 수 있는 십자가로 만들어질 것이라고 솔로몬에게 경고하였다고 한다. 이것을 막으려고, 솔로몬은 땅 깊은 곳에 그 나무를 묻도록 하였다. 그러나 그 후 수년 동안, 우물 하나가 이 동일한 지점에 파여 있었고, 우물의 물은 그 나무와의 접촉으로 인해 기적적으로 생겨났다. 그리스도 시대에 그 나무는 우물 꼭대기까지 떠 있었고 그리스도가 십자가형을 받았던 십자가로 만드는 데 사용되었다.

에스테르 Esther 에스테르는 사촌 모르데카이Mordecai, 모르드개의 노력으로 "인도에서 에티오피아까지 이르는 127개 주를" 지배하였던 크세르크세스Xerxes, Ahasuerus 대왕에 의해 왕비로 선택된 히브리인 처녀였다. 에스테르와 모르도카이의 이야기는 에스테르기에서 서술되고, 이 이야기에서 몇몇 장면들은 르네상스 시기 회화에서 사용되었다.

모르도카이의 고통 모르도카이는 크세르크세스 왕의 총신寵臣인 하만Haman의 분노를 유발하였다. 그 결과, 하만은 왕에게 그의 영토에서 모든 유다인들의 죽음을 명령하는 칙령을 발표하도록 설득하였다. 왕은 자신의 왕비가 유다인 여자였다는 것을 깨닫지 못하고, 이에 동의하였다. 모르도카이가 왕의 칙령에 대해 들었을 때, 그녀는 "제 옷을 찢고 자루옷을 입은 다음 재를 뒤집어쓰고, 성읍 한가운데로 가서 대성통곡을 하였다."(에스 4, 1)

에스테르와 크세르크세스 왕이 유다인의 죽임을 명령한 칙령을 모르도카이로부터 들은 에스테르는 유다인을 대표하여 중재하기 위해 크세르크세스를 찾아 갔다. "에스테르 왕비가 뜰에 서 있는 것을 임금이 보고 그를 귀엽게 여겼다. 그래서 임금이 자기 손에 든 황금 왕홀을 그에게 내밀자, 에스테르는 가서 왕홀 끝에 손을 대었다. 왕이 그에게 말하였다. '에스테르 왕비, 무슨 일이오? 그대의 소원이 무엇이오? 왕국의 반이라도 그대에게 주겠소.'"(에스 5, 2. 3) 에스테르기의 그리스어로 쓰여진 부분*에서 자신의 왕홀로 그녀를 만지면서 크세르크세스는 자신의 법령으로부터 에스테르를 벗어나게 하였고, 호출받지 않고 자신의 어전으로 감히 들어왔던 사람은 죽음으로 단죄받을 것이라고 시사하였다.

크세르크세스에게 영광받은 모르도카이 자신의 통치 기록들을 살펴보

---

* 본문은 "에스테르기의 확장"(에스 15,10) 이하로 되어 있으나 이 부분이 그리스어로 쓰여 있다고 정경으로 인정하지 않는 성공회의 전통과 그리스어로 쓰여진 부분을 포함해도 총 10장에 불과하기에 본문대로 번역하지 않았다.

던 크세르크세스는 모르도카이가 자신에게 크게 봉사했던 것들을 발견하였고 모르도카이가 정당하게 보답받지 못했다는 것을 깨달았다. 모르도카이의 적인 하만이 법정에 출석하였고 임금이 우연히 그에게 질문을 던졌다. "'임금이 영예롭게 하고자 하는 사람에게 무엇을 베풀어야 하겠소?' 하고 묻자, 하만은 '임금님께서 나 말고 누구에게 영예를 베풀고 싶어 하시랴?' 하고 속으로 생각하였다. 그래서 하만은 임금에게 말하였다. '임금님께서 영예롭게 하시고자 하는 사람에게는, 임금님께서 입으시던 어의와 타시던 말을 내오게 하시어 그 말의 머리에 왕관을 씌우게 하신 다음, 의복과 말을 임금님의 가장 고귀한 대신의 손에 들려 보내시어, 임금님께서 영예롭게 하시고자 하는 사람에게 입히고 그 말에 태워 성읍 광장을 돌게 하면서, '임금님께서 영예롭게 하시고자 하는 사람은 이렇게 된다.' 하고 외치게 하시는 것이 좋겠습니다." 그러자 임금님은 "유다인 모르도카이에게 그렇게 실행하시오."라고 말하였고, 하만은 왕이 지시하였던 것처럼 하였다(에스 6, 6 이하).

요나 Jonah 요나는 니네베Nineveh 시에 가서 사람들의 사악함에 대항하여 설교하라는 하느님의 선택을 받았다. 그러나 요나는 두려워하였고 하느님 앞에서 도망치려고 하였다. 요나의 이야기 중에서 다음의 장면들이 그림에서 가장 자주 묘사되었다.

바다로 내던져진 요나 요나는 타르시스Tarsis, Tarshish로 도피하려고 야포Yafo, Joppa에서 배를 탔다. "그러나 주님께서 바다 위로 큰 바람을 보내시니, 바다에 큰 폭풍이 일어 배가 거의 부서지게 되었다."(요나 1, 4) 요나는 배에 있던 다른 사람들에게 폭풍이 자신을 향한 하느님의 진노 때문이라고 고백하였고, 자신을 바다로 내던지라고 그들에게 조언하였다. 마침내 그들이 그렇게 하였을 때, "성난 바다가 잔잔해졌다."

바다로부터 보호된 요나 하느님은 요나의 익사를 원하지 않으셨고 "주님께서는 큰 물고기를 시켜 요나를 삼키게 하셨다. 요나는 사흘 낮과 사흘 밤을 그 물고기 배 속에 있었다."(요나 2, 1)* 물고기의 배에서, 궁지에 몰린 요나는 자진해서 하느님의 뜻에 굴복한다고 밝히며 기도하였다. "주님께서는 그 물고기에게 분부하시어 요나를 육지에 뱉어내게 하셨다."(요나 2, 11)** 이것은 그림의 속성으로, 큰 물고기 혹은 고래를 요나에게 배정하기 위한 기초이다.

요나와 박* ** 하느님의 명령에 따라, 요나는 니네베 시로 갔다. 그는 사람들의 사악함 때문에 이 도시가 40일 안에 파괴될 것이라고 경고하였다. 니네베 왕은 뉘우침으로 대大 단식을 선언하였고, 그 도시의 사람들은 직접 자루옷을 입고 재를 뒤집어썼다. 이를 보고 하느님은 니네베를 용서하였으나 요나는 하느님이 자신의 예언을 이행되지 않게 하였다고 생각해 화가 났다. 요나는 무슨 일이 일어날지 보려고 도시 밖에 서 있었다. 하느님은 땡볕에 서 있는 요나에게 그늘을 만들어 보호해 주려고 큰 박이 자라게 하였고, 요나는 크게 기뻐하였다. 하지만 하느님은 밤에 박이 시들도록 벌레를 보내셨고, 다시 요나는 분노하였다. "주님께서 이렇게 말씀하셨다. '너는 네가 수고하지도 않고 키우지도 않았으며, 하룻밤 사이에 자랐다가 하룻밤 사이에 죽어 버린 이 아주까리를 그토록 동정하는구나! 그런데 하물며 오른쪽과 왼쪽을 가릴 줄도 모르는 사람이 십이만 명이나 있고, 또 수많은 짐승이 있는 이 커다란 성읍 니네베를 내가 어찌 동정하지 않을 수 있겠느냐?'"(요나 4, 10. 11) 요나는 박 아래 그늘에서 쉬고 있는 모습으로 자주 묘사된다.

---

*   영어 본문은 1장 17절로 되어 있지만, 한글 성경에서 이 내용은 2장 1절이다.
** 영어 본문은 10절로 되어 있지만, 한글 성경에서 이 내용은 11절이다.
*** 한글 성경은 '박'이 아니라 '아주까리'였다고 번역되었다.

외경*으로부터의 이야기들 앞서 르네상스 시기의 회화에 많은 영감을 주었던 구약성경으로부터의 이야기에 더하여, 그 시대의 예술적인 표현들은 알렉산드리아 유다인의 거룩한 문학들의 한 부분을 형성하였던 구약성경 외경으로부터 몇몇 잘 알려진 장면들이 가장 일반적으로 아래와 같이 묘사된다.

토비야Tobias**와 천사** 강직한 사람이고 극심한 고통으로 괴로워하는 토빗Tobit은 극심한 눈의 통증을 호소하며 죽음을 준비하고 있었다. 그는 아들 토비야를 메디아Media로 보내 자신에게 빚진 돈을 수금해 오게 했다. 토비야는 충실한 개를 데리고 그곳으로 향한다. 가는 길을 정확하게 몰랐던 토비야는 길을 안내해줄 동료 한 명을 찾았다. 토비야는 알아보지 못했지만 우연히 만났던 그 안내자는 대천사 라파엘이었다. 여행 중에 그들은 티그리스 강에 갔다. 토비야는 목욕하러 강으로 내려갔고, "그때에 커다란 물고기가 물에서 뛰어올라 청년의 발을 삼키려고 하였다. 청년이 소리를 지르자, 천사가 그에게 '그 물고기를 붙잡고 놓치지 마시오.' 하고 말하였다. 청년은 물고기를 붙들어 뭍으로 가지고 올라왔다."(토빗 6, 3-4)** 천사의 지시를 따른 토비야는 잡은 물고기를 먹으려고 구웠으나, 천사가 "그 물고기의 염통과 간은 마귀나 악령에 시달리는 남자나 여자 앞에서 태워 연기를 피우면, 그 시달림이 깨끗이 사라져서 더 이상 남아 있지 않게 된다오. 쓸개는 하얀 막이 생긴 사람 눈에 바르고 그 눈 위의 하얀 막 위로 입김을 불면 눈이 좋아진다오."라고 말하였기 때문에 심장, 간, 쓸개즙을 남겼다. 라파엘의 안내에 따라 계속된 토비야의 여행은 행복했다. 그는 자기 아버지에게 빚진 돈을 수금하였다. 그는 사랑에 빠져 결혼하게 된 사

---

* 천주교에서는 정경(正經)으로 인정하지만, 히브리어가 아닌 그리스어로 쓰여진 성경들. 프로테스탄트는 이를 성경으로 인정하지 않아서 위경(僞經)이라 칭한다.
** 영어 본문은 2-3절로 되어 있지만, 한글 성경에서 이 내용은 3-4절이다.

라Sara를 악한 영으로부터 치유했다. 집으로 돌아와서는 아버지의 시력을 회복시켰다. 이 철저하게 종교적인 가족의 기쁨이 완성되었을 때까지 대천사 라파엘은 자신이 누군지 밝히지 않았다. "'… 하느님의 뜻에 따라 그렇게 한 것이다. 그러니 날마다 그분을 찬미하고 찬송하여라.' … '하느님을 찬양하여라. 자, 나는 나를 파견하신 분께 올라간다. 너희에게 일어난 모든 일을 기록해 두어라.' 그러고 나서 라파엘은 올라갔다. 그제야 일어선 그들은 더 이상 라파엘을 보지 못하였다."(토빗 12, 18. 20. 21)

유딧과 홀로페르네스 Holofernes 바빌로니아Babylonia의 왕 네부카드네자르Nebuchadnezzar가 니네베 시를 통치하던 시대에, 그는 엄청난 정복을 결심하고 자기 군대들의 대장군인 홀로페르네스를 불렀다. "내가 내린 명령에 불복한 서쪽 지방 전역을 치러 진군하여라."라고 말하자, 홀로페르네스는 "자신의 주인이 그에게 명령하였던 것처럼 전투를 위해 선택된 사람들을 소집하였다."(유딧 2, 6 이하) 때가 되자, 바빌로니아의 군대가 이스라엘 땅으로 왔으나, 침략에 대해 미리 경고를 받았던 이스라엘 사람들은 저항할 준비를 마쳤다. 홀로페르네스가 포위할 첫 번째 성채는 배툴리아Bethulia의 도시였다. 그는 무력으로 도시를 손에 쥐기보다는 물 공급을 차단함으로써 그곳을 정복하기로 결정했다. 그런데 '유딧'이라는 그 도시의 아름다운 과부가 그들 모두를 구하려고 도시 수장들의 허락을 요청하였다. 유딧은 하느님을 향해 도움의 기도를 한 후에, 가장 좋은 옷으로 꾸며 입고 바빌로니아 사람들 앞에 나섰다. 그들의 주둔지에서 그녀는 자신이 그 도시를 장악할 수 있는 방법을 알고 있다며 홀로페르네스에게 데려다주도록 요구하였다. 홀로페르네스는 그녀의 아름다움과 총명함에 감명을 받았고, 그녀가 3일 동안 밤에 기도를 하러 나갈 때를 제외하고는 주둔지에 머물도록 허락했다. 넷째 날에 홀로페르네스는 장교들을 위한 큰 연회를 준비하였고, 유딧도 초대했다. 밤이 깊어 홀로페르네스는 점점 더 포도주에 취해갔다. 마침내 천막에 단둘이 남게 되었고 포도주로 인해 정신이 혼미하였던 홀로페르네스는 의식을 잃게 되었다. 그때 유딧은 그의 칼을 잡았고 "침상으로 다가가 그의 머리털을 잡고, '주 이스라엘의 하느님, 오늘 저에게 힘을 주십시오.' 하고 말한 다음, 힘을 다하여 그의 목덜미를 두 번 내리쳐서 머리를 잘라 내었다."(유딧 13, 7. 8) 바빌로니아 사람들은 그녀가 밤에 주둔지를 떠나는 것을 보는 데 익숙하였기 때문에, 그녀는 대장군의 머리를 가지고 출발할 수 있었다. 아침이 밝아 죽은 홀로페르네스를 발견한 바빌로니아 군대는 낙담했고, 이스라엘의 전사들은 그들을 완전히 쳐부술 수 있었다.

수산나Susanna와 노인들 외경의 이야기에 따르면, 수산나는 바빌론 시민으로 아름다운 아내였다. 너무나 아름다운 그녀를 보고 그 공동체의 두 노인이 그녀에게 사랑에 빠졌고 그녀를 겁탈하기로 결심했다. 그들은 그녀의 정원에서 함께 숨어 있다가 하녀도 없이 그녀가 막 목욕하려고 하였을 때, 그들은 숨어있는 곳에서 벌떡 일어났다. 그리고선 자신들에게 몸을 바치라고 요구한다. 만일 거부한다면 그녀의 간통을 목격했다고 거짓증언을 하겠다고 위협했다. 그럼에도 불구하고 수산나는 그들을 물리쳤고, 그래서 두 노인들은 그녀를 향하여 소리쳤다. 결국 그녀는 재판장에서 사형선고를 받는다. 그녀가 사형장으로 끌려가고 있었을 때, 다니엘Daniel이라는 젊은이가 '수산나가 공정한 재판을 받지 못하였다'고 주장하며 큰 소리로 외쳤다. 그래서 재판이 다시 시작되고, 다니엘은 그녀에게 불리한 두 증인들을 분리하여 그들이 일치하지 않는 증거를 제시하게 만듦으로써 그 둘다 거짓말을 하고 있음을 증명하였다. 결과적으로 수산나는 결백을 인정받았고, 두 노인은 자신들이 무고한 희생자에게 초래하려고 하였던 운명을 겪는 사형을 선고 받았다.

06
세례자 성 요한

그리스도의 선구자로서 세례자 요한은 르네상스 시기 그림에서 가장 자주 묘사된 성인들 중 한 사람이었다. 성 마르코에 따르면, "세례자 요한이 광야에 나타나 죄의 용서를 위한 회개의 세례를 선포하였다."(마르 1, 4) 또한 마르코는 "요한은 낙타 털 옷을 입고 허리에 가죽 띠를 둘렀으며, 메뚜기와 들꿀을 먹고 살았다."라고 진술하였다. 세례자 요한의 이야기에 나오는 다음의 사건들이 가장 친숙하다.

성전에서의 즈카르야 Zacharias 헤로데가 유다의 왕이었던 시대, 이름이 '즈카르야'이고 그의 아내는 '엘리사벳Elisabeth'이었던 이스라엘 믿음의 한 사제가 살았다. 이 의로운 두 사람은 아이가 없어 고통스러웠고 나이가 많다 보니 아기가 주어질 것이라는 희망이 거의 없었다. 그러던 어느 날, 즈카르야가 성전에서 향을 태우고 있을 때, 대천사 가브리엘Gabriel이 나타나서 "두려워하지 마라, 즈카르야야. 너의 청원이 받아들여졌다. 네 아내 엘리사벳이 너에게 아들을 낳아 줄 터이니, 그 이름을 요한이라 하여라."(루카 1, 13)라고 했다. 즈카르야는 처음에는 천사의 전갈을 믿을 수 없었다. 그는 증거로서의 표징을 요청하였고 놀라서 일시적으로 말문이 막히게 되었다.

요한의 탄생과 작명 作名 가브리엘의 예언처럼 엘리사벳은 아기를 임신하게 되었다. 엘리사벳이 아기 요한을 임신하고 있던 중에 사촌 나자렛의 마리아의 방문을 받았는데, 마리아는 주님 탄생 예고를 한 천사 Annunciation Angel를 통해 엘리사벳의 행운에 대하여 들었다. 곧 어머니가 될 두 사람이 만나는 이 장면은 일반적으로 복되신 동정 마리아의 방문Visitatio으로 알려져 있다(제7부의 동정녀 마리아 참조). 때가 되자, 엘리사벳의 아들이 태어났다. 가족과 이웃들은 아기의 이름을 아버지를 본떠 지어야 한다고 했으나, 엘리사벳은 '요한'이라 불러야 한다고 주장했다. 이 문제를 해결하고자 아이의 아버지인 즈카르야에게 요청하였고, 그는 벙어리였기 때문에 "글 쓰는 판을 달라고 하여 '그의 이름은 요한'

이라고 썼다. 그러자 모두 놀라워하였다."(루카 1, 63) 이런 식으로 세례자 요한은 이름을 얻었고, 같은 순간에 그의 아버지 즈카르야는 다시 말할 수 있게 되어 하느님을 찬미하였다. 르네상스 화가들은 종종 성 요한의 탄생과 작명을 한 화면에 함께 담곤 했다.

광야에서의 성 요한 전설에 따르면, 성 요한이 어린아이였을 때 부모에게 작별을 고하고 사막에서 살기 위해 떠났다. 우리는 광야에서 어린 그리스도와 성 요한이 만나는 장면이 그려진 초상화들을 볼 수 있다. 광야에서 머무르는 젊은이 요한은, 언젠가 죄의 용서와 세례에 대한 복음의 설교자가 되라는 하느님의 계시를 경험하였다. "이는 요한이 세례를 주던 요르단 강 건너편 베타니아에서 일어난 일이다."(요한 1, 28)

설교하는 성 요한 하느님의 계시 후에, 요한은 설교를 하기 위해 요르단 강 근처 지방으로 갔다. "이는 이사야 예언자가 선포한 말씀의 책에 기록된 그대로이다. '광야에서 외치는 이의 소리. 너희는 주님의 길을 마련하여라. 그분의 길을 곧게 내어라.'"(루카 3, 4) 죄에 대한 회개의 필요성을 강조하는 요한의 전언傳言을 듣고 많은 사람들이 요한에게서 세례를 받고자 했다. 그런데 일부 사람들이 요한에게 그 자신이 그리스도인지, 예언된 구세주인지를 묻자, "요한은 모든 사람에게 말하였다. '나는 너희에게 물로 세례를 준다. 그러나 나보다 더 큰 능력을 지니신 분이 오신다. 나는 그분의 신발 끈을 풀어 드릴 자격조차 없다. 그분께서는 너희에게 성령과 불로 세례를 주실 것이다.'"(루카 3, 16) 그 뒤에, 예수가 요한에게 왔고, 요한에게서 세례를 받았다. 이 장면은 세례가 그리스도의 직무인 것처럼, 성 요한의 긴 세월을 모두 설명하는 주요 구성요소이다(제8부 그리스도의 세례 참조).

감옥에 있는 성 요한 성 요한은 설교를 통해 왕인 헤로데Herodes의 죄를 공개적으로 꾸짖었는데, 이로 인해 체포되어 투옥되었다. 감옥에 있는 동안 요한은 예수가 행하였던 기적들의 일부를 들었고 예수가 참된 그리스도인지 어떤지를 물으려고 제자 두 사람을 보냈다. 그때 예수는 요한에 대하여 말했다. "그는 성경에 이렇게 기록되어 있는 사람이다. '보라, 네 앞에 나의 사자를 보낸다. 그가 네 앞에서 너의 길을 닦아 놓으리라.' … 여자에게서 태어난 이들 가운데 요한보다 더 큰 인물은 없다."(루카 7, 27. 28)

헤로데의 잔치 요한이 헤로데를 고발했던 주요 죄는 헤로데가 죽은 형제의 아내인 헤로디아Herodias와 결혼한 것으로, 이는 율법에 반하는 행동이었다. 헤로디아는 요한을 즉시 사형에 처하도록 하였으나, 헤로데는 요한이 의롭고 거룩한 사람이었다는 것을 깨달으면서 두려워하였다. 얼마 후에 요한은 투옥되었고, 헤로데는 자신의 생일에 즈음하여 자기 궁전의 모든 고위관리를 초대하여 생일잔치를 열었다. 그의 손님들을 환대하려고 헤로디아의 딸인 살로메Salome가 들어왔고 그들 앞에서 춤을 추었다. 그로 인해 헤로데와 참석한 사람들이 크게 기뻐하자 헤로데는 그녀가 요청하는 것은 무엇이든지 선물로 주겠다고 약속하였다. "소녀가 나가서 자기 어머니에게 '무엇을 청할까요?' 하자, 그 여자는 '세례자 요한의 머리를 요구하여라.' 하고 일렀다."(마르 6, 24)

세례자 요한의 참수 헤로데는 살로메에게 한 약속대로, "왕은 곧 경비병을 보내며, 요한의 머리를 가져오라고 명령하였다. 경비병이 감옥에서 요한의 목을 베어, 머리를 쟁반에 담아다가 소녀에게 주자, 소녀는 그것을 자기 어머니에게 주었다."(마르 6, 27. 28) 살로메가 세례자 요한의 머리를 들고 있는 그림들은 요한의 머리는 거의 항상 후광이 씌어졌다는 점에서, 홀로페르네스의 머리를 받치고 있는 유딧의 그림들과 구별된다.

세례자 요한의 매장 세례자 요한의 긴 세월에서 마지막 장면은 그의 매장이다. "그의 제자들이 요한의 사형 집행에 대해 듣고 가서 그의 주검을 거두어 무덤에 모셨다."(마르 6, 29)(제10부 성인들 참조)

07
동정녀 마리아

르네상스 시기 미술품에서 그리스도 다음으로 많이 묘사되는 인물은 성모 마리아이다. 대체로, 동정녀*에 대한 표현들은 두 가지 주요 범주로 나뉜다. 하나는 동정녀의 생애를 주제로 한 많은 그림들로, 그것들은 기본적인 이야기이다. 그 출처는 신약성경 기록과 구세주의 어머니로서 '여인들 중에 복된' 분이었던 그녀를 중심으로한 풍성한 전승傳承, traditio이다. 이 범주와 완전히 다른 것은 헌신적이라고 칭해졌을 동정녀의 그림들이다(제9부. 삼위일체, 성모, 천사 참조). 이 그림들은 하느님의 어머니로서 마리아의 두드러진 특징들을 강조하려고 창작되었다. 동정녀 마리아의 생애에서 가장 일반적으로 묘사된 사건들은 다음과 같다.

요아킴Joachim**과 안나**Anna**의 전설** 요아킴과 안나는 동정녀 마리아의 부모다. 그들은 다윗의 왕가王家 출신이었다. 그들의 한 가지 큰 슬픔은 아이가 없다는 것이었다. 어느 축일에 요아킴은 성전에 두 배의 제물을 가져갔고, 대사제는 받아들이기를 거부하였다. 율법에 따르면, 요아킴은 이스라엘에서 아버지가 되지 못했기 때문에, 이 제사를 드리는 것이 허락되지 않았다. 그는 비탄에 잠겨 광야로 나갔고 밤낮으로 40일 동안 단식하였다. 안나는 집에 남아 있었는데, 종교적인 축제의 마지막 날에 기도하려고 정원으로 나갔다. 그 기도가 들어졌고 그곳에 한 천사가 그녀 앞에 나타나 온 세상을 축복받게 할 한 아기를 낳을 것이라고 말했다. 한편 요아킴이 산에서 자신의 양을 돌보고 있을 때, 다른 천사가 와서 약속과 함께 그를 위로하였다. 요아킴이 집으로 돌아왔을 때 천사들이 약속한 대로 그 일이 일어났다. 안나는 딸을 출산하였고 그녀는 마리아라는 이름을 붙였다. 그 마리아가 하느님의 개입으로 임신되었다는 것은 마리아가 원죄로부터 영향을 받지 않고 자유롭게 되었고, 따라서 구세주의 어머니가 되기에 합당하다는 것을 간직한 원죄 없이 잉태되었다는 종교적인 개념과 연계되어 있다. 이 전설에서 자주 묘사되었던

---

* 이하 본문에서 "동정녀"라고 지칭되는 경우, 모두 "예수의 어머니, 성모 마리아"를 지칭한다.

장면들 중에는 요아킴이 팔에 희생양을 안고 성전에서 거절당하는 것, 천사의 전갈을 받은 안나, 천사에게서 아버지가 될 것이라는 이야기를 듣고 있는 요아킴이 있다.

동정녀의 탄생 일반적으로 마리아의 탄생 장면은 침대에 의지해 시녀들의 시중을 받으며 친구와 이웃 사람들의 축하를 받는 어머니 안나를 보여준다. 여기서 침대는 명성 높은 가정의 부富에 걸맞게 화려하게 장식되어 있다.

동정녀의 봉헌 마리아의 어머니 안나는 아기를 갖기 위해 정원에서 기도할 때, 만일 기도가 응답을 받는다면 자신은 하느님을 위한 섬김에 그 아기를 봉헌할 것이라고 약속하였다. 안나는 아기 마리아가 세 살 혹은 네 살이었을 때 이 약속을 지키고자 주님 섬김을 시작하려고 성전으로 마리아를 데려갔다. "그리고 제단 앞에 놓인 아기 마리아는, 자신과 함께 이스라엘의 모든 가문이 크게 기뻐하도록 일어나 춤을 추었고 그녀는 사랑받았다."

마리아의 유년 시절 마리아는 열네 살 때까지 성전에 남았다. 그 세월 동안 그녀의 삶에 대한 여러 그림들이 그려졌다. 그녀는 동료들에게 실을 짜거나 수 놓는 것을 가르치고 때로는 천사들이 참석하였던 것으로 묘사된다.

동정녀의 결혼 동정녀 마리아가 성전에서 약 10년을 지내고 열네 살이 되었을 때, 성직자들로부터 결혼을 해야 한다는 통지를 받았다. 마리아는 자신의 삶이 하느님에게 봉헌되었기 때문에 불가능하다고 대답하였다. 그런데 대사제 자카리아Zacharias는 한 천사로부터 계시를 받았는데, 결혼 가능한 남자들을 모아 각자 막대나 지팡이를 들고 성전으로 오게 하라고 하였다고 선언한다. 이들은 밤새도록 성전에 남아 있게 되었고, 그동안 마리아의 구혼자로서 누가 주님에게 선택되었는지를 표시하는 표징이 주어질 것이라고 했다. 모든 것은 천사의 지시에 따라 행하여졌고, 아침에 나자렛의 목수 요셉의 지팡이에 꽃이 핀 것이 발견됐다. 그는 마리아의 남편으로 선택된 것이다. 이 이야기에 있는 사건들의 몇몇이 미술품에 나타난다.

결혼 예식 장면은 성전 앞에서 많은 사람들이 참석한 모습으로 종종 묘사된다. 중앙에 서 있는 사제는 신부와 신랑의 손을 맞잡았다. 마리아는 처녀들의 무리가 수행하고 있었고, 일반적으로 사제의 오른쪽에 섰으며 요셉은 왼쪽에 서 있고, 요셉의 뒤에는 거절된 구혼자들의 군중이 있다. 때로 요셉은 마리아의 손가락에 반지를 끼워주는 모습으로 보여진다.

주님 탄생 예고 Annuntiatio '주님 탄생 예고'는 동정녀 마리아가 그리스도를 낳게 될 것이라고 알리기 위해 그녀에게 다가온 가브리엘 대천사를 묘사한 그림의 제목이다. 이 장면은 성 루카 복음서 안에서 묘사된다. "천사가 마리아의 집으로 들어가 말하였다. '은총이 가득한 이여, 기뻐하여라. 주님께서 너와 함께 계시다'… 이제 네가 잉태하여 아들을 낳을 터이니 그 이름을 예수라 하여라.'"(루카 1, 28 이하) 그 장면은 주로 마리아의 집이 배경이다. 동정녀는 책을 읽고 있다가 중단된 것으로 나타난다. 다른 묘사들에서, 동정녀는 가브리엘이 나타났을 때 기도 중에 무릎을 꿇고 있다. 르네상스 초기 그림들에서, 가브리엘은 동정녀의 순결인 지팡이 혹은 홀笏을 들고 있다. 성령 하느님의 현존은 비둘기에 의해 상징된다.

요셉의 꿈 마리아의 남편인 요셉은 그녀가 아기를 가졌다는 것을 알았을 때, 크게 당황한다. "의로운 사람이었고 또 마리아의 일을 세상에 드러내고 싶지 않았으므로, 남모르게 마리아와 파혼하기로 작정하였다. 요셉이 그렇게 생각을 굳혔을 때, 꿈에 주님의 천사가 나타나 말하였다. '다윗의 자손 요셉아, 두려워하지 말고 마리아를 아내로 맞아들여라. 그 몸에 잉태된 아기는 성령으로 말미암은 것이다. 마리아가 아들을 낳으리니 그 이름을 예수라고 하여라. 그분께서 당신 백성을 죄에서 구원하실 것이다.'"(마태 1, 19 이하)

복되신 동정 마리아의 방문 Visitatio 이것은 대천사 가브리엘을 통해 세례자 요한을 낳을 것이라고 알려졌던 엘리사벳이 임신 중인 자신의 사촌 동정녀 마리아의 방문을 받는 것을 묘사한 그림에 붙여진 제목이다. 그녀는 마리아에게 "내 주님의 어머니께서 저에게 오시다니 어찌 된 일입니까?"(루카 1, 43)라고 말했던 것을 볼 때, 예수의 참된 인격을 처음으로 알아준 사람이다. 이 그림에서, 엘리사벳은 나이가 훨씬 많고 주로 환영의 몸짓을 보여주기 때문에 마리아와 쉽게 구별할 수 있다. 때때로 그들은 포옹한 모습으로 그려졌다.

주님 성탄 Nativitas 주님 성탄은 그리스도의 탄생(루카 2장) 장면이다. 원칙적으로 시간은 자정이고, 장소는 베들레헴 마을에 있는 안정된 곳으로 현지 여관의 어떤 방도 이용할 수 없었다. 주님 성탄의 그림에서 일반적으로 동정녀 마리아, 아기 예수, 요셉, 소, 나귀가 등장한다. 소와 나귀는 이사야서 제1장 "소도 제 임자를 알고 나귀도 제 주인이 놓아 준 구유를 알건만"이라고 읽었던 구절에 근거하여 묘사된다. 종종 목자들에게의 주님 탄생 예고는 주님 탄생 그림들의 배경으로 나타난다.

정결례 Purificatio 이스라엘 백성의 종교법에 따르면, 남자 아기를 낳은 후에 어머니는 33일 동안 정결 기간을 다 준수해야 한다고 명하였다. "그 여자는 피로 더럽혀진 몸이 정결하게 될 때까지, 33일 동안 집 안에 머물러 있어야 한다. 몸이 정결하게 되는 기간이 찰 때까지, 거룩한 것에 몸이 닿거나 성소에 들어가서는 안 된다."(레위 12, 4) 이스라엘의 믿음을 가진 그리스도의 어머니 마리아는 율법에 따랐다. "모세의 율법에 따라 정결례를 거행할 날이 되자, 그들은 아기를 예루살렘으로 데리고 올라가 주님께 바쳤다. 그들은 또한 주님의 율법에서 '산비둘기 한 쌍이나 어린 집비둘기 두 마리를' 바치라고 명령한 대로 제물을 바쳤다."(루카 2, 22, 24) 이 장면이 때때로 '동정녀의 정결례'라고 불린다. 그렇지만 일반적으로 이 장면을 묘사할 때 마리아보다는 예수에 초점이 맞춰지고, 그 장면은 '성전에서의 봉헌'이라고 이름 붙인다.

성령 강림 Pentecoste 동정녀 마리아가 등장하는 마지막 장면들 중 하나는 그리스도의 승천 다음의 성령 강림 축일 때였다. 사도들, 예수의 어머니 마리아와 다른 여인들을 포함하여 다수의 그리스도의 제자들이 예루살렘에 함께 모여 있었다. 그들이 모두 함께 있을 때 "갑자기 하늘에서 거센 바람이 부는 듯한 소리가 나더니, 그들이 앉아 있는 온 집 안을 가득 채웠다. 그리고 불꽃 모양의 혀들이 나타나 갈라지면서 각 사람 위에 내려앉았다. 그러자 그들은 모두 성령으로 가득 차, 성령께서 표현의 능력을 주시는 대로 다른 언어들로 말하기 시작하였다."(사도, 2, 2-4) (제9부 성령, 하느님 참조).

동정녀의 영면 永眠, Dormitio, 죽음 **과 승천** Assumptio 이 두 사건은 매우 자주 함께 묘사되기 때문에 하나의 제목으로 소개된다. 전설은 그리스도의 십자가에 못 박힘 후에, 비록 마리아가 아들의 삶과 관련한 많은 장소를 다시 방문하긴 했지만 사도 요한과 함께 살았다고 전한다. 그리고 외로운 가운데 삶으로부터 구원해달라는 기도를 하였다. 마리아는 3일 안에 예수 그리스도가 기다리는 낙원으로 들어갈 것이라고 약속하였던 한 천사의 방문을 받았다. 그때 천사는 종려나무 가지를 마리아에게 주었는데, 마리아는 그것을 성 요한에게 건네주면서 자신의 장례식에서 피게 해 달라고 요청하였다. 또한 마리아는 모든 사도들이 자신의 장례식에 참석하도록 천사에게 부탁하였고, 이 소원은 들어졌다. 그런 까닭에 마리아의 죽음에 대한 그림들은 일반적으로 그녀의 임종 때쯤 침대 머리맡에 베드로, 발치에 요한과 함께 사도들이 모여 있는 장면을 보여준다.

마리아의 죽음에 대한 묘사는 또 다른 이야기로도 그려진다. 밤에 집에서 갑자기 큰 소리가 났고, 많은 무리의 천사들을 동반한 예수가 직접 나타났다. 그때 마리아의 혼이 육신을 떠나 성자의 팔에 받아 들여졌으며, 성자는 그녀를 하늘로 데리고 갔다. 동정녀의 죽음과 승천에 대한 전체 이야기는 적어도 여섯 개의 장면을 필요로 한다.

- **첫째** 천사가 그녀의 죽음을 알리고 종려나무 가지를 그녀에게 선물하는 장면
- **둘째** 마리아가 사도들에게 작별을 말하는 장면
- **셋째** 마리아의 죽음과 하늘로 그녀의 혼의 승천
- **넷째** 무덤으로 그녀의 시신이 향하는 장면
- **다섯째** 매장
- **여섯째** 마리아의 재결합된 육신과 혼의 승천

성 토마스와 동정녀의 허리띠 이 전설은 사도인 성 토마스가 동정녀의 육신과 혼이 다시 만나 하늘로 옮겨질 때 부재중이었고, 그래서 그는 마리아의 승천을 믿지 않았다는 이야기와 관계가 있다. 성 토마스는 동정녀의 시신이 여전히 내부에 남아 있는지 확인해봐야 한다며 무덤을 열라고 요구하였다. 무덤이 비어 있음을 발견한 그는 하늘을 향해 보았고, 그곳에서 위로 천천히 옮겨지고 있는 육신 형태의 동정녀를 보았다. 마리아는 성 토마스에게 자신의 승천을 납득시키기 위해 자신의 옷에서 벨트belt, 혹은 허리띠girdle를 풀어 내려줬다.

동정녀의 대관 戴冠, Coronatio 동정녀 마리아의 긴 세월에서 마지막 장면은 그녀가 성자聖子 하느님에 의해 천국으로 받아 들여졌고, 그에 의해 하늘의 여왕으로 대관 받은 것이다. 동정녀의 대관은 다윗의 죽음과 이스라엘 솔로몬 왕의 대관 후에 자신의 어머니 밧 세바가 호의를 요청

하려고 그에게 갔다는 사건에 예시되었다고 믿어졌다. "임금은 일어나 어머니를 맞으며 절하고 왕좌에 앉았다. 그리고 임금의 어머니를 위해서도 의자를 가져오게 하여 그를 자기 오른쪽에 앉게 하였다."(1열왕 2, 19) 동정녀의 대관을 다루고 있는 그림들은 임종, 무덤, 사도들과 그녀를 위해 울었던 세상의 친구들을 포함하여, 지상에서 동정녀의 마지막 날의 사건들을 표현한 방식에 따라 하늘의 여왕에 대한 비유적인 그림들과 종종 구분된다.

08
예수 그리스도

동정녀 마리아의 경우와 마찬가지로, 이야기 관점에서 그리스도 생애의 사건을 묘사한 르네상스 시기의 그림과 경건함을 지닌 구세주 그림들과는 구분되어야 한다. 성 마태오, 성 마르코, 성 루카, 성 요한의 복음서에서 자세히 다루고 있는 예수의 생애 주기는 르네상스 시기의 위대한 화가들에 의해 반복적으로 묘사되었다. 게다가 그리스도에 대한 수천 장의 그림들은 서술적인 의미는 갖지 않았지만, 인류의 구세주로서 성자聖子 의 영적인 특성과 의의意義를 전달하는 의도로 그려졌다. 그리스도의 생애 장면 중에서, 일반적으로 묘사된 것은 아래와 같다.

주님 탄생 Nativitas 예수의 탄생을 묘사한 그림은 수없이 많다. 주님 탄생은 베들레헴에 있는 성가정을 묘사한다. 아기 그리스도는 구유 또는 지푸라기 위에 누워 있었다. 동정녀는 그 앞에 경배하려고 무릎을 꿇는다. 경탄 속에서 요셉은 한쪽 편에 서 있다. 배경에 있는 소와 나귀는 앞에 펼쳐진 그 장면을 조용히 응시한다.

목자들에게 주님 탄생 예고와 목자들의 경배 성 루카는 그리스도의 탄생 이야기에서 베들레헴 인근의 들판에 자신들의 양떼를 지키고 있던 어떤 목자들이 있었다고 자세히 말한다. 그리스도가 태어나던 그 밤에 "주님의 천사가 다가오고 주님의 영광이 그 목자들의 둘레를 비추었다. 그들은 몹시 두려워하였다. 그러자 천사가 그들에게 말하였다. '두려워하지 마라. 보라, 나는 온 백성에게 큰 기쁨이 될 소식을 너희에게 전한다. 오늘 너희를 위하여 다윗 고을에서 구원자가 태어나셨으니, 주 그리스도이시다. 너희는 포대기에 싸여 구유에 누워 있는 아기를 보게 될 터인데, 그것이 너희를 위한 표징이다.' 그때에 갑자기 그 천사 곁에 수많은 하늘의 군대가 나타나 하느님을 이렇게 찬미하였다. '지극히 높은 곳에서는 하느님께 영광, 땅에서는 그분 마음에 드는 사람들에게 평화!'"(루카 2, 9 이하) 이 장면은 자주 묘사되었고, 일반적으로 '목자들에게 주님 탄생 예고'라고 부른다. 주님 탄생 예고에 따라 목자들은 베들레헴 마을로 갔고, 그곳에서 천사가 예견하였던 것처럼 구유에 누워 있는 예수를 발견하였다. 마구간에 있는 아기 그리스도를 경배하는 목자들을 보여주는 그림들은 일반적으로 '목자들의 경배'라고 이름 붙였다.

성전에서의 봉헌 Praesentatio**과 할례** Circumcisio 예수가 태어난 후, 성전에서 그분의 봉헌과 할례를 포함하여, 모세의 법에서 남자 아기에게 필요한 모든 조건들이 이행되었다 루카 2장. 예수 탄생 후 여덟 번째 날에 있었던 할례 때, 동정녀 마리아는 참석하지 않았을 것이다. 르네상스 미술에서 이 장면은 동정녀의 정결례와 함께 자주 나타난다. 마리아와 요셉이 성전에 아기 예수를 데려간 장면 또한 자주 묘사되며, 그것은 '성전에서의 봉헌'이라 불린다. 마리아와 요셉이 예수를 성전에 데려갔을 때, 그곳에는 주님의 그리스도를 볼 때까지 죽지 않을 것이라고 계시 받았던 시메온 Simeon이란 이름의 예루살렘 남자가 있었다. 예수를 보고 시메온은 팔에 아기를 안고 말하였다. "주님, 이제야 말씀하신 대로 당신 종을 평화로이 떠나게 해주셨습니다. 제 눈이 당신의 구원을 본 것입니다."(루카 2, 29 30) 또한 그 성전에 있었던 "한나라는 예언자도 있었는데 … 같은 때에 나아와 하느님께 감사드리며 …"(루카 2, 36. 38)

동방박사들 Magi 성 마태오는 복음서에서 동방의 현자들이 그리스도 탄생의 시기에 예루살렘으로 왔고 유다인의 왕으로 태어났던 분에 대해 문의하였다고 한다. 유다인들의 왕 헤로데는 베들레헴에서 예수를 찾으라고 그들을 보냈고 한 별이 그 길을 보여주면서 그들 앞에서 갔다. 베들레헴으로 향하는 세 명의 현자들 혹은 동방박사들의 부유한 여행자 무리를 묘사한 그림들은 일반적으로 〈동방박사들의 여행〉이라고 이름 붙여졌다. 그 현자들이 베들레헴에서 자신의 성자聖子와 함께 있는 마리아를 발견하였을 때, 엎드려 그분을 흠숭하였고 금과 유향, 몰약을 선물로 바쳤다. 현자들이 아기 그리스도에게 경배하는 장면은 〈동방박사들의 경배〉라고 불려진다. 동방박사들은 때때로 "타르시스와 섬나라

임금들이 예물을 가져오고 … 모든 임금들이 그에게 경배하고 모든 민족들이 그를 섬기게 하소서."(시편 72, 10. 11)라고 읽었던 시편으로부터의 구절 때문에 왕들로 묘사된다.

동방박사들의 방문을 기념하는 교회의 시기는, 이방인들에게 그리스도의 나타남을 의미하는 주님 공현 Epiphania 이다. 이것은 모든 땅들로, 모든 민족들로, 모든 연령대를 위한 그리스도교의 퍼짐을 의미하였다. 그래서 카스파르 Caspar, 멜키오르 Melchior, 발타사르 Balthasar 라는 이름이 주어졌던 전통에 따라 동방박사들은 청년, 중년, 노년으로 자주 묘사된다. 그들 중 한 사람은 일반적으로 검은 피부로 표현된다. 아기 그리스도에게 한 선물은 각각 상징적 의미를 갖고 있는데, 금은 왕을, 유향은 한 분 하느님을, 고통받는 사람에게 몰약은 죽음의 표장 標章, emblem 이다. 그리스도인에게 이 선물들은 부와 힘, 흠숭, 그리고 자기희생의 그리스도에 대한 봉헌을 상징한다.

이집트로의 피신과 죄 없는 아기들의 대량 학살 헤로데 왕은 유다인들의 왕이 될 수 있는 아기가 태어났다는 소식을 듣고 무척 화가 났다. 또 그 아기를 없애버리고자 찾아 나섰다. 그런데 마리아의 남편인 요셉에게 한 천사가 나타나 헤로데로부터 벗어나기 위해 아기 예수를 데리고 이집트로 피신하라고 경고하였다(마태 2, 13). 요셉은 그리하였고, 성가정의 여행을 묘사하는 장면은 〈이집트로의 피신〉이라고 일컬어진다. 이 장면에 대한 그림들은 보통 요셉이 나귀를 끌고 마리아는 아기 예수를 안고 나귀에 타고 있는 모습으로 그려진다. 때로 이집트로의 긴 여행 동안 길가에서 쉬고 있는 성가정의 모습을 보여주기도 한다. 헤로데의 명령에 따라 아기 그리스도의 목숨을 빼앗기 위해 어린아이들을 대량 학살하는 동안 베들레헴을 떠나고 있음이 간혹 그려진다. 이는 〈죄 없는 아기들의 대량 학살〉로 알려져 있다(마태 2, 16).

이집트로부터의 귀환 성가정은 몇 년 동안 이집트에 머물렀다. 헤로데 왕이 죽자, 천사가 다시 나타나 이제 예수와 함께 이스라엘로 돌아가는 것이 안전하다고 요셉에게 말했다(마태 2, 19). 이 여행에 대한 그림들은 〈이집트로부터의 귀환〉이라고 이름 붙인다. 일반적으로 이때는 예수가 아기가 아닌 작은 소년으로 묘사되기 때문에, 〈이집트의 피신〉과 차이가 난다.

성전에서의 논쟁 이집트로부터 돌아온 성가정은 나자렛Nazareth 마을에서 살았다. 그리스도가 열두 살이었을 때, 그분의 가정은 파스카 축제를 위해 예루살렘으로 갔다. 그곳에서 돌아오는 길에 가족은 그리스도가 자신들과 함께 있지 않다는 사실을 알게 된다. 예루살렘으로 서둘러 돌아간 가족은 성전 안에서 몇몇 박사들, 혹은 유다인 랍비들에게 둘러싸여 깊은 토론을 하고 있던 예수를 발견하였다(루카 2, 41 이하). 이 장면은 일반적으로 〈성전에서의 논쟁〉 혹은 〈박사들 사이에서의 그리스도〉라고 불린다.

그리스도의 세례 Baptismus Christi 세례자 요한이 '구세주의 오심'을 예언하면서 유다 광야에서 설교하고 있었다. 많은 사람들이 예루살렘과 유다의 다른 장소들에서 왔고 요르단 강에서 그에게 세례를 받았다. "그때 예수님도 요한에게서 세례를 받으시려고 갈릴래아에서 요르단으로 그를 찾아가셨다. 그러나 요한은 '제가 선생님께 세례를 받아야 할 터인데 선생님께서 저에게 오시다니요?' 하면서 그분을 말렸다. … 예수님께서는 세례를 받으시고 곧 물에서 올라오셨다. 그때 그분께 하늘이 열렸다. 하느님의 영이 비둘기처럼 당신 위로 내려오시는 것을 보셨다. 그리고 하늘에서 이렇게 말하는 소리가 들려왔다. '이는 내가 사랑하는 아들, 내 마음에 드는 아들이다.'"(마태 3, 13 이하)

유혹 Tentatio 예수가 세례자 요한에게서 세례를 받은 후, 예수는 광야로 갔고 그곳에서 40일 밤낮 동안 단식하며 기도하셨다. 단식으로 몹시 배가 고팠을 때 악마가 나타나 말하였다. "'당신이 하느님의 아들이라면 이 돌들에게 빵이 되라고 해 보시오.' 예수님께서 대답하셨다. … '사람은 빵만으로 살지 않고 하느님의 입에서 나오는 모든 말씀으로 산다.' 그러자 악마는 예수님을 데리고 거룩한 도성으로 가서 성전 꼭대기에 세운 다음, 그분께 말하였다. '당신이 하느님의 아들이라면 밑으로 몸을 던져 보시오. 성경에 이렇게 기록되어 있지 않소? 그분께서는 너를 위해 당신 천사들에게 명령하시리라. 행여 네 발이 돌에 차일세라 그들이 손으로 너를 받쳐 주리라.' 예수님께서는 그에게 이르셨다. …'주 너의 하느님을 시험하지 마라.' 악마는 다시 그분을 매우 높은 산으로 데리고 가서, 세상의 모든 나라와 그 영광을 보여 주며, '당신이 땅에 엎드려 나에게 경배하면 저 모든 것을 당신에게 주겠소.' 하고 말하였다. 그때에 예수님께서 그에게 말씀하셨다. '사탄아, 물러가라. 성경에 기록되어 있다. 주 너의 하느님께 경배하고 그분만을 섬겨라.'"(마태 4, 1-11) 유혹에 대한 그림은 이 세 개의 장면들 중 어느 하나를 보여줄 것이다.

첫 번째 두 사도들의 부르심 그리스도가 자신의 첫 번째 제자들을 부르셨던 이야기는 미술에서 자주 그려졌다. "예수님께서는 갈릴래아 호숫가를 지나가시다가 두 형제, 베드로라는 시몬과 그의 동생 안드레아가 호수에 어망을 던지는 것을 보셨다. 그들은 어부였다. 예수님께서 그들에게 이르셨다. '나를 따라오너라. 내가 너희를 사람 낚는 어부로 만들겠다.' 그러자 그들은 곧바로 그물을 버리고 예수님을 따랐다."(마태 4, 18 이하)

세금 Tributum 유다에서 활동하는 동안, 그리스도는 예루살렘 시로 갔고 성전에서 가르쳤다. 이것이 사제들의 분노를 일으켰고, 그들은 앞잡이들을 붙여 예수를 반역자로 몰아 유죄 선고를 하려고 했다. 앞잡이들은 예수를 함정에 빠뜨리기 위해 황제에게 세금을 내는 것이 합법적이었는지를 예수에게 물었다. 대답으로, 예수는 1데나리온을 자신에게 보이라고 하였고 그 데나리온에 새겨진 모습은 누구인지 물었다. 앞잡이들이 데나리온에 황제의 상이 새겨진 것을 확인하였을 때, 예수는 자신의 유명한 말씀들로 대답했다. "그러면 황제의 것은 황제에게 돌려주고, 하느님의 것은 하느님께 돌려 드려라."(루카 20, 15) 이 말씀들을 근거로 하여, 예수에게 어떠한 누명도 씌울 수 없었고 그분의 적들은 좌절하였다. 또 다른 기회에, 그리스도와 제자들이 카파르나움에 왔을 때, 성전세를 받는 사람들이 베드로에게 왔고, 그리스도는 성전세를 냈는지 베드로에게 물었다. 성전세를 내지않은 것을 안 그리스도는 베드로에게 "호수에 가서 낚시를 던져 먼저 올라오는 고기를 잡아 입을 열어 보아라. 스타테르 한 닢을 발견할 것이다. 그것을 가져다가 나와 네 몫으로 그들에게 주어라."(마태 17, 27)라고 지시하셨다.

산상설교 山上說敎, Sermo in Monte 그리스도가 자신의 활동을 시작한 후에, 그분의 설교에 대한 명성은 확산되었고 그분의 말씀을 듣기 위해 많은 사람들이 찾아왔다. 그리스도가 군중들에게 가르친 가장 유명한 사건은 산으로 갔을 때였다(마태 5장 이하). 이 장면을 '산상설교'라고 칭한다.

시몬 집에서의 만찬 예수는 카파르나움 시에서 시몬Simon이란 이름의 바리사이로부터 함께 음식을 먹자고 집으로 초청받았다. 예수가 식탁에 앉아 있는 동안, 그 도시의 한 여인이 들어와 자신의 눈물로 그분의 발을 씻고, 자신의 머리카락으로 발을 닦고, 발에 입을 맞추었다. 바리사이인 시몬은 만일 예수가 참된 예언자였다면, 그 여인이 낮은 인품이었다는 것을 깨달았을 것이고 그녀의 접촉을 거부하였을 것이라고 믿었기 때문에 아연실색하였다. 그러나 예수는 "'이 여자는 그 많은 죄를 용서받았다. 그래서 큰 사랑을 드러낸 것이다. 그러나 적게 용서받은 사람은 적게 사랑한다.' 그 여인에게 예수는 말하였다. '네 믿음이 너를 구원하였다. 평안히 가거라.'"(루카 7, 36 이하)

레위 집에서의 만찬 또한 카파르나움 시에서, 예수는 어느 밤 세관 징세원 徵稅員 인 레위의 집에서 만찬을 하였다. 그분을 따랐던 많은 세리들과 죄인들이 들어왔고 예수와 함께 식탁에 앉았다. 이것을 본 율법학자들과 바리사이들이 예수의 제자들에게 왜 그분은 그렇게 나쁜 인품의 사람들과 함께 식탁에 앉으려고 하였는지 물었다. 그들의 질문을 들은 예수는 "건강한 이들에게는 의사가 필요하지 않으나 병든 이들에게는 필요하다. 나는 의인이 아니라 죄인을 부르러 왔다."(마르 2, 17)라고 대답하였다.

성전의 정화 Purificatio Templi 성 요한은 자신의 복음서2, 13 이하에 예수가 예루살렘에 있는 성전에서 환전상들과 상인들을 내쫓았을 때의 유명한 장면을 기술하였다. "예수님께서는 예루살렘에 올라가셨다. 그리고 성전에 소와 양과 비둘기를 파는 자들과 환전꾼들이 앉아 있는 것을 보시고, 끈으로 채찍을 만드시어 양과 소와 함께 그들을 모두 성전에서 쫓아내셨다. 또 환전상들의 돈을 쏟아 버리시고 탁자들을 엎어 버리셨다. 비둘기를 파는 자들에게는, '이것들을 여기에서 치워라. 내 아버지의 집을 장사하는 집으로 만들지 마라.' 하고 이르셨다."

그리스도와 사마리아 여인 유다에서 갈릴래아로 가는 동안, 예수는 사마리아인들의 도시에 갔고 원기를 되찾으려고 우물가에서 잠시 쉬고 있었다. "마침 사마리아 여자 하나가 물을 길으러 왔다. 그러자 예수님께서 '나에게 마실 물을 좀 다오.' 하고 그 여자에게 말씀하셨다. … 사마리아 여자가 예수님께 말하였다. '선생님은 어떻게 유다 사람이시면서 사마리아 여자인 저에게 마실 물을 청하십니까?' 사실 유다인들은 사마리아인들과 상종하지 않았다."(요한 4, 7. 9) 사마리아 여자는 그분이 메시아임을 알아보았고 그분을 보려는 도시의 많은 사마리아인들을 데려왔다. 그리스도는 이틀 동안 그들과 함께 머물렀고, 많은 시민들이 그분 안에서 믿음으로 개종하였다.

간음한 여인 Mulier Adultera, The Woman taken in Adultery 그리스도가 성전에서 설교하고 있을 때, 율법학자와 바리사이들은 큰 죄를 지은 한 여인을 데려왔다. 모세의 법에 따르면 그 여인은 돌로 쳐 죽여야 하지만, 그들은 예수의 의견이 무엇인지 물었다. 이런 식으로 그들은 예수가 율법 앞에 고발될 수 있도록 함정에 빠뜨리려고 하였다. 처음에 그들의 말을 듣지 못한 듯한 예수는 허리를 굽혔고 땅에 자신의 손가락으로 글을 썼다. 그렇지만 그 질문이 반복되었을 때, 예수는 대답하였다. "'너희 가운데 죄 없는 자가 먼저 저 여자에게 돌을 던져라.' … 그들은 이 말씀을 듣고 나이 많은 자들부터 시작하여 하나씩 하나씩 떠나갔다. 마침내 예수님만 남으시고 여자는 가운데에 그대로 서 있었다. 예수님께서 몸을 일으키시고 그 여자에게, '여인아, 그자들이 어디 있느냐? 너를 단죄한 자가 아무도 없느냐?' 하고 물으셨다. 그 여자가 '선생님, 아무도 없습니다.' 하고 대답하자, 예수님께서 이르셨다. '나도 너를 단죄하지 않는다. 가거라. 그리고 이제부터 다시는 죄짓지 마라.'"(요한 8, 7 이하)

착한 사마리아인의 비유 Parabola Samaritani Misericordis 가장 유명한 성경 이야기이자 미술적인 해석에서도 가장 선호되는 주제이다. 성 루카에 의해 전해졌던 것처럼, 그리스도 그 자신의 말로 서술된다. 한 율법교사가 예수에게 어떻게 하면 영원한 생명을 얻을 수 있는지 물었다. 영원한 것을 얻으려면 모든 사람의 마음과 정신으로 하느님을 사랑해야 하고, 자기 자신처럼 자신의 이웃을 사랑해야 한다는 것이 그 율법학자가 말하던 바였다. 그리고 그는 '사람이 자신의 이웃을 어떻게 알 수 있는가?'를 물었다. 이에 대해 예수는 비유의 형태로 대답하였다. "어떤 사람이 예루살렘에서 예리코로 내려가다가 강도들을 만났다. 강도들은 그의 옷을 벗기고 때려 초주검으로 만들어 놓고 가 버렸다. 마침 어떤 사제가 그 길로 내려가다가 그를 보고서는, 길 반대쪽으로 지나가 버렸다. 레위인도 마찬가지로 그곳에 이르러 그를 보고서는, 길 반대쪽으로 지나가 버렸다. 그런데 여행을 하던 어떤 사마리아인은 그곳에 이르러 그를 보고서는 가엾은 마음이 들었다. 그래서 다가가 상처에 기름과 포도주를 붓고 싸맨 다음, 노새에 태워 여관으로 데리고 가서 돌보아 주었다. 이튿날 사마리아인은 두 데나리온을 꺼내 여관 주인에게 주면서, '저 사람을 돌보아 주십시오. 비용이 더 들면 제가 돌아올 때 갚아 드리겠습니다.' 하고 말하였다. '너는 이 세 사람 가운데에서 누가 강도를 만난 사람에게 이웃이 되어 주었다고 생각하느냐?' 율법 교사가 '그에게 자비를 베푼 사람입니다.' 하고 대답하자, 예수님께서 그에게 이르셨다. '가서 너도 그렇게 하여라.'"(루카 10, 30 이하)

되찾은 아들의 비유 탕재[蕩子]의 비유, Parabola de filio prodigo 그리스도의 잘 알려진 비유들 중 또 다른 하나는 가족의 재산에서 자신의 몫을 즉시 달라고 아버지에게 요구한 아들에 대한 것이다. 아버지가 그의 요청을 들어주자, 아들은 자신의 몫을 가지고 먼 고장으로 여행하면서 모든 것을 탕진하였다. 후에 가난과 굴욕으로 그 아들은 후회하였고 아버지에게 "아버지, 제가 하늘과 아버지께 죄를 지었습니다. 저는 아버지의 아들이라고 불릴 자격이 없습니다."라고 말하면서 돌아왔다. 그러나 아버지는 그를 껴안았고 질 좋은 옷을 입히면서, 아들의 귀환을 기뻐하며 살찐 송아지를 잡고 축제를 열라고 명령하였다. 아버지를 위하여 충실하게 일하면서 집에 머물러 있었던 그 소년의 형은 동생에게 부여되는 관대한 대우에 항의하였다. 이것에 대해 아버지는 대답하였다. "얘야, 너는 늘 나와 함께 있고 내 것이 다 네 것이다. 너의 저 아우는 죽었다가 다시 살아났고 내가 잃었다가 되찾았다."(루카 15, 11 이하)

이 비유는 자신의 말을 들으려고 왔던 세리 및 죄인들과 함께 식사하기를 꺼리지 않았던 그리스도에게 충격을 받았던 율법학자와 바리사이들에 대한 그리스도의 대답이었다.

카나의 혼인 잔치 그리스도가 행한 첫 번째 기적은 그분과 어머니 마리아, 그리고 제자들이 초대받았던 카나 마을의 혼인 잔치에서였다. "그런데 포도주가 떨어지자 예수님의 어머니가 예수님께 '포도주가 없구나.' 하였다."(요한 2, 3) 그때 예수는 돌로 된 물 항아리 여섯 개에 물을 가득 채웠고 그것을 잔치의 과방장에게 가져가도록 지시를 내렸다. 그 과방장이 물 항아리들의 내용물을 맛보았을 때, 모두가 최고급 포도주로 가득 찬 것을 발견하였다.

물고기 어획 성 루카는 첫 번째 사도인 시몬 베드로의 부르심에 대하여, 성 마태오와 성 마르코와는 다소 다른 설명을 한다. 성 루카에 따르면, 예수는 밀어닥치는 군중을 피하려고, 마침 그 지방의 낚시 배 중 하나인 시몬 베드로의 배에 올랐으며 겐네사렛 호수 옆에서 사람들에게 설교하고 있었다. 예수는 설교를 중단하고 시몬 베드로에게 뭍에서 떠나 그물을 내리라고 말하였다. 시몬은 그 날 물고기를 하나도 잡지 못하였다고 이의를 제기하였지만, 그럼에도 불구하고 그리스도의 요구를 따랐다. 놀랍게도 그의 그물은 물고기로 매우 가득 차서 올라왔고 시몬은 자신의 동료인 야고보와 요한, 다른 어부들에게 어획물을 물가로 옮기는 것을 도와달라고 했다. 시몬 베드로는 이 기적에 깜짝 놀랐고 예수 앞에 무릎을 꿇었다. 그는 말하였다. "'두려워하지 마라. 이제부터 너는 사람을 낚을 것이다.' 그들은 배를 저어다 뭍에 대어 놓은 다음, 모든 것을 버리고 예수님을 따랐다."(루카 5, 1-11) 또 다른 '물고기의 기적적인 어획'은 그분의 부활 후에, 티베리아스Tiberias 호수에서 밤새 아무 것도 잡지 못한 후 그리스도가 자신의 제자들에게 나타났을 때 일어났다(요한 21장).

벳자타 Bethsatha의 가난한 사람에 대한 치료 예루살렘 시에는 장님, 절름발이 등 고통받는 사람들을 위한 치유력을 가지고 있다고 알려진 유명한 벳자타Bethsatha 못이 있었다. 어느 날 예수가 못가에 서 있다가 오랜 세월 동안 병들어 있던 한 노인을 보게 되었다. 예수는 그 고통받는 사람에게 치유되기를 원하는지 물었다. 그 사람은 대답하였다.

"'선생님, 물이 출렁거릴 때에 저를 못 속에 넣어 줄 사람이 없습니다. 그래서 제가 가는 동안에 다른 이가 저보다 먼저 내려갑니다.' 예수님께서 그에게 말씀하셨다. '일어나 네 들것을 들고 걸어가거라.' 그러자 그 사람은 곧 건강하게 되어 자기 들것을 들고 걸어갔다."(요한 5, 7-9) 이 사건이 유다인들의 안식일에 일어났기 때문에, 유다인들은 예수를 반대하여 일어났고 그를 죽이려고 하였다.

빵과 물고기 예수는 갈릴래아 호수 인근의 산으로 올라갔고, 군중이 그분을 따라갔다. 그들 중에는 절름발이, 장님, 벙어리, 불구자가 많이 있었고, 그들은 예수님의 발 앞에 자신을 던져 치유되었다. 그때 예수는 제자들을 불러 "저 군중이 가엾구나. 벌써 사흘 동안이나 내 곁에 머물렀는데 먹을 것이 없으니 말이다. 길에서 쓰러질지도 모르니 그들을 굶겨서 돌려보내고 싶지 않다."(마태 15, 32)라고 말하였다. 제자들이 이 많은 사람들을 어떻게 먹일 수 있는지를 물었다. 먹을 수 있는 음식이 7개의 빵과 몇 마리의 물고기뿐이었기 때문이다. 예수는 군중을 땅에 앉도록 명령하였고 빵과 물고기를 조각으로 나누어 제자들에게 건네주어 배고픈 대중들에게 차례로 나눠주었다. 이 방법으로, 약 4천 명의 남자, 여자, 어린이들이 먹었다.

물 위를 걷는 그리스도 어느 날 저녁, 그리스도는 제자들에게 먼저 갈릴래아 호수를 건너가라고 명령하였다. 거대한 바람이 일어 배가 물에 잠길 위험에 놓였다. "예수님께서는 새벽에 호수 위를 걸으시어 그들 쪽으로 가셨다. 제자들은 … 두려워 소리를 질러 댔다. 예수님께서는 곧 그들에게 말씀하셨다. '용기를 내어라. 나다. 두려워하지 마라.'"(마태 14, 25 이하) 예수가 그 배에 오르자 바람이 그쳤다.

성 마태오가 상세히 기록한 바, 허락을 받은 베드로가 그리스도를 향하여 걸어가려고 시도하였지만, 용기를 잃어버린 그는 가라앉기 시작하였다. 예수는 즉시 손을 뻗어 그를 구하였다. 이러한 설명이 담긴 장면은 〈작은 배〉The Navicella 로 알려져 있다.

라자로의 부활 Resurrectio Lazari   예수가 여행하는 동안, 그분의 친구이자 마리아Maria와 마르타Martha의 오빠인 라자로Lazarus가 병에 걸렸다. 이 소식이 예수에게 전해졌으나, 그분은 라자로가 있던 베타니아Bethania로 즉시 돌아오지 않았다. 며칠 후 예수님은 라자로가 죽었다는 것을 알게 되었고 베타니아로 돌아왔을 때, 마리아와 마르타가 이 진실을 그분에게 확인해 주었다. 예수는 그들에게 만일 믿음을 가진다면 오빠가 되돌아올 것이라고 말하였다. 예수는 라자로가 묻혔던 무덤에 데려다 달라고 요청하였다. 무덤이 열린 후에, 예수는 하느님을 불렀고 그 다음에 큰 소리로 말하였다. "라자로야, 이리 나와라." 이 말에, 라자로는 무덤으로부터 나왔고, 여전히 수의壽衣에 감싸져 있었다. 예수는 "그를 풀어 주어 걸어가게 하여라."라고 말하였다. 이것은 이루어졌고, 라자로는 되살아나게 되었다. 이렇게 하여, 그 기적을 목격하였던 많은 유다인들이 그리스도에게로 개종하였다. 라자로의 부활에 대한 그림들에서 자주 묘사되었던 모습은 손으로 자신의 코를 잡았던 한 사람이다. 이 모습은 마르타의 경고를 상기하게 한다. "주님, 죽은 지 나흘이나 되어 벌써 냄새가 납니다."

예수의 거룩한 변모 Transfiguratio Jesu   제자들이 첫 번째 선교 여행에서 돌아와 예수를 하느님의 아들로 인정한 후, 그리스도는 베드로와 요한, 야고보를 데리고 산으로 기도하러 갔다. 그리스도는 그들의 눈앞에서 거룩하게 변하였다. 그분의 옷은 천상의 빛으로 하얗게 빛나게 되었고, 그곳에 모세와 엘리야 예언자들이 나타나 그분과 함께 이야기하였다. 그때 베드로가 그곳에 세 개의 순례지를 세워 예수와 모세, 엘리야에게 드리겠다고 제안했다. 하지만 베드로가 말하였을 때, "구름이 일더니 그들을 덮었다. … 이어 구름 속에서 '이는 내가 선택한 아들이니 너희는 그의 말을 들어라.' 하는 소리가 났다."(루카 9, 34 이하)

그리스도의 수난 Passio Christi 그분의 예루살렘 입성부터 매장까지, 그리스도의 이 세상 삶의 마지막 사건들은 총체적으로 수난이라 불렸다. 가장 자주 묘사되었던 장면들은 다음과 같다.

예루살렘 입성 유다 지역을 통과하여 여행하면서 사람들에게 설교한 후, 그리스도는 마침내 예루살렘을 조금 벗어난 올리브 산으로 왔다. 그는 이미 제자들에게 자신은 예루살렘에서 체포되고 사형에 처해질 것이라고 말하였다. 그러나 이 사실을 안다고 해서 그분을 저지하지 못했고, 그분은 그 도시로 들어가려고 준비를 하였다. 그분은 두 명의 제자를 예루살렘으로 보내 그곳에서 나귀를 가져오라고 지시하였다. 나귀를 그리스도에게 가져왔을 때, 제자들은 나귀 등에 자신의 옷들을 펼쳤고 그리스도는 그 위에 올라타 예루살렘을 향해 몰았다. 사람들은 그분의 앞에 종려나무 가지들을 늘어놓고 "주님의 이름으로 오시는 분은 복되시어라. … 지극히 높은 곳에 호산나!"(마르 11, 9 이하)라고 외치면서 그분을 만나려고 나왔다. 그리스도의 예루살렘 입성에 대한 그림들에서, 한 사람이 군중들 머리 위에서 보려고 나무에 올라간 모습을 공통적으로 찾을 수 있다. 그 모습은 사실은 "키가 작았기 때문"에 예수를 보려고 나무로 올라갔던 세리인 자캐오 Zacchaeus를 표시하기 위한 것이다. 성 루카에 따르면, 이것은 그분의 예루살렘 입성 직전에 예리코를 통과하고 있을 때 그 마을에서 일어났기 때문에, 역사적으로 이 사건은 예루살렘 입성 이전의 것이다.

제자들의 발을 씻기는 그리스도 그리스도는 파스카 축제 며칠 전에 예루살렘으로 입성하였다. 그리스도는 자신의 시간이 왔고 유다 이스카리옷에게 배신당할 것을 깨달았다. 제자들과 최후 만찬 후에, 식탁에서 일어났다. "겉옷을 벗으시고 수건을 들어 허리에 두르셨다. 그리고 대야에 물을 부어 제자들의 발을 씻어 주시고, 허리에 두른 수건으로 닦기 시작하셨다."(요한 13, 4 이하) 그 다음에 그리스도는 "내가 진실로 진실로 너희에게 말한다. 종은 주인보다 높지 않고, 파견된 이는 파견한 이보다 높지 않다."(요한 13, 16) 때문에, 그들이 따를 수 있도록 겸손의 모범을 행하였음을 제자들에게 설명하였다.

최후 만찬 이 유명한 장면은 유다 이스카리옷에게 배신당하기 전에 제자들과 함께 그리스도가 하였던 마지막 식사를 묘사한다. 이 만찬에서 그리스도는 빵을 쪼개어 제자들에게 나누어 주었다. "그들이 음식을 먹고 있을 때 예수님께서 빵을 들고 찬미를 드리신 다음, 그것을 떼어 제자들에게 주시며 말씀하셨다. '받아 먹어라. 이는 내 몸이다.' 또 잔을 들어 감사를 드리신 다음 제자들에게 주시며 말씀하셨다. '모두 이 잔을 마셔라. 이는 죄를 용서해 주려고 많은 사람을 위하여 흘리는 내 계약의 피다.'"(마태 26, 26 이하) 자신의 죽음을 예감하여 그리스도에 의해 제정된 이 예식은 그리스도교 성찬 전례의 근거이다.

최후 만찬을 그린 작품에서, 그리스도가 "그러나 보라, 나를 팔아넘길 자가 지금 나와 함께 이 식탁에 앉아 있다."(루카 22, 21)라고 말하긴 하지만, 배신자인 유다 이스카리옷은 일반적으로 다른 제자들로부터 떨어져 앉아 있거나 그 식탁에서 벌떡 일어서 있는 것으로 표현된다. 그리스도의 오른쪽에 앉았던 요한은 요한복음 13장 23절에 묘사된 "예수님께서 사랑하시는" 무명無名의 제자와 동일시되기 때문에 식탁에 자신의 머리를 기대고, 혹은 때때로 그리스도에 기대고 있는 모습이 자주 보여진다.

동산에서의 고뇌 최후 만찬 후에, 유다에 의한 배신을 아는 그리스도는 제자들과 함께 겟세마니 Gethsemane 라 불렸던 장소로 물러났다. 그곳에서 그분은 베드로와 야고보, 요한과 약간의 간격을 두었다. 그분이 하느님과 교감하는 동안 자신을 위해 기다리고 지켜보라고 그들에게 요청하였다. 기도 후에 그분은 돌아와서 잠든 그 세 명의 제자들을 발견하였고 "이렇게 너희는 나와 함께 한 시간도 깨어 있을 수 없더란 말이냐?"(마태 26, 40)라고 말하였다. 두 번 더, 그리스도는 자신의 혼이 죽음을 받아들이도록 하는 동안 제자들이 지켜보라한 후 떠났고, 자신이 돌아왔을 때마다 제자들이 잠자고 있는 것을 발견하였다.

세 번째로 그분이 돌아왔을 때, 그분은 "아직도 자고 있느냐? 아직도 쉬고 있느냐? 이제 때가 가까왔다. 사람의 아들은 죄인들의 손에 넘어간다."(마태 26, 45)라고 말하였다. 동산에서의 고뇌에 대한 그림들은 거의 항상 세 명의 잠자고 있는 제자들의 모습들을 보인다. 성 루카는 그분이 기도하고 있는 동안에 "천사가 하늘에서 나타나 그분의 기운을 북돋아 드렸다."(루카 22, 43)는 것을 덧붙인다. 천사는 이 장면의 그림들에 가끔 포함된다.

배신 그리스도와 제자들이 겟세마니 동산을 떠날 때, 칼과 몽둥이로 무장한 많은 사람들이 나타났다. 유다는 스승을 배신하려고 그분에게 입맞춤함으로써 사제들의 종들이 그분을 알아보게 하였다(마르 14, 44 이하). 시몬 베드로는 예수를 보호하려고 칼을 뽑아 대사제의 종인 말코스Malchus의 귀를 잘라 버렸다. 그러나 그리스도는 말하였다. "그 칼을 칼집에 꽂아라. 아버지께서 나에게 주신 이 잔을 내가 마셔야 하지 않겠느냐?"(요한 18, 10 이하)

카야파Caiaphas 앞의 그리스도 체포된 그리스도는 율법학자와 원로들이 모여 있는 대사제 카야파 앞으로 끌려갔다. 그리스도는 그곳에서 신성모독으로 고소당했다(마르 14, 53 이하).

베드로의 부인 否認 그리스도는 대사제의 종들에게 체포된 후 관저로 끌려왔고, 그곳에서 의회는 그분을 사형에 처할 수 있게 하기 위하여 그분에게 불리한 증인들을 찾으려고 애썼다. 그동안 베드로는 멀리 떨어져서 뒤따랐고 그리스도가 고소되고 있는 동안 대사제의 관저에 종들과 함께 앉아 있었다. 그때 처음에는 하녀가, 그 다음에는 관저에 있는 다른 사람들이 그를 알아보았고, 예수의 제자로서 그를 비난하였다. 하지만 그리스도가 "내가 진실로 너에게 말한다. 오늘 이 밤, 닭이 두 번 울기 전에 너는 세 번이나 나를 모른다고 할 것이다."(마르 14, 30)라고 예언하였던 것처럼, 베드로는 죄수로 끌려왔던 그 남자를 알지 못한다고 세 번을 분명히 말하였다. 그때 두 번째로 수탉의 울음소리가 들리자, 베드로는 사랑하는 스승에게 충실하지 못하였다는 사실을 깨닫고 그리스도의 말씀을 떠올리며 울었다.

빌라도 앞의 그리스도 그리스도가 대사제인 카야파 앞에서 고소당한 후, 아침에 그분은 결박당하였고 본시오 빌라도Pontius Pilatus 총독 앞에 끌려왔다. 이곳에서 수석 사제와 원로들은 그를 사형에 처하길 요청하며 고소했다. 파스카 축제가 되면 총독에게는 사람들의 요청에 따라 한 명의 죄수를 석방하는 관습이 있었다. 빌라도는 그리스도를 석방할 수 있는지를 물었다. 하지만 사제와 원로들은 다른 죄수 바라빠Barabbas의 석방을 요청하도록 백성들을 독촉하였다. 빌라도가 그리스도를 어떻게 해야 할지를 물었을 때, 군중은 그분을 십자가에 못 박으라고 요구하였다. "빌라도는 더 이상 어찌할 수가 없을 뿐만 아니라 오히려 폭동이 일어나려는 것을 보고, 물을 받아 군중 앞에서 손을 씻으며 말하였다. '나는 이 사람의 피에 책임이 없소. 이것은 여러분의 일이오.'"(마태 27, 24)

채찍질 빌라도는 대중의 요구에 마지못해서 굴복하였고, 바라빠를 석방한 후 예수를 채찍질을 하고 십자가에 못 박으라고 병사들에게 넘겨주었다(마태 27, 26).

그리스도에 대한 조롱 채찍질을 당한 그리스도는 다시 병사들에 의해 총독 관저로 끌려갔고, 그곳에서 그분의 옷이 벗겨졌다. 그런 다음 병사들은 진홍색또는 자주색 겉옷을 그분에게 급히 걸쳤고 가시관을 씌웠다. 또한 권력의 가짜 상징으로 그분의 손에 갈대를 두었고, "유다인들의 임금님, 만세!"(마르 15, 15 이하)라고 말하면서 그분을 비웃었다.

'보라, 이 사람을' Ecce Homo 수난에 대한 그림 중에서도 유명한 것은 "자, 이 사람이오."Ecce Homo라고 이름이 붙여진 것이다. 빌라도는 총독 관저에서 조롱당한 그리스도를 사람들 앞에 데리고 나오게 하였다. "'보시오, 내가 저 사람을 여러분 앞으로 데리고 나오겠소. 내가 저 사람에게서 아무런 죄목도 찾지 못하였다는 것을 여러분도 알라는 것이오.' 이윽고 예수님께서 가시나무 관을 쓰시고 자주색 옷을 입으신 채 밖으로 나오셨다. 그러자 빌라도가 그들에게 '자, 이 사람이오.'

하고 말하였다."(요한 19, 4, 5)

골고타로 가는 길 마태오, 마르코와 루카 복음사가들은 그리스도가 십자가에 못 박히도록 끌려갈 때, "그들은 나가다가 시몬이라는 키레네 사람을 보고 강제로 예수님의 십자가를 지게 하였다."(마태 27, 32)는 것과 관련시킨다. 그리스도가 자신의 십자가를 나르도록 강요받았다는 것을 말하는 것은 요한 복음사가 뿐이다. "예수님께서는 몸소 십자가를 지시고 '해골 터'라는 곳으로 나가셨다. 그곳은 히브리 말로 골고타라고 한다."(요한 19, 17) 성 요한의 설명에 따른 골고타로의 길에 대한 일반적인 묘사는 자신의 어깨에 자신의 십자가를 가져가는 그리스도를 보여준다.

십자가의 길 종교 미술에서 골고타로 가는 그리스도의 여정은 일반적으로 14개의 장면 혹은 처處, station로 나뉜다. 그것들은

제1처 예수가 사형 선고를 받음
제2처 예수가 십자가 짐
제3처 예수가 기력이 떨어져 넘어짐
제4처 예수가 성모님을 만남
제5처 시몬이 예수님을 도와 십자가를 짐
제6처 베로니카, 수건으로 예수의 얼굴을 닦아드림
제7처 기력이 다한 예수가 두 번째 넘어짐
제8처 예수가 예루살렘 부인들을 위로함
제9처 예수가 세 번째 넘어짐
제10처 예수가 옷 벗김 당함
제11처 예수가 십자가에 못 박힘
제12처 예수가 십자가 위에서 돌아가심
제13처 제자들이 예수의 시신을 십자가에서 내림
제14처 예수가 무덤에 묻힘

십자가에 못 박힘 Crucifixio 네 개의 복음서 모두 그리스도의 십자가에 못 박힘을 묘사하고 있지만, 세부 사항에서는 상당한 차이를 보인다.

그런 까닭에 십자가에 못 박힘을 주제로 한 작품에서 여러 가지 다른 양상으로 장면 변화가 묘사되는 것은 자연스럽다.

그리스도가 골고타Golgatha, 칼바리애[Calvaria]로 끌려간 후 옷을 빼앗기고 십자가에 못 박혔다는 점, 그분의 십자가가 같은 시간 십자가에 못 박혔던 다른 두 명의 도둑 사이에 세워졌다는 점에서는 대체로 일치한다. 그때 빌라도는 "유다인들의 임금 나자렛 사람 예수"라고 적힌 명패를 만들어 그리스도의 십자가에 붙였다. 십자가에 못 박힘 후에 참석한 병사들은 "솔기가 없이 위에서부터 통으로 짠 것이었던" 그리스도의 겉옷에 대해 제비뽑기를 했다. 그리스도가 십자가 위에 있는 동안, 군중은 만일 그분이 이스라엘의 왕이라면 왜 스스로 자기 자신을 구할 수 없느냐고 말하면서 조롱하였다. 성 마태오와 성 루카 둘 다 그리스도와 함께 십자가에 못 박혔던 도둑들은 그를 저주하였다고 말한다. 성 루카는 한 도둑이 "우리야 당연히 저지른 짓에 합당한 벌을 받지만, 이분은 아무런 잘못도 하지 않으셨다."라고 말하면서 다른 사람을 꾸짖었다고 이야기한다. 그런 다음에 그 도둑은 그리스도에게 "예수님, 선생님의 나라에 들어가실 때 저를 기억해 주십시오."라고 말하였다. 그리스도는 몇 시간 동안 십자가 위에 매달려 있자 목이 말랐다. 그래서 그 참석한 사람들 중 하나가 해면을 가져와 신 포도주에 듬뿍 적신 다음, 갈대에 꽂아 그리스도의 입에 대주었다.

복음서들은 다수의 여인들이 십자가에 못 박힘에 참석했다는 사실에 모두 동의하고 있는데, 그들 중에는 그리스도의 어머니 마리아, 성 소小 야고보의 어머니 마리아, 마리아 막달레나가 포함된다. 또한 성 요한이 참석하였고, 그리스도가 죽기 직전에 어머니를 요한의 보호에 맡겼다는 것을 요한 복음서만이 암시한다. 십자가 위에서 그리스도의 죽음 후에 병사들 중 하나가 창으로 구세주의 옆구리를 꿰찔렀고 "피와 물이 흘러나왔다."고 하였다. 이 병사는 백부장과 대체로 동일시되며, 그는 십자가에 못 박힘을 본 순간 그리스도의 신성에 대해서 깨닫게 되었다. 그리고 그는 "그분께서 그렇게 숨을 거두시는 것을 보고, '참으로 이 사람은 하느님의 아드님이셨다.' 하고 말하였다." 그리스도교의 전승에서 이 백부장에게 성 론지노 Longinus 라는 이름이 주어졌다.

십자가로부터 내려짐 네 명의 복음사가들 모두 그리스도의 시신이 어떻게 십자가로부터 내려졌는지와 어떻게 부유한 율법학자인 아리마태아의 요셉 Joseph ab Arimathaea 이 빌라도에게 가서 그리스도의 시신을 요청하였고, 어떻게 그 요청이 받아들여졌는지 묘사하고 있다. 그러나 성 요한만이 "유다인들의 장례 관습에 따라"(요한 19, 40) 몰약과 침향의 향료와 함께 아마포로 그리스도의 시신을 감쌀 때 요셉과 행동을 같이 하던 니코데모 Nicodemus 가 참석했다고 언급한다. 이 장면은 자주 "그리스도를 십자가에서 내림"Depositio 이라고 불린다.

피에타 Pietà 십자가에 못 박힘 이후 그리스도의 시신에 대해 슬퍼하는 성모 마리아, 마리아 막달레나, 그리고 다른 사람을 묘사한 모습에 대해 일반적으로 주어진 제목이다.

매장 埋葬 아리마태아의 요셉이 그리스도를 매장하는 장면을 묘사한다. 성 요한의 복음서에 의하면 매장식에 니코데모가 참석한 것으로 여겨진다. 매장 장소는 바위를 깎아서 만든 새 무덤이었다. 성 마태오는 그 무덤은 요셉이 자신의 죽음을 예상하여 준비하였던 무덤이었다고 주장한다. 매장 후 그 성묘 聖墓, Sepulcrum 는 커다란 돌로 폐쇄되고 봉인되었다.

부활 復活, Resurrectio 복음서에서는 무덤에서 그리스도의 부활을 실제로 묘사하고 있지 않지만, 미술 작품에서는 풍부하게 사용되는 소재이다. 그리스도는 흰색 혹은 황금색 옷을 입고 종종 부활의 기 旗를 들고 있다. 무덤을 지키는 병사들은 깊은 잠에 빠졌다. 천사들이 등장하기도 한다. 성 마태오가 자고 있는 이 병사들에 대해 이야기한다(마태 27, 62 이하, 28, 11 이하).

복음서마다 누가 그리스도의 부활을 처음 발견했는가에 대해 다르게 말한다. 성 마태오는 아침 일찍 성묘 왔던 마리아 막달레나와 야고보의 어머니 마리아가 천사에게서 그리스도가 되살아났다는 것을 들었다고 말한다. 성 마르코는 그 두 사람이 살로메란 소녀와 함께 무덤으로 갔는데, 봉인된 돌이 굴려져 있음을 발견하였다고 진술한다. 무덤으로 들어가자 천사가 그리스도가 되살아났다고 말했다고 한다. 이와 비슷하게, 성 루카도 두 명의 마리아와 다른 여인 여러 명을 언급한다. 성 요한은 마리아 막달레나가 이른 시간에 성묘를 왔다가 무덤을 닫았던 돌이 움직여 있는 것을 발견하고 깜짝 놀랐다는 사실을 명확히 진술한다. 그 다음에 막달레나는 그리스도의 시신을 빼앗겼다는 것을 말하려고 베드로와 요한에게 서둘러 갔다. 두 제자는 무덤으로 달려갔고 정말로 무덤이 비어 있었다. 마리아 막달레나를 제외하고, 그들은 모두 떠났다. 그녀는 울면서 무덤에 홀로 남아 있었다. 마침내 허리를 굽힌 그녀는 무덤 속을 들여다보았다. 그곳에는 흰색 옷을 입은 두 천사가 있었는데, 하나는 그리스도의 머리가 있던 곳에, 다른 하나는 그분의 발이 있던 자리에 앉아 있었다. 그 다음에 갑자기 마리아는 자신의 옆에 서 있는 그리스도의 모습을 보았다. 그러나 그녀는 그분이 이름을 불러줄 때까지 그분을 알아보지 못하였다.

출현 出現, Apparentia 복음서에 따르면, 그리스도는 부활한 후 제자와 다른 사람들 앞에 여러 차례 출현했고, 이는 르네상스 시기 그림들의 매우 중요한 주제다. 가장 자주 묘사된 출현들은 다음과 같다.

나를 붙들지 마라 Noli Me Tangere 마리아 막달레나는 그리스도가 부활하셨다고 전하는 첫 번째 사람이다. 그분의 무덤으로 갔던 막달레나는 그분이 자신의 이름을 부르기 전까지, 예수를 미처 알아보지 못하고 그저 정원사인 줄 알았다. "예수님께서 '마리아야!' 하고 부르셨다. 마리아는 돌아서서 히브리 말로 '라뿌니!' 하고 불렀다. 이는 "스승님!"이라는 뜻이다. 예수님께서 마리아에게 말씀하셨다. '내가 아직

아버지께 올라가지 않았으니 나를 더 이상 붙들지 마라.'"(요한 20, 16. 17)

엠마오 Emmaus **로 가는 길** 성 루카는 두 명의 제자가 부활의 날에 어떻게 엠마오 마을로 갔는지 말한다. 여행 중에 "그들은 그동안 일어난 모든 일에 관해 서로 이야기하였다. 그렇게 이야기하고 토론하는데, 바로 예수님께서 가까이 가시어 그들과 함께 걸으셨다. 그들은 눈이 가리어 그분을 알아보지 못하였다."(루카 24, 14 이하)

엠마오에서의 저녁 식사 그 두 제자와 그들이 알아보지 못하였던 예수가 엠마오 마을에 가까이 갔을 때, 그분은 그 길을 계속 갈 것이라고 암시하였다. "그러자 그들은 '저희와 함께 묵으십시오. 저녁때가 되었고 날도 이미 저물었습니다.' 하며 그분을 붙들었다. 그래서 예수님께서는 그들과 함께 묵으시려고 그 집에 들어가셨다. 함께 식탁에 앉으셨을 때, 예수님께서는 빵을 들고 찬미를 드리신 다음 그것을 떼어 그들에게 나누어 주셨다. 그러자 그들의 눈이 열려 예수님을 알아보았다. 그러나 그분께서는 그들에게서 사라지셨다."(루카 24, 28 이하)

성 토마스의 의심 성 요한에 따르면, 그리스도는 주간의 첫 번째 날인 부활 저녁에 제자들 앞에 나타났다. 토마스는 자리에 없었다. 나중에 토마스가 돌아와 그리스도의 출현에 대해 듣고는 말했다. "'나는 그분의 손에 있는 못 자국을 직접 보고 그 못 자국에 내 손가락을 넣어 보고 또 그분 옆구리에 내 손을 넣어 보지 않고는 결코 믿지 못하겠소.' 8일 후에 예수가 다시 나타났을 때 토마스가 참석하였다. 토마스에게 이르셨다. '네 손가락을 여기 대 보고 내 손을 보아라. 네 손을 뻗어 내 옆구리에 넣어 보아라. 그리고 의심을 버리고 믿어라.' 토마스가 예수님께 대답하였다. '저의 주님, 저의 하느님!'"(요한 20, 25 이하)

승천 Ascensio 성 루카는 자신의 복음서와 사도행전에서 그리스도의 승천에 대한 이야기를 하였다. 르네상스 미술가들은 여기에서 주님 승천에 관한 영감을 얻었다. "예수님께서는 그들을 베타니아 근처까지 데리고 나가신 다음, 손을 드시어 그들에게 강복하셨다. 이렇게 강복하시며 그들을 떠나 하늘로 올라가셨다."(루카 24, 50. 51) "예수님께서 올라가시는 동안 그들이 하늘을 유심히 바라보는데, 갑자기 흰 옷을 입은 두 사람이 그들 곁에 서서, 이렇게 말하였다. '갈릴래아 사람들아, 왜 하늘을 쳐다보며 서 있느냐? 너희를 떠나 승천하신 저 예수님께서는, 너희가 보는 앞에서 하늘로 올라가신 모습 그대로 다시 오실 것이다.'"(사도 1, 10. 11) "그들은 예수님께 경배하고 나서 크게 기뻐하며 예루살렘으로 돌아갔다. 그리고 줄곧 성전에서 하느님을 찬미하며 지냈다."(루카 24, 52. 53)

세상을 넘어서 르네상스 시기 화가들은 죽음과 심판, 천국, 지옥이라는 마지막 네 가지에 대한 그리스도의 가르침을 아주 널리 묘사하였다. 가장 일반적으로 사용된 주제들은 아래와 같다.

림보 Limbo 에 있는 그리스도 혹은 저승으로의 하락 그리스도교의 신경 信經들에 따르면, 그리스도는 십자가에 못 박힘과 장례 후에 저승으로 내려갔다. 르네상스 시기 미술에서 저승 혹은 림보는 동굴 같은 장소로 묘사되고, 그리스도의 오심을 기다리는 사람들로 붐빈다. 저승의 문이 보였을 때, 악마는 그리스도의 발아래에 짓밟히고 있다. 악마는 작고, 검고, 몸을 웅크리고 있는 모습인 데 반해 그리스도는 크고 명령하고, 빛나는 옷들을 입었고 부활의 기旗를 들고 있다. 첫 번째 사람인 아담은 그분을 맞이하려고 입구에 서 있다. 그의 바로 옆에 하와가 서 있고, 그 뒤로 군중들 사이에서 다윗과 모세, 세례자 성 요한의 왕관을 쓴 모습들이 일반적으로 나타난다.

최후 심판 Judicium universale, Last Judgment 그리스도교 신앙의 진술인 니케아 신경 Nicene Creed 은 그리스도가 살아 있는 사람들과 죽은 사람들 둘 다를 심판하려고 영광 중에 다시 올 것이라고 단언한다. 최후 심판은 양과 염소를 구분하는 성서의 장면에서 후기 르네상스 화가들은 고도의 창의적인 해석을 보여준다. 예수는 재판장으로 등장한다. 때때로 동정녀 마리아가 그의 오른편에, 세례자 성 요한이 그의 왼편에 나온다. 이 장면의 윗부분에는 천사 무리와 성인들, 순교자들의 복된 무리가 있다. 아래에 있는 무덤들은 천사들이 지녔던 나팔소리에 묻혀 있는 죽은 사람들을 내주었다. 최후 심판의 대천사인 미카엘Michael은 자신의 저울로 선과 악의 균형을 잡았고, 혹은 마지막 심판의 나팔을 불었다. 종종 다른 천사들은 그분의 수난 도구들을 가지고 그리스도 가까이에서 서성인다. 그분의 오른편에서는 선택된 사람들이 보상으로 하늘로 올라가고 있고, 왼편에서는 단죄된 사람들이 지옥으로 던져지고 있다.

빛에 둘러싸인 그리스도는 일반적으로 옥좌 혹은 무지개에 앉아 있다. 자신의 상처를 드러낸 채 오른쪽이 보이게 망토를 걸친 모습이다. 그분의 출현은 재판관으로서의 역할을 보여준다. 그분은 단죄받은 사람들을 외면할 것이다. 손바닥이 위로 향한 그분의 오른쪽 손을 뻗는 것은 선택한 사람들을 환영하기 위함이다. 손바닥이 아래로 향한 자신의 왼쪽 손은 단죄받은 이들을 거부한다. 성 베드로는 자신의 열쇠를 들고 천국으로 선택된 사람들의 입장을 허락하려고 바로 옆에 서 있다. 최후 심판 장면은 단순한 구성으로 보일 수 있다. 그러나 천국과 지옥이 분리된 구성으로 보여진다.

천국 르네상스 시기에 천국에 대한 개념은 크게 하늘을 넘어선 왕국, 낙원의 정원, 천국의 도시 세 가지로 나눌 수 있다. 특히 앞의 두 가지는 좀더 자주 다루어진다. 하늘의 제방에 앉은 선택된 사람들의 행렬은 화려하게 꽃이 핀 정원에서 영원한 생명의 끝없는 행복으로 들어간다. 종종 낙원의 정원은 천국의 문들을 넘어서 보여진다.

지옥 르네상스 시기 화가들의 창작력은 지옥에 대해 다양한 표현을 주었다. 때때로 악령과 혼들이 용의 입속으로 들어가고 있는 모습으로 보여준다. 다른 때에는 지옥의 도시를 불과 연기로 가득 찬 것으로 보여준다. 가장 정교한 것은 계단식의 산에서, 단죄의 일곱 가지 연속하는 주기들을 묘사한 그림들이다.

09
삼위일체, 성모 聖母, Madonna 그리고 천사

르네상스 시기 미술에서 하느님은 두 가지의 주요한 방법으로 표현된다. 신성神性의 일치를 강조하거나 삼위일체의 세 위격位格이 묘사된다. 삼위일체는 성부聖父, 성자聖子, 성령聖靈이 함께 그려지거나 각각 별도의 주제에 따라 표현된다. 일반적으로 신성의 위격 활동을 강조한다. 성부 하느님은 세상의 창조를 주재하였고, 성자는 수난을 견디었고, 성령은 구원받은 사람들의 공동체인 교회를 밝혀준다.

성부 하느님 두 번째 계명*에 복종하여, 초기의 화가들은 성부 하느님을 그림으로 표현하는 것을 피해왔다. 그러나 전능하신 분을 묘사하는 것이 신성모독이라는 인식이 서서히 바뀌었다. 처음에는 오직 그의 권능의 표징으로 구름에서 나타나는 하느님의 손이 묘사되어 왔다. 그러다 나중에는 얼굴이, 그 다음에 가슴이, 그리고 전체 모습으로 점차 확대되었다. 르네상스 시기에 와서는 성부 하느님에 대한 묘사가 자유롭게 사용되었다. 이전에는 하느님의 온전한 모습이 드러난 것은 성부만을 위한 것이라기보다 삼위일체의 상징이었으나, 르네상스 시기에 와서는 이러한 차이가 사라졌었다. 르네상스 시기 미술에서 그분이 삼위일체의 다른 위격들과 확연히 구별되는 독특한 속성은 성부 하느님의 나이와 삼각형의 후광後光이다. 그분이 지구 혹은 성경을 들고 있을 수 있지만, 이러한 속성은 다른 위격들과 공유한다. 그분이 교황의 옷을 입었고 교황의 삼중관三重冠을 쓰고 있을 수 있는데, 이는 이탈리아 르네상스 시기보다는 북부의 그림에서 좀 더 빈번하게 나타나는 복장이다.

성자 하느님 하느님의 아드님으로서 그리스도의 표현들은 지상에서의 생애 장면뿐만 아니라 성부의 오른편에 앉아서 살아 있는 사람들과 죽은 사람의 재판관, 하느님의 아드님으로서 계속되는 활동도 나타난다. 그런 점에서 그리스도는 해당 장면에 적합한 방식으로 묘사된다(제8

---

* 십계명의 두 번째 계명인 "하느님의 이름을 함부로 부르지 마라."를 의미한다.

부 예수 그리스도 참조).

　신심적인 그림들에서, 그리스도는 일반적으로 성부보다 더 젊게 묘사된다. 그는 원숙함, 턱수염, 몸에 지닌 상처, 그리고 맨발의 모습으로 묘사될 수 있다. 혹은 어머니 성모 마리아와 함께 있거나 좀 더 드물게는 혼자 있는 어린이로 나타나기도 한다. 아기 그리스도는 항상 육화肉化, incarnatio를 나타내지만, 그분은 인류를 대신하여 자신의 육화와 희생 사이의 관계를 강조하는 수난의 상징을 갖고 있을 수 있다. 또한 그리스도는 인간 본성에서 드러나는 것을 대신하여, 세례자 성 요한의 말 "보라, 세상의 죄를 없애시는 하느님의 어린양이시다."(요한 1, 29)나 요한 묵시록 5장 6절 "나는 또 어좌와 네 생물과 원로들 사이에, 살해된 것처럼 보이는 어린양이 서 계신 것을 보았습니다. 그 어린양은 뿔이 일곱이고 눈이 일곱이셨습니다. 그 일곱 눈은 온 땅에 파견된 하느님의 일곱 영이십니다."에 있는 환시에 관련하여 어린 양으로 묘사될 수 있다.

　간혹 그리스도는 사자로 묘사된다. 초기 그리스도교 미술에서 그분을 나타내는 공통적인 상징이었던 물고기는 르네상스 시기에는 더 이상 사용되지 않는다. 널리 묘사된 다른 표현들은 다음과 같다.

십자가에 못 박힌 그리스도　일반적으로 양쪽에 도둑이 매달린 십자가들과 그 사이에 있으며 그 발치에 동정녀 성모 마리아와 성 요한 복음사가가 함께 서 있다.

십자가에서 내려짐　그리스도는 십자가로부터 부드럽게 내려지고 있다. 이 장면은 "그리스도를 십자가에서 내림"Depositio으로 알려져 있다.

매장　죽은 그리스도는 무덤에 놓인 모습으로 자주 묘사된다. 그분은 똑바로 서 있거나 앉아서 자신의 상처를 보여주고 천사들에 의해 받쳐진다. 그분과 함께 동정녀 마리아, 성 요한 복음사가, 그리고 다른 두 명의 마리아가 있을 것이다.

피에타　죽은 그리스도는 동정녀 마리아의 품에 안겨 있다.

슬픔의 사람 vir dolorum 살아 있으나 자신의 다섯 상처들을 보여주는 그리스도는 종종 자기 수난의 도구들과 같이 나타난다.

세상의 구세주 Salvator Mundi 그리스도는 지구를 들고 있으며, 가시관을 썼고 때때로 십자가를 짊어지고 있다.

나를 붙들지 마라 Noli Me Tangere **와 엠마오로 가는 길** 이것 둘 다 정원지기 혹은 순례자로서의 그리스도를 묘사할 수 있는 부활 출현이다.

르네상스 시기 미술에서 그리스도에 대한 독특한 특성은 십자형의 후광, 십자가, 오상五傷과 책이다. 책은 그 위에 비문碑文이 적혀 있을 것이다. '평화가 너희와 함께'Pax vobis, '나는 길이요 진리요 생명이다.'Ego sum via, veritas, et vita, '나는 세상의 빛이다.'Ego sum lux mundi, '나는 부활이다.'Ego sum resurrectio, '나를 본 사람은 곧 아버지를 뵌 것이다.'Qui videt me videt et Patrum이다. 또한 여러 가지 모노그램monogram이 그리스도의 상징으로 사용된다. 예를 들어 알파Α 와 오메가Ω, 혹은 그리스어 '크리스토스'Χριστός의 첫 두 글자들인 키Χ 와 로Ρ 같은 그리스어 알파벳이 그리스도에 대한 표현들에서 자주 나타난다(제8부의 십자가, 제11부의 모노그램 참조).

성령 하느님 성령은 일반적으로 흰색 비둘기로 묘사된다. 삼위일체의 다른 위격들과 비교할 때, 그분은 동년배이거나 훨씬 더 젊은 인간 형태로 묘사된다. 그분은 자신의 교회에 사는 성령을 보낼 것이라는 그리스도의 약속에 따라서, 오순절에 사도들이 한 장소에 모였고 "갑자기 하늘에서 거센 바람이 부는 듯한 소리가 나더니, 그들이 앉아 있는 온 집 안을 가득 채웠다. 그리고 불꽃 모양의 혀들이 나타나 갈라지면서 각 사람 위에 내려앉았다. 그러자 그들은 모두 성령으로 가득 차, …"(사도 2, 2-4) 오순절의 그림들에서 성령은 빛의 광선 혹은 불꽃의 형태로 나타난다.

삼위일체 Trinitas 삼위일체를 묘사하는 방법에는 여러 가지가 있다. 하느님의 유일성唯一性과 단일성單一性을 강조할 때, 한 인물이나 세 명의 동일 인물이 나타난다. 그렇지 않으면, 세 위격들은 각자의 개별적인 특성으로 구별된다. 성부 하느님은 흰 수염이 난 노인으로 묘사되고, 성자는 십자가를 갖고 있거나 십자가에 못 박혀 있고, 성령은 비둘기의 형태로 묘사된다. 좀 더 드물게는 다른 연령대의 사람 세 명으로 등장하기도 한다.

동정녀 마리아 그리스도 다음으로 르네상스 시기 미술에서 가장 많이 등장하는 인물이다. 기본적으로 마리아는 은총과 순결의 화신化身이다. 그녀는 본성에 여성성女性性의 모든 달콤함을 다 가진 자비로운 어머니이다. 그림 속에서 그녀를 확인하고 그녀의 두드러진 특성들을 강조하기 위해 다른 많은 상징과 특성이 사용된다. 마리아에 대한 신심적이고 이상화理想化한 묘사 가운데 가장 보편적인 것은 다음과 같다.

> **아기 그리스도를 흠숭하는 성모** Madonna Adoring the Christ Child 이 주제의 그림들은 마리아가 아기 그리스도 앞에 무릎을 꿇고 경배와 흠숭을 하는 모습으로 표현된다. 이 구상은 때때로 주님 탄생 장면과 함께 그려진다.
> **사랑스러운 어머니** Mater Amabilis, Mother Worthy of Love 마리아는 하느님의 아기를 잡고 있다. 주로 서 있지만 옥좌에 앉아 있는 모습도 자주 묘사된다.
> **겸손의 성모** Madonna of Humility 아기 그리스도와 함께 땅 위에 앉았던 마리아가 등장한다.
> **영광 중에 있는 동정녀** Virgin in Glory 마리아는 주로 광채로 둘러싸여 있거나 지품천사智品天使, Cherubim들의 머리가 떠받치고 있는 하늘에 서 있는 것으로 나타난다.
> **하늘의 여왕** Regina Caeli, Queen of Heaven 여왕으로서 왕관을 썼고, 초승달 위에 선 모습으로 묘사된다. 간혹 그 왕관은 묵시적 현시에 따라서

12개의 별들을 지닌다(묵시 12, 1).

성모의 위엄 Majesty of the Madonna 천사 수행원들에 둘러싸여 옥좌에 앉은 천상의 군주로서의 마리아를 보여준다.

자비의 성모 Madonna della Misericordia 마리아가 자신이 보호하고 있는 무릎 꿇은 신자들을 망토 아래로 계속 모으는 모습을 보여준다. 가끔 수도승원修道僧院이나 활동수도회의 의뢰를 받고 이러한 신심적인 그림이 그려진 경우, 무릎 꿇은 군중은 그 그림이 만들어졌던 곳을 위해 특정한 수도승 혹은 수도자의 수도복을 입는다.

구조의 성모 Madonna del Soccorso 자비의 성모와 밀접하게 관련이 있는 구조의 성모는 어린이들의 보호자라는 특별한 신심을 드러낸다. 일반적으로 동정녀는 곤봉을 가지고 다니며 아이를 겁주려는 추한 악마를 쫓아내는 보호자의 모습으로 나타난다. 이러한 유형은 르네상스 시기에 나타난 독특한 표현법이며 중부 이탈리아에서 가장 많이 사용되었다.

고통의 어머니 Mater Dolorosa 아드님인 그리스도의 수난에 대해 손을 꽉 쥐고 눈물이 얼굴에 흘러내리고, 때때로 머리 수건 위에 가시관을 쓰고 슬퍼하는 모습으로 나타난다..

원죄 없이 잉태되신 동정녀 Immaculata Conceptio 르네상스 시기 동안, 자신의 부모 요아킴과 안나와 관련되거나 하느님성부, 성자, 성령과 관련되어 나타난다. 그 상징물은 다음과 같다.

- **태양과 달**(제3부의 태양과 달 참조)
- **백합**(제2부의 백합 참조)
- **가시 없는 장미**(제2부의 장미 참조)
- **에워싸인 정원**(제3부의 정원 참조)
- **봉인된 분수**(제3부의 분수 참조)
- **레바논의 향백나무**(제2부의 백향목 참조)
- **이사이의 나무**(제3부의 나무 참조)
- **닫힌 문**(제14부의 문 참조)

티끌 하나 없는 거울(제14부의 거울 참조)

다윗의 탑(제14부의 탑 참조)

12개의 별(제3부의 별 참조)

묵주기도의 성모 Madonna del Rosario* 전설에 따르면, 동정녀는 수도회의 설립자인 성 도미니코Dominicus에게 나타나 그에게 묵주를 주었다고 한다. 그래서 도미니코회에서는 묵주기도의 성모를 특히 선호한다. 묵주를 들고 있는 동정녀는 자신의 3가지 신비인 기쁨, 고통, 영광의 신비들과 함께 종종 나타난다(제13부 묵주 참조).

동정녀에 대한 봉헌상 奉獻像, Votive images 특별한 경우, 혹은 동정녀가 약간의 기적을 행하였거나 특별한 은혜를 베풀었다고 알려진 특정 성당과 관련될 수 있다. 이것들 중에서 가장 잘 알려진 것의 일부는 다음과 같다.

- **가르멜의 성모** Madonna del Carmine 가르멜회의 설립자로서 동정녀를 묘사한다.
- **로레토의 성모** Madonna di Loreto, Pilgrim's Madonna 성지聖地, Terra Sancta가 이교도인 사라센인들에 의해 점령된 후에 이탈리아의 로레토Loreto로 나자렛Nazareth의 집이 기적적으로 이전한 일을 시사한다. 이 주제의 그림에서 동정녀는 종종 성당 모양의 건물을 자신의 손에 들고 있다. 이것은 그 집을 보호하기 위해 본래의 작은 경당經堂, capella 위에 건축된 로레토의 성지聖址, sanctuarium를 나타낸다.
- **눈[雪]의 성모 마리아** Santa Maria della Neve 로마에 있는 성모 마리아 대성전Santa Maria Maggiore의 기적적인 건축을 가르킨다. 전설에 따르면, 동정녀는 8월에 기적적인 폭설로 그 성당의 계획을 나타냈고, 이는 성당의 부지와 미래의 윤곽을 표시했다.

---

* 영어 원문에는 묵주기도의 동정녀(Virgin of the Rosary)라고 되어 있지만, 같은 의미로 현재 한국 천주교회에서 보편적으로 사용되는 호칭으로 바꾸었다.

- **승리의 성모 마리아** S. Maria de Victoria 전투에서 간구하였던 동정녀의 모습을 묘사한다. 주로 아래에는 군대와 전투선戰鬪船이 있고 동정녀는 하늘에 그려진다. 공경하는 승리자들과 함께 옥좌에 앉아 있는 모습으로 그려지기도 한다.
- **전염병의 성모** Madonna della Peste 전염병을 거슬러 간구하였던 동정녀의 신심적인 모습이다. 여기서 동정녀는 전염병이 유행하는 도시 위를 맴돌거나 전염병을 거슬러 관례상 간구하였던 성인들, 예를 들어 성 세바스티아노Sebastianus, 성 로코Rochus, 의사 성인들인 고스마Cosmas와 다미아노Damianus에 둘러싸여 있다. 지역의 수호 성인들, 예를 들어 볼로냐Bologna를 위한 페트로니오Petronius나 팔레르모Palermo를 위한 로살리아Rosalia가 그림에 나타날 수 있다. 위에 언급한 상징물들에 덧붙여서, 동정녀를 확인하려고 자주 사용된 다른 것들은 별, 장미, 봉인된 책, 허리띠girdle이다(각개의 목록 참조).

천사들과 대천사들

'천사'angelus란 단어는 심부름꾼[使者], "소식을 가져오는 사람"을 의미한다. '하느님의 심부름꾼이자 하인'으로서 천사들과 그들의 직무에 대한 언급은 그들의 존재에 대한 믿음이 그리스도교의 전승 안에 담겨 있는 성경에서 매우 빈번하다. 이 전승에서 천사의 무리는 세 개의 단계들 혹은 위계들로 나누어져 있고, 이들 각각은 차례로 3개의 천사 무리들로 나누어져 있다. 가장 공통적으로 인정된 천사 무리의 분류 혹은 순서는 아레오파지타의 디오니시오Dionysius Areopagitae에 의해 다음과 같이 확립된 것이다.

첫째 위계 치품천사熾品天使, Seraphim, 지품천사智品天使, Cherubim, 좌품천사座品天使, Thrones
둘째 위계 주품천사主品天使, Dominations, 역품천사力品天使, Virtus, 능품천사能品天使, Potestates

셋째 위계 권품천사權品天使, Principatus, 대천사大天使, Archangelus, 천사 天使

첫째 위계에서 치품천사는 하느님의 옥좌 주변에서 끊임없는 사랑과 흠숭을 하자 바로 흡수되었다. 하느님 사랑의 대리인으로서 치품천사는 주로 붉은색으로 칠해지고 간혹 불타는 초를 들고 있다. 지품천사는 하느님을 알고 그분을 흠숭한다. 하느님의 지혜를 나타내는 지품천사는 황금색 혹은 푸른색으로 묘사된다. 그들은 때때로 책을 들고 있는 모습으로 제시된다. 좌품천사는 그분의 자리를 떠받친다. 좌품천사는 하느님의 정의를 의미한다. 그들은 주로 재판관의 예복을 입고 손에 권위의 지팡이를 들고 있다. 그들은 하느님으로부터 자신들의 영광을 직접 받고 둘째 위계에 그것을 수여하는 것으로 믿어진다.

주품천사, 역품천사, 능품천사로 구성된 둘째 위계는 별과 요소의 섭정과 관리자로 구성되어 있다. 차례로 그들은 자신들이 받았던 영광으로 셋째 위계를 조명한다. 주품천사는 왕관을 썼고, 홀笏이나 권위의 표장標章들인 구球를 들고 있다. 그들은 하느님의 능력을 표현한다. 역품천사는 흰 백합이나 때때로 그리스도 수난의 상징들로 빨간 장미를 가지고 있다. 능품천사는 사악한 악마들의 무리들에 대항하여 승리를 거둔 전사들로서 완전 무장한 옷을 입었다.

셋째 위계의 권품천사, 대천사, 천사를 통해 창조된 우주와 인간의 거룩한 접촉이 유지된다. 그들은 하느님 뜻의 실행자들이기 때문이다. 사람에 관하여 권품천사들은 국가들의 운명의 분배자들이고, 대천사들은 하늘의 전사이고, 천사들은 무죄한 사람과 의인들의 수호자이다. 대천사와 천사는 사람을 위한 하느님의 심부름꾼이다. 앞서 열거한 직무들에 더하여 천사들의 무리는 하늘의 성가대원들로 행동한다.

대천사들 르네상스 시기 미술에서 천사에 관해 보편적으로 묘사되고 있는 사실에도 불구하고, 대천사에 관해서만은 뚜렷한 특성과 속성을 지닌 각각의 유형이 당연한 것으로 여긴다. 요한 묵시록 8장 2절은 "하느님 앞에 일곱 천사가 서 있는 것"을 언급하지만, 그들은 교회에서 이름으로 승인되지 않았다. 일곱의 위대한 천사들은 가끔 십자가에 못 박힘과 최후 심판의 장면에, 그리고 피에타에 참석함으로써 소개된다. 또한 대천사들은 좀 더 자주 장식적인 인물로 사용된다.

성경에서 언급된 네 대천사들은 미카엘Michael, 가브리엘Gabriel, 라파엘Raphael, 우리엘Uriel이다. 유다인의 전승에 따르면, 이 네 대천사들은 하느님의 옥좌를 떠받친다. 이 중에서 처음 셋은 독특한 성격이 주어지고 성聖의 칭호가 부여된다. 천상의 심부름꾼이자 인도자이고 지상에 있는 신전교회神戰敎會, Ecclesia militans의 보호자이다. 그들은 은혜가 넘치는 아름다움, 신성한 용감함을 지녔고, 죽을 수밖에 없는 인간과의 고귀한 관계는 그리스도교의 그림에서 그들을 가장 두드러지게 만들었다.

성 미카엘 미카엘 대천사의 이름은 "하느님에게 같은"을 의미한다. 그리스도교의 전승은 그를 하늘 군대의 총사령관, 그리스도교의 계시 후에 그리스도교 국가에서 신전교회의 보호자가 되었던 히브리민족의 보호자로 묘사한다. 하느님은 미카엘에게 크고 많은 특전을 주었다. 만민부활萬民復活, general resurrection, Universal resurrection 때 마지막 나팔을 불 것이다. "순식간에, 눈 깜빡할 사이에, 마지막 나팔 소리에 그리될 것입니다. 나팔이 울리면 죽은 이들이 썩지 않는 몸으로 되살아나고 우리는 변화할 것입니다."(1코린 15, 52) 그들이 죽음에서 풀려나고 그들을 저울에 달려고 할 때 죽지 않는 영혼들을 받는 것이 그의 직무이다. "저울에 달아 보니 무게가 모자랐다."(다니 5, 27) 히브리민족의 보호자로서 그의 직무는 자신의 오래된 적인 지옥의 군주에 대항하여 그리스도교 국가에서 되찾은 사람들의 수호자가 되는 것이다.

르네상스 시대에 성 미카엘 대천사에 대한 묘사가 많았다. 그는 변함

없이 젊고 아름답게 묘사된다. 눈부신 날개를 달고 쇠사슬 달린 갑옷 상의ㅗㅊ를 입고 칼과 창, 방패를 들고 있다. 때로는 보석으로 장식된 왕관을 쓰고 있다. 그는 큰 뱀이나 용, 악령으로 묘사되는 사탄과 전투를 하고 있는 모습으로 자주 그려졌다.

이것은 요한 묵시록 12장 7-9절에서 극적인 묘사에 대해 언급한다. "그때에 하늘에서 전쟁이 벌어졌습니다. 미카엘과 그의 천사들이 용과 싸운 것입니다. 용과 그의 부하들도 맞서 싸웠지만 당해 내지 못하여, 하늘에는 더 이상 그들을 위한 자리가 없었습니다. 그리하여 그 큰 용, 그 옛날의 뱀, 악마라고도 하고 사탄이라고도 하는 자, 온 세계를 속이던 그자가 떨어졌습니다. 그가 땅으로 떨어졌습니다. 그의 부하들도 그와 함께 떨어졌습니다." 미카엘이 자신의 손에 저울, 혹은 접시저울들을 들고 있는 모습이 나타날 때, 그는 혼의 무게를 다는 자로서 자신의 직무를 수행하고 있다.

성 미카엘은 구약성경 그림들, 예를 들어 이사악의 희생, 모세와 불타는 덤불, 예리코의 여호수아와 함께, 다윗에 대한 책망에서 자주 나타난다. 그는 동정녀의 전설에서 중요한 부분을 차지하며, 동정녀에게 다가오는 죽음을 알리기 위해 보내지기도 했다.

성 가브리엘 대천사 가브리엘은 미카엘, 라파엘과 함께 그리스도교 교회에서 '성'聖이란 칭호가 주어진다. 그의 이름은 "하느님은 나의 힘이다"라는 의미다. 그는 천상 보물의 수호자이자 구원의 천사, 하느님의 최고위 심부름꾼이다. 심부름꾼의 직무에서 그는 그리스도교 전승에 매우 두드러지게 나타난다.

가브리엘은 유다인들이 유배에서 귀환하게 될 것이라고 알리려고 다니엘에게 보내졌다. 그는 '천사의 얼굴로 하느님의 사람'으로 가장하여 삼손의 탄생을 예고한다(판관 13장). 성전에서 즈카르야에게 나타났고 그의 아내 엘리사벳이 요한이라고 불리게 될 아들을 낳을 것이라고 말한 것 역시 가브리엘이다. 또한 그는 주님 탄생 예고의 천사이다. "여섯째

달에 하느님께서는 가브리엘 천사를 갈릴래아 지방 나자렛이라는 고을로 보내시어, 다윗 집안의 요셉이라는 사람과 약혼한 처녀를 찾아가게 하셨다. 그 처녀의 이름은 마리아였다. 천사가 마리아의 집으로 들어가 말하였다. '은총이 가득한 이여, 기뻐하여라. 주님께서 너와 함께 계시다. 당신은 여인 중에 복되십니다.*'"(루카 1, 26-28) 주님 탄생 예고의 천사로서 가브리엘은 일반적으로 손에 백합이나 홀笏을 들고 있다. 다른 손에 "은총이 가득하신 마리아님, 기뻐하소서!"Ave Maria, Gratia plena. 가 새겨진 두루마리를 지니고 있다.

주님 탄생 예고에 대한 초기의 그림들에서, 가브리엘은 위엄 있는 인물이고 고급스러운 예복을 입은 모습으로 등장하곤 한다. 왕관을 쓰고 주권主權을 암시하는 홀을 지닌다. 그의 날개에는 크고 다양한 색깔이 있다. 오른쪽 손은 인사와 축복에서 펴진다. 동정녀가 최대한도의 순종과 깊은 겸손과 함께 천사를 맞이하는 모습으로 묘사되는 반면, 그는 핵심적인 인물로 그려진다. 그러나 14세기 이후 동정녀와 가브리엘의 중요도에서 큰 변화가 일어나는 장면이 있다. 동정녀가 더 두드러진 인물로 보다 높은 존재가 되어 있다. 동정녀는 천사들의 여왕으로 묘사된다. 가브리엘은 더 이상 홀을 가지고 있지 않고, 대신 동정녀의 순결에 대한 상징으로 백합을 지녔다. 또한 가브리엘은 일반적으로 가슴에 손을 접어 올리고 무릎을 꿇은 모습으로 보여진다.

성 라파엘 "하느님의 약"을 의미하는 이름의 라파엘 대천사는 수호천사들의 사령관이자 모든 인류의 수호천사이다. 그는 봉사하는 사람들의 친절한 친구로서 묘사된다. 그는 일반적으로 메디아Media에 있는 가바엘Gabael에게 가는 길에 토비아의 수호자로 그려진다(제5부 구약성경에 있는 토비아 참조). 이 고대의 히브리어 이야기로부터 라파엘의 상징물들

이 구절들에서 마지막 문장은 언급된 루카 복음 1장 26-28절에 언급되지 않으며, 42절의 마리아에 대한 엘리사벳의 인사말이다.

이 모아졌고 묘사되었다. 라파엘은 젊은이와 죄 없는 사람들의 수호자이다. 특히 순례자와 나그네를 보살피고 보호한다.

라파엘은 일반적으로 친절하고 온화하며, 사랑스러운 사람으로 묘사된다. 순례자나 여행자의 옷을 입고 있다. 샌들을 신고, 머리띠로 머리를 묶었다. 손에 지팡이를 들고 있으며 때때로 허리띠에 호리병박의 물이나 지갑을 매달고 있다. 하지만 그가 수호자 영靈으로 묘사될 때는 화려한 옷을 입고 금빛의 허리띠에 손궤-櫃를 차고 있거나 작은 주머니를 어깨에 매달고 있다. 그는 한 손에 검을 들고, 다른 손으로는 마치 '조심하시오'라고 경고하는 듯한 몸짓을 하고 있다.

그리스도교의 전승은 "두려워하지 마라. 보라, 나는 온 백성에게 큰 기쁨이 될 소식을 너희에게 전한다. 오늘 너희를 위하여 다윗 고을에서 구원자가 태어나셨으니, 주 그리스도이시다."(루카 2, 10-11)라는 이야기를 하며 성탄의 밤에 목자들에게 나타났던 것이 수호천사로서 직무를 수행 중인 라파엘이었다고 관련시킨다.

우리엘* 우리엘은 가브리엘과 미카엘에 비해 훨씬 덜 등장한다. 우리엘이란 이름은 "하느님의 빛"을 의미하고, 밀턴J. Milton 의 《실락원》失樂園, Paradise Lost에서 대천사는 태양에 대한 섭정으로서 묘사된다. 초기 전설에서는 그리스도의 대사大使로서 엠마오의 제자들에게 나타났던 것은 우리엘이었다고 한다(제8부 예수 그리스도 참조).

미술 작품 속에서 그려지는 우리엘은 재판들과 예언들의 해석자로서 자신의 역할을 가리키는 두루마리와 책을 가지고 나타난다.

예언자들 르네상스 시기에는 구약성경이 그리스도의 오심을 위하여 준비하는 사람들의 삶과 생각에 대한 기록으로 이해되어야 한다는 믿

히브리어 성경에 등장하지 않지만 유다인들의 문헌과 전승들에서만 등장한다. 자카리아 교황은 745년의 로마교회 회의에서 성격에 등장하는 미카엘, 가브리엘, 라파엘 외에 우리엘을 포함한 다른 대천사들 이름을 삭제하였다.

음이 일반적이었다. 구약성경의 사건들은 그리스도교 시대에 발생하는 일들을 예상하는 것으로 여겨졌다. 위대한 성조聖祖, 왕, 구약성경 속 지도자들이 그리스도와 자신들과의 유사점을 보았던 것처럼, 예언자들은 그분의 오심을 예견하였기 때문에 존경받았다.

미술작품 속에서 예언자들은 현실 속에 있는 인간 존재의 초상이기보다는 상징의 구체화였다. 이런 이유로 이들의 성격 묘사를 위한 특별한 시도가 이루어지지는 않았다. 예언자들은 일반적으로 네 명의 복음사가와 열두 명의 사도들에 대한 대응 인물이었다. 열여섯 명으로 동일하지만, 매우 다양하게 선발되어 성조와 왕의 구별 없이 포함되기도 했다. 가장 자주 묘사되었던 예언자들은 이사야, 예레미야, 다니엘, 에제키엘, 요나이다. 요나만이 독특한 특성을 지녔는데, 바로 고래를 가졌다는 점이다. 다른 예언자들은 일반적으로 자신들의 예언이 적힌 책이나 두루마리를 들고 있는 것에서 알아볼 수 있다. 요나 말고도 이탈리아 르네상스 시기 미술의 예언서들에는 다른 삽화가 있는데, 에제키엘서 1장에 근거한 에제키엘의 환시가 있다. 물론 가장 잘 알려진 사례는 시스티나 경당의 천장에 있는 미켈란젤로Michelangelo 작품들이다.

여자 무당 Sibylla, Sybyl 여자 무당들은 예언자들의 대응 인물이다. 예언자들이 그리스도교 신앙을 유다인 세계와 연결하는 것처럼, 그와 같이 여자 무당들은 그리스도교의 시대와 함께 그리스와 로마 세계를 연결한다. 여자 무당들은 고대에 꽤 많은 명성을 떨쳤다. 기원전 1세기에 살았던 바로Varro는 10명의 여자 무당이 있었다고 말한다. 그 후에 두 명이 더 추가되었다. 여자 무당들의 속성은 마치 그들의 예언에 대한 합의가 없는 것처럼 다양하다. 중세 시대에 가장 일반적으로 묘사된 사람은 주님 탄생 예고를 예언한 것으로 추측된 에리트레 사람Erythraeus과 티볼리 사람Tiburtinus이었다. 다양한 여자 무당들의 지역성을 나타내는 라틴어 형용사는 다음과 같다. 페르시아의Persica, 리비아의Libyca, 에리트레의Erythrea, 사모스의Samia, 쿠메의Cumena, 치메리이의Cimmeria, 헬레스폰투스의Hellespontina, 프리기아인의Phrygia, 티부르티나인의Tiburtina, 아그리피나의Agrippa 혹은 헤브라이인의Hebraica, 유럽의Europa 이 단어들은 르네상스 시기 미술에 묘사된 여자 무당들 옆에 종종 새겨져 있다. 당시 여자 무당들은 혼자 또는 무리의 형태로 자주 등장했다.

덕과 악, 그리고 자유 학예 自由學藝, Liberal Arts

르네상스 미술에서 자주 묘사되는 추상적인 인격들 사이에서 일곱 개의 덕들, 일곱 개의 악들, 그리고 자유학예의 것들이 있다. 모두 여성인 일곱 개의 덕들은 일반적으로 다음과 같다.

믿음 Fides 성작聖爵 혹은 십자가를, 혹은 둘 다를 가진 여인으로 묘사된다. 그녀의 발밑에 성 베드로가 있다.

희망 希望, Spes 하늘을 향해 손을 들어 올린 날개 달린 여인이다. 표준 상징물은 닻이다. 그녀의 발밑에 성 대大 야고보가 있다.

자비 慈悲, Misercordia 일반적으로 주위에 어린이들이 있고 그들 중 한 사람을 간호하고 있다. 간혹 불꽃이나 심장을 들고 있다. 성 요한 복음사가가 그녀의 발밑에 앉아 있다.

절제 節制, Temperantia 칼 혹은 두 개의 꽃병을 갖고 있다. 그녀의 발밑에 스키피오 아프리카누스Scipio Africanus*가 있다.

현명 賢明, Prudentia 머리가 두 개인 그녀는 거울과 뱀을 갖고 있으며, 발밑에 솔로몬이 있다.

용기 勇氣, Fortitudo 필리스티나인들의 신전에 대한 솔로몬의 파괴 암시에서 칼, 곤봉, 방패, 구球, 사자 가죽 혹은 기둥을 가지고 있다. 발밑에 삼손이 있다.

고대 로마의 장군, 정치가, 아프리카누스(Publius Cornelius Scipio Africanus, 기원전 235~183)는 카르타고의 장군인 한니발(Hannibal Barca, 기원전 247~183/181)과 겨룬 제2차 포에니 전쟁에서 한니발의 군대를 아프리카의 자마(Zama)에서 격파한 것으로 유명하며, 이를 기념하여 '아프리카누스'라는 칭호가 주어졌다.

정의 正義, Justitia 접시저울과 칼을 가지고 있다. 트라야누스 황제*가 그의 발밑에 있다.

마지막 네 가지가 사추덕四樞德, virtutes cardinales으로 알려져 있는 반면, 이것들의 첫 세 가지는 신학적인 덕으로 불린다.

일곱 개의 덕들은 다음과 같은 칠죄종七罪宗, peccata capitalia과 대조된다. 즉, 교만superbia, 인색avaritia, 질투invidia, 분노ira, 음욕luxuria, 탐욕gula, 나태acedia이다. 상징물들은 분명히 규정되어 있지 않다.

르네상스 시기 그림에서 일곱 개의 덕은 가끔 일곱 개의 자유 학예, 즉 문법, 논리학, 수사학, 산술, 음악, 기하학, 천문학을 동반한다. 이 역시 상징물이 분명히 규정되어 있지 않다.

로마제국의 황제(98~117 재위) 5현제(賢帝) 중 한 사람. 트라야누스가 통치하던 시대에는 전쟁의 승리로 인해 많은 물자들이 로마로 유입되었고, 그의 치세동안 정치적 혼란이 없었다. 이에 공공건축 사업이 활발하게 진행되었는데, 이탈리아 전역에 많은 공공시설이 확충되었다. 또 원로원과의 협조 자세를 유지하고, 빈민 자녀의 부양정책, 이탈리아의 도시·농촌 회복시책을 추진하였다.

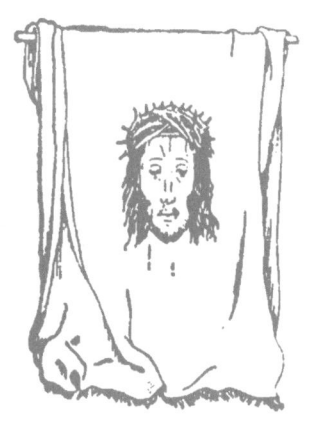

10
성인*

---
* 본문에서는 각 표제명 앞에 성인(Sanctus)과 성녀(Sancta)의 약어(St.)가 표기되어 있다. 그런데 제 10부에 등장하는 인물들은 모두 성인, 성녀이기에 번역본에서는 표기하지 않는다.

가타리나, 시에나의 Catharina Senensis, 14세기 젊은 처녀로서 신앙생활에 전념하였고 알렉산드리아의 가타리나처럼 천상天上 신랑으로 그리스도를 가질 수 있도록 기도하였다. 어느 날 무릎을 꿇고 기도하고 있는 그녀의 머리 위로 흰색 비둘기가 앉은 것을 아버지가 발견하기 전까지 가족들은 그녀의 신앙을 반대했었다. 그날 이후 아버지는 성 도미니코회 수녀원에 입회하는 것을 허락하였다. 그곳에서 고독과 기도 속에 3년 동안 머물렀고, 그녀의 혼은 '하느님의 진리에 매혹된 사람'이 되었다. 이러한 종교적인 격리 기간이 있은 후, 그리스도와 그녀의 신비적 결혼이 일어난 것으로 간주되었다. 그녀는 수녀원을 떠났고 가난한 사람들과 병든 사람들을 위해 삶을 바쳤다. 교황 그레고리오 11세에게 피렌체Firenze 사람들이 파문당했을 때, 피렌체 사람들이 가타리나에게 중재를 요청할 정도로 명성이 높았다. 그녀는 교황의 관저가 있던 아비뇽Avignon으로 갔고, 지성과 재치로 교황을 매우 감동시켰다. 결국 교황은 피렌체 사람들이 교회로 복권될 수 있는 조건들을 준비하라고 허락하였다. 그녀는 피렌체 사람들의 불순명에 대한 주된 원인들 중 하나가 교황이 로마가 아닌 아비뇽에서 지속적으로 거주하고 있는 점임을 그레고리오에게 말했다. 그녀의 설득으로 그레고리오는 이탈리아로 돌아왔다. 가타리나는 자신의 전 생애에 걸쳐 교황직의 강화와 정화를 위해 끊임없이 애쓰고 큰 영향을 미친 저명인사였다. 많은 전설들이 성녀 가타리나에 대해 말한다. 그중 피사Pisa에서 일어났던 신앙의 체험이 있다. 어느 날 아침, 그녀는 기도하는 동안 주님에 대한 자신의 사랑에 도취했다. 의식을 되찾았을 때, 그녀는 손과 발, 옆구리에서 그리스도가 십자가에 매달려 받았던 상처의 흔적인 오상五傷을 발견하였다.

시에나의 성녀 가타리나는 가장 위대한 여성 성인이라고 간주하는 도미니코회의 수도복을 입고 그녀가 피사에서 받았다고 알려진 오상을 몸에 지닌 모습으로 보여진다. 주로 백합 혹은 심장 위에 놓았던 십자가를 갖고 있다. 또한 그녀의 신비적인 결혼은 꾸준히 대중적인 주제로 남아 있었으며, 특히 성모자聖母子의 그림들에서 나타난다.

가타리나, 알렉산드리아의 Catharina Alexandriae, 3세기 이집트의 알렉산드리아에서 태어난 가타리나는 저명한 가문 출신의 귀족으로 일부에서는 왕족 혈통이라고도 한다. 폭넓게 사랑받은 성녀에 관한 풍부한 전설은 세례받기 전의 그녀가 주목할 만한 꿈을 꾸었다고 말해준다. 그녀는 꿈에서 아기 그리스도를 안고 있는 동정녀 마리아를 보았다. 동정녀는 가타리나를 종으로 데려가게 해달라고 아기예수에게 요청하였다. 그러나 아기예수는 머리를 돌려버리며 그녀가 충분히 아름답지 않다고 말했다. 잠에서 깼을 때, 아름다움과 학식으로 유명하였던 가타리나는 어떻게 하느님의 아기를 기쁘게 할 수 있는지 의아하게 여기기 시작하였고, 세례를 받을 때까지 평화롭지 못하였다. 세례를 받고 나자 그리스도가 다시 꿈에 나타났고 자신의 천상 배우자로 그녀를 뽑았다. 그리스도는 그녀의 손가락에 반지를 끼워주었는데, 잠에서 깨면서 그 반지를 발견하였고 그녀는 남은 생애 동안 반지를 간직했다.

당시 콘스탄티누스 대제, 리치니우스Licinius와 제국의 왕권을 나누었던 막시미누스 2세는 자신의 영역에 해당하는 제국의 수도로 알렉산드리아를 선택하였다. 막시미누스 2세는 모든 그리스도인들에게 박해를 가했고 신에게 제물 바치기를 거부하였던 모든 사람들의 대량 학살을 명령하였다. 그리스도교 믿음을 설교하는 일에 전념하고 있던 가타리나는 이 잔인한 소식을 듣자 황제를 만나기로 결심했다. 황제는 박식한 그녀의 가르침을 듣고서는 당황했고, 그녀를 반박하려고 나라에서 가장 유명한 철학자들을 모았다. 가타리나는 그 도전을 기꺼이 받아들였고, 웅변과 지성을 갖고 자신의 믿음으로 철학자들을 개종시켰다. 몹시 화가 난 황제는 현자들을 참수하고, 가타리나를 굶겨서 항복시키려고 지하 감옥에 감금하였다. 하지만 천사들이 음식을 갖다 주었고, 결국 황제의 아내와 그녀의 모든 수행원을 개종시키는 데 성공하였다. 황제는 맹목적인 격분으로 가타리나를 제외한 모든 그리스도인들에게 사형선고를 내렸다. 반면, 가타리나의 평온한 아름다움에 압도당한 황제는 그녀를 자신의 아내이자 세상의 황후로 만들겠다고 제안하였으나, 그녀는 분개하며 거부하였다. 실망과 격렬한 분노의 마지막 폭발로, 막시미누스는 그녀를 못으로 테를 이룬 네 개의 형거刑車들 사이에 묶고 찢어 죽이도록 명령하였다. 그 선고가 이행되자, 천국에서 거대한 불꽃 폭발이 일어나 형거가 파괴되었고 그 다음에 그녀는 참수되었다.

그리스도의 배우자이고 소녀들의 수호성녀인 성녀 가타리나는 르네상스 시기 그림에서 선호되는 주제들 중 하나였다. 그리스도에 대한 성녀 가타리나의 결혼은 널리 묘사되었다. 성녀 가타리나의 특별하고 독특한 상징물은 못이 박힌 형거이다. 그녀는 일반적으로 왕족을 상징하는 왕관을 쓰고, 승리의 표시로 종려나무 가지를 들고 있고, 자기 순교의 도구인 칼을 갖고 있는 것이 보여진다. 또는 자신의 위대한 학식과 관련하여 책을 들고 있기도 한다.

고스마 Cosmas **와 다미아노** Damianus, 3세기 전설에 따르면, 그리스도교의 믿음 속에서 자란 아라비아 출신의 쌍둥이 형제였다. 그들은 병자, 상처 입은 사람들의 수호성인으로 내·외과에 자신들의 삶을 바쳤다. 그들은 여러 가지 기적적인 치료를 행하였다고 전해진다. 어느 날 병든 다리로 온 한 사람이 있었는데, 그의 다리를 잘라내고 방금 사망한 한 흑인의 다리를 잘라 붙여 치료했다고 한다. 그 환자가 깊은 잠에서 깨어났을 때, 그는 자신이 흰색 다리와 갈색의 다리를 가졌다는 것을 발견하였다. 르네상스 시기 화가 안젤리코 Fra Angelico 가 이 극적인 장면을 묘사하였다. 디오클레티아누스 황제 치하에서 그리스도인들이 박해당하는 동안, 고스마와 다미아노는 체포되어 사형을 선고받는다. 그들은 바다에 내던져졌으나, 천사에 의해 구조되었다. 그다음에 큰 불에 내던져졌으나, 불길이 그들에게 번지지 않았다. 그래서 그들을 십자가에 묶은 후 돌을 던졌지만, 아무 상처 없이 돌이 되돌아와 오히려 던진 사람들을 죽였다. 마침내 두 형제는 참수되었다.

그들은 항상 함께 묘사되고, 긴 빨간 웃옷과 모자를 쓴 의사 복장을 하고 있는 것이 일반적이다. 또한 한 손에 연고 상자와 다른 손에 외과 도구나 막자사발과 막자를 들었다. 이탈리아의 유명한 메디치Medici 가문에서 그들을 수호성인으로 받아들였다.

그레고리오 Gregorius, 6세기 교회의 4대四大 라틴 교부 중 한 사람인 대大 그레고리오Gregorius Magnus로 알려진 교황 그레고리오 1세는 로마의 귀족 가문에서 태어났다. 그는 로마의 총독 자리까지 올랐다.
 그레고리오는 아버지가 죽은 후 베네딕도회에 입회하였고 교회에 봉사하기 위해 자신의 정치 생활을 포기하였다. 자신의 궁전을 수도원으로 개조하였고 7년 동안 그곳에서 수도승으로 살았다. 그 후 교황 베네딕도 1세에 의해 로마의 부제들 중 한 사람이 되었다. 성 그레고리오는 590년 펠라지오 2세의 죽음 후에 교황직을 계승하였다. 그는 교회의 일뿐만 아니라 당시 풍습들에 엄청난 영향을 미쳤으며, 특히 폭넓은 활동과 관심은 주목할 만하였다. 그는 노예제도를 폐지하고 전쟁을 방지하려고 노력하였다. 성직자에 대한 독신생활의 규칙을 제정하였고 그레고리오 성가로 알려지는 교회 음악을 특별 편곡하였다. 신앙생활의 주제에 관한 저술도 부지런히 했다.
 미술에서 그레고리오는 교황의 삼중관三重冠, tiara을 쓰고 이중의 십자가로 된 목장을 들고 묘사된다. 그의 특별한 상징물은 비둘기인데, 성령이 그레고리오의 저술에 근거하였던 단어를 받아쓰게 하려고 비둘기의 형태로 왔다는 전설에 근거한다. 교회의 기초를 확립하려 애쓴 그의 업적을 강조하기 위해 교회를 들고 있는 모습으로 그려지기도 했다.

니콜라오, 미라의 혹은 바리의 Nicolaus Myrensis vel Barii, 4세기 전설적인 인물로, 역사가들은 그가 4세기에 살았을 것으로 추정한다. 어린이들에게서 매우 사랑받았던 산타 클라우스Santa Claus, St. Claus에 대한 보편적인 전승은 니콜라오의 이야기에서 비롯된다. 그는 소아시아에서 그리스도 부모로부터 태어났고, 매우 일찍이 하느님에게 자신의 삶을 봉헌하였다. 그는 미라Myra의 대주교의 조카였다. 니콜라오에 대한 깊은 부르심을 이해한 대주교는 그를 사제직에 서품하였다. 니콜라오는 부모님이 돌아가시자, 부모의 많은 재산을 가난한 사람에게 분배하였다.

니콜라오의 삶에 관해 몇 가지 잘 알려진 이야기들이 있다. 가장 잘 알려진 것 중 하나로, 니콜라오가 도시의 귀족 한 명이 전 재산을 잃었다는 소식을 듣자, 귀족의 세 딸들을 위한 혼인 지참금이 든 금 자루 세 개를 밤중에 그 집 창문으로 던져주었다고 한다. 니콜라오가 자루를 던지는 모습을 누군가가 보았으나, 그 가족에게 진실을 알리지 말라고 간청하였다.

또 다른 이야기는 이렇다. 니콜라오가 성지聖地로 가는 항해에서 배가 격랑激浪으로 거의 파괴되었다. 성 니콜라오가 파도를 꾸짖자, 곧 잠잠해졌다. 그래서 그는 선원과 여행자의 수호성인이 되었고, 그의 조상彫像은 세계 어디든 거의 모든 항구에서 찾을 수 있다.

팔레스티나로부터 돌아온 니콜라오는 미라로 갔다. 니콜라오의 삼촌을 계승하였던 그 항구의 대주교는 방금 죽었고, 그 지역의 성직자들은 다음 날 아침에 그 성당에 들어오는 첫 번째 사제가 주교가 되는 것으로 결정하였다. 그런데 마침 그날 니콜라오는 아침 일찍 기도를 하기 위해 성당을 찾았고, 결국 주교가 되었다.

성 니콜라오에 얽힌 가장 유명한 전설들 중 하나는 그가 한 여관에 방문한 것에 관한 내용이다. 그곳에서 사악한 여관 주인이 어린아이들을 훔쳐 죽이고, 그 시체고기를 여관의 손님들에게 대접한다는 사실을 알게 되었다. 니콜라오는 여관을 뒤져 소금통에 숨겨진 3명의 어린아이 시신을 발견하였다. 그가 십자성호를 긋자 3명의 어린아이들이 되살아났다. 이 기적을 바탕으로 성 니콜라오는 어린아이들의 보호자이고 수호성인으로 채택되었다.

성 니콜라오의 축일이 12월 6일이라 성탄절과 가깝다는 점과 그의 선물인 3개의 돈주머니가 동방박사들이 아기 그리스도에게 가져온 선물과 비슷하다는 점 때문에 성 니콜라오의 전설은 서서히 성탄 이야기와 합쳐졌다. 마침내 그는 산타클로스와 익숙한 모습이 되었다.

일반적으로 성 니콜라오는 주교로서 묘사된다. 주요 상징물은 그의 자비와 관련하여 3개의 돈주머니, 혹은 공이다. 또는 선원들의 보호자로서 종종 배경에 닻이나 배와 함께 그려진다. 어린아이의 수호성인으로서 때때로 자신의 손에 입맞춤하는 어린아이와 함께 등장한다. 그는 러시아의 첫째 수호성인이다.

니콜라오, 토렌티노의 Nicolaus Tolentini, 13세기 산탄젤로 인 폰타노 Sant'Angelo in Pontano에서 태어났고 성 아우구스티노회의 수사가 되었다. 그의 부모가 아들을 위해 미라의 성 니콜라오에게 기도하였기 때문에 그 성인의 이름을 받았다. 니콜라오는 훌륭한 웅변 능력과 성인 같은 품성을 가진 사람이었으며, 많은 기적들을 행하였다.

그가 탄생할 때 별 하나가 탄생지에서 톨렌티노로 하늘을 가로질러 빛났다고 한다. 톨렌티노는 그가 일생의 대부분을 보내도록 운명지어졌던 곳이었다. 그러한 이유로 그는 주로 가슴에 별 하나와 함께 그려진다. 그의 삶의 순수함을 인정하여, 때때로 백합이 얽혀 있는 십자고상을 몸에 지니고 있는 모습으로 그려진다. 또한 일반적으로 아우구스티노회의 검은색 수도복을 입고 있는 모습이다.

도나토, 아레초의 Dinatus Aretinus, 4세기 귀족 출신으로 후에 황제가 되는 자신의 젖형제 율리아누스 Julianus와 함께 그리스도교의 믿음 안에서 자랐다. 하지만 율리아누스는 그 믿음을 부정했고, 아레초로 달아났던 도나토와 그의 어머니와 아버지를 포함하여 그리스도인들을 박해하였다. 그곳에서 도나토는 기적적인 능력을 발휘했고 결국은 아레초의 주교로 선택되었다. 다수의 다른 전설에서 도나토가 행하였던 기적에 대해 말한다. 아레초의 한 세금징수원이 여행을 떠나면서 아내에게 그 일을 맡겼다. 아내는 안전하게 돈을 지키기 위해 땅에 묻었으나, 불행하게도 남편이 귀환하기도 전에 아내는 죽었고 그래서 숨긴 장소를 알 수 없었다. 결국 그 돈을 훔쳤다는 죄로 고소당한 세금징수원은 도나토에게 호소하였고, 아내의 무덤으로 가서 돈을 숨긴 장소를 알려달라고 요청하였다. 그러자 무덤에서 한 음성이 대답하였고, 그 돈을 되찾을 수 있었다. 또 다른 이야기도 있다. 도나토가 미사를 봉헌하는 동안 지역의 깡패들이 성당에 들이닥쳐 성작聖爵을 부수었다. 도나토는 한 방울의 성혈聖血이 쏟아지지 않도록 애쓰면서 그 조각들을 조립하였다. 깡패들은 그 후 그리스도교로 개종하였다. 도나토는 일반적으로 주교복을 입은 모습으로 그려졌다. 그의 관례적인 상징은 부서진 성작이다. 또한 세금징수원과 그 아내의 사건 역시 미술 작품으로 묘사된다.

도로테아, 카파도키아의 Dorothea in Cappadocia, 3세기 아름다움과 신앙심으로 유명한 그리스도인 소녀였다. 그 명성은 속주屬州의 총독인 사프리치우스Sapricius에게 이르렀다. 그는 그리스도교와 관계를 끊었던 두 명의 자매에게 책임지고 도로테아를 설득하여 종교를 포기하게 만들라고 명령하였다. 하지만 도로테아는 완강히 버텼고, 오히려 그 자매를 설득하여 교회로 돌아오도록 하였다. 그러자 사프리치우스는 자매를 불에 태우고, 도로테아가 그 집행을 목격하도록 강요하였다. 성녀 도로테아는 고통 중에 있는 순교자들을 독려하였고, 자신 역시 고문과 처형을 선고받았다. 전설은 그녀가 처형 장소로 인도되고 있을 때 테오필로Theophilus라는 이름의 한 젊은 법률가가 그녀를 비웃으면서 그녀가 가는 천상의 정원에서 꽃과 과일을 자신에게 보내라고 했다고 한다. 그러자 작은 소년으로 가장한 한 천사가 장미 세 송이와 백색 아마포로 감싼 사과 세 개를 들고 나타났고, 도로테아는 테오필로에게 그것들을 주라고 천사에게 명령하였다. 그때는 2월이었고 모든 나무들은 서리로 덮여 있었다. 친구들에게 둘러싸였던 과일과 꽃을 든 소년을 보며 테오필로는 이 기적을 보고 그리스도교로 개종한 후에 그 역시 순교하였다.

그림에서 성녀 도로테아의 일상 상징물들은 손이나 머리에 있는 장미 혹은 수행하는 천사가 들고 있었던 세 송이의 장미와 세 개의 사과가 담긴 바구니이다. 그녀는 동정녀나 아기 그리스도에게 과일과 꽃이 든 바구니를 봉헌하는 모습으로 등장한다. 또는 때때로 화형주火刑柱에 묶여, 불타는 횃불을 들고 있는 것을 보여준다.

도미니코 Dominicus, 13세기   도미니코회의 설립자로 스페인에 있는 칼라오라Calahorra에서 태어났다. 그는 구즈만Guzman*의 귀족 가문에 속하였고, 팔렌시아Palencia 대학교에서 교육받았다. 이른 나이부터 교회에 봉사했고, 1215년에 자신이 설립한 설교자회Ordo fratrum praedicatorum, Dominican Order의 교황 인가를 받기 위해 로마로 갔다. 인가 후 몇 년 사이에 검고 흰 수도복을 입은 그의 수사들이 유럽의 모든 장소로 스며들었다. 1220년에 그 수도회는 청빈의 서약을 채택하였고 탁발수도회가 되었다. 도미니코는 항상 여행을 하였고 자신이 가는 어디에서든지 설교하였다. 그는 1221년에 볼로냐Bologna에서 죽었다.

그는 일반적으로 자기 수도회의 수도복으로 묘사되었다. 묵주기도에 대한 신심을 만들었던 사람이었기 때문에, 묵주默珠, rosarium가 그의 특별한 상징물이다. 때때로 타는 듯한 횃불을 입에 문 개와 함께 등장한다. 이것은 그의 어머니가 불타고 있는 횃불을 물고 있는 개 한 마리를 낳는 꿈을 꾸었다는데서 나왔다. 이 꿈이 성 도미니코와 복음을 선포하는 그의 수도회의 활동들을 상징하게 되었다. 그의 이마나 후광에 있는 별 하나는 그가 세례받을 때 이마에 나타났다고 전해지던 별을 기념하는 것이다. 또한 어느 날 일어났던 빵에 관한 이야기와 관련이 있다. 수도원에 먹을 것이 하나도 없다는 것을 들었을 때, 그는 식사를 위해 종을 울리도록 명령하였고 형제들에게 식탁에 앉도록 지시하였다. 모든 수도승들**이 앉았고 기도를 암송하자, 두 천사가 나타났고 빵 한 덩어리를 각각에게 주었다고 한다. 또한 그 성인의 상징인 백합은 순결의 상징물이다.

---

* 사병으로 국왕의 군대와 스페인군에서 복무했던 귀족을 일컫는 용어.
** 수도승(monachus, monk)이란 단어는 베네딕도회에만 한정되어 사용된다. 그렇기에 이 단어는 원문에서 잘못 사용되었고, 수사(frater, brother)라는 단어를 사용했어야 한다.

라우렌시오 Laurentius, 3세기 스페인의 우에스카Huesca에서 태어났고 사라고사Saragossa에서 공부하였으며, 그곳에서 교황 식스토 2세를 만났다. 식스토는 그 젊은 라우렌시오에게 매우 감명을 받았고, 그를 로마로 데리고 와서 교회의 대부제大副祭, Archidiaconus로 만들었다. 이 자격으로 라우렌시오는 교회의 모든 재정을 담당하였다. 식스토가 로마 총독에 의해 체포되고 종교 때문에 사형선고를 받자, 라우렌시오는 식스토와 함께 죽기를 원하였다. 하지만 식스토는 그에게 3일 후에 따르도록 지시하고, 그동안 가난한 사람들에게 교회의 재산을 분배하라고 했다. 식스토의 처형 이후, 로마의 총독은 라우렌시오에게 교회 재산을 자신에게 넘기라고 요구하였다. 라우렌시오는 3일 내에 그러하겠다고 대답하였다. 그때까지 라우렌시오는 식스토의 지시를 실행하였고, 가난한 사람들과 병자들을 자신의 주변에 모았다. 라우렌시오는 총독에게 그들을 들먹이면서 이 사람들이야말로 참으로 그리스도 교회의 보물이라고 말하였다. 허를 찔린 총독은 격분하여 라우렌시오를 석쇠 위에서 천천히 구워 처형하라고 명령하였다. 라우렌시오는 고문을 당하면서도 반항하며 총독에게 외쳤다. "나는 한쪽이 구워졌다. 이제 나를 돌리고 먹어라!"

성 라우렌시오는 일반적으로 자신의 순교의 상징인 종려나무 가지를 들고 부제복을 입은 모습으로 그려졌다. 그의 특별한 상징물은 석쇠이다. 그러나 때로 석쇠가 아닌 금 접시와 은화를 손에 들고 있는데, 이는 교회 재산을 분배한 것을 나타낸다. 그는 가끔 향로를 흔들고 십자가를 가지고 있다. 혹은 불길로 덮인 부제용 제의tunica를 입고 있다.

레미지오 Remigius, Remy, 5세기 22세의 나이에 랭스Rheims의 주교로 선출되었다. 그는 위대한 지식과 탁월함뿐만 아니라 거룩함으로 잘 알려졌고 크게 존경받았다. 프랑크 족의 왕 클로비스Clovis는 큰 존경심을 갖고 레미지오를 생각하였고 그가 교회를 위해 일하는 데 아낌없이 지원했다. 496년에 클로비스가 전투에서 완패에 직면하였을 때, 클로비스는 그리스도인 여왕인 클로틸다Clotildis 가 믿는 하느님의 도움을 구했다. 전투의 형세는 뒤집혔고 승리를 쟁취하였다. 클로비스는 클로틸다와의 약속을 이행하기 위해 성 레미지오에게 왔다. 성 레미지오는 세례를 준비했고 그 예식은 496년 주님 부활 전날에 이루어졌다. 클로비스는 개종 후 성 레미지오의 일을 크게 도와주었다. 그는 아리우스주의자들에 대항하여 상당한 활동을 하였고, 온화한 품성과 지혜로운 언변으로 많은 아리우스주의자들을 개종시켰다. 성 레미지오는 프랑스에서 하느님 교회의 설립자로 불려지며, 72년 동안 랭스의 주교로서 봉사한 후에 죽었다.

레오나르도 Leonardus, 6세기 죄수와 포로들의 수호성인으로서 유럽 전체에 걸쳐서 공경받는다. 전설에 따르면, 레오나르도는 프랑스 클로비스Clovis 왕의 궁전에서 한 관리의 아들로 태어났다. 그는 그리스도교로 개종하였고 죄수들을 방문하는 일에 헌신적이었다. 많은 죄수를 위해 왕에게 탄원하였고, 그들의 몸값을 직접 지불하였다. 나중에 레오나르도는 리모주Limoges 인근의 숲에서 은수자처럼 살기 위해 궁전을 버리고 떠났다. 그는 546년에 죽었다고 한다.

그는 일반적으로 자신의 손에 부서진 족쇄를 들고 있거나, 자신의 발에 무릎을 꿇은 죄수들과 함께 교회의 부제로서 그림에서 묘사된다.

레파라타 Reparata, 3세기 피렌체의 수호성인들 중 한 사람으로, 팔레스티나에 있는 카이사리아에 살았던 귀족 출신의 어린이였다. 그리스도인으로서 열두 살의 어린 나이에 데치우스 황제의 박해 동안 순교하였다. 전설은 고문을 당한 후 칼에 찔려 죽었다고 전한다. 그녀가 죽었을 때, 그녀의 혼이 비둘기 형태로 천국으로 올라가는 것이 목격되었다고 한다.

레파라타는 주로 비둘기의 형태로 자기 입에서 나오고 있는 자신의 영혼과 함께 묘사된다.

로무알도 Romualdus, 11세기   라벤나Ravenna의 시민으로, 가까운 친척을 살해한 아버지의 속죄를 위해 성 베네딕도회에 입회하였다. 수도회에 있는 동안 성 아폴리나리스Apollinaris가 나타나 하느님에 대한 봉사로 새 수도회를 설립하라는 환시를 보았다. 철저한 금욕주의자인 로무알도는 수도생활을 하겠다고 서약하였던 많은 사람들의 게으름에 충격을 받았다. 하지만 현존하는 수도회 어디에서도 로무알도가 원하였던 엄격한 규칙을 수용하려 하지 않았다. 그래서 975년에 카말돌리회Ordo Camaldulensium, Camaldolese를 설립하였고, 이곳의 회원들은 종신의 침묵과 고독을 서약하였다. 전설에 따르면 로무알도가 수도원 부지를 찾고 있을 때, 흰색 옷을 입은 사람들이 땅에서 하늘로 뻗은 사다리로 올라가고 있는 것을 꿈에서 보았다고 한다. 이를 표징으로 받아들여 새로운 수도회의 수도복을 흰색으로 결정하였다.

그림에서 보여지는 가장 공통적인 상징물은 하늘로 가는 사다리이다. 때때로 그의 발아래에 악마가 그려져 있으며, 일반적으로 긴 턱수염과 카말돌리회의 흰색 수도복을 입은 노인으로 묘사된다.

로코 Rochus, 14세기   전염병으로 고통받는 사람들의 수호성인으로, 프랑스의 몽펠리에Montpellier에서 태어났다. 그에게는 십자가 모양의 모반母斑이 있었는데, 그로 인해 자신이 수도생활로 봉헌되었다고 믿었다. 부모님이 돌아가신 후, 그는 자신의 모든 세속적인 재산들을 처분하고 로마로 순례를 시작하였다. 그는 아콰펜덴테Aquapendente 마을에서 전염병으로 고통받는 주민들을 발견하였다. 성 로코는 즉시 병자들을 보살피기 위해 몸과 마음을 바쳤고, 효과적인 간호로 많은 사람들이 회복되었다. 이 경험을 토대로 성 로코는 전염병으로 고통받는 사람들을 도우라는 특별한 임무를 가졌다고 믿게 되었다. 그는 전염병이 발생한 곳이라면 어디든지 환자들을 돕기 위해 달려갔다. 여러 해 동안 이렇게 봉사했고, 피아첸차Piacenza 마을에서 그 자신이 전염병에 걸리고 만다. 혼자서 죽으려고 숲에 틀어박혔는데, 그의 충실한 개가 떠나지 않고 그에게 매일 빵 한 덩어리를 가져왔다. 덕분에 고향 몽펠리에로 돌아갈 만큼 충분히 회복했다. 하지만 병으로 인해 그의 모습이 크게 변했고 아무도 그를 알아보지 못하였다. 그는 간첩으로 체포되어 삼촌인 정무관政務官, Magistratus 앞에 끌려갔다. 그의 이야기를 믿지 않은 삼촌은 그를 구금하도록 선고하였다. 5년 후 어느 날 아침, 천상의 빛이 가득히 비추는 감옥의 독방에서 그는 죽은 채 발견되었다. 그의 옆에 이 비문이 쓰여 있었다. "전염병으로 고통받고, 하느님의 종 로코의 중재를 통하여 도움을 받기 위해 기도하는 모든 사람들은 낫게 될 것이다." 오랜 세월 후에, 베네치아의 시민들은 그의 시신을 빼앗아 자신들의 도시로 옮겼다. 프란치스코회의 수사들*은 그 성인의 유해를 위해 순례지로서 성 로코 성당을 건축하였다.

르네상스 시기 그림에서 성 로코는 일반적으로 순례자의 복장을 하고 새조개의 조가비와 작은 주머니를 들고 지팡이를 짚은 채 넓적다리에 있는 전염병 발진을 보여주려고 옷을 들어 올린 모습으로 나타난다. 또한 그 옆에는 그의 충실한 개가 자리를 지키고 있다.

론지노 Longinus 골고타에 있던 로마 백부장百夫長에게 주어진 이름이다. 전승은 그가 그리스도의 옆구리를 꿰찔렀고, 그리스도의 죽음에 "참으로 이 사람은 하느님의 아드님이셨다."(마르 15, 39)라고 외쳤다고 말한다. 전설에 의하면, 그는 사도들에게서 세례를 받고 그리스도교 믿음으로 오랜 세월을 카이사리아Caesarea에서 살며 많은 사람들을 개종시켰다고 한다. 그는 거짓 신들에게 제물 바치는 것을 거부하다가 죽었다. 그는 순교를 열망했기에 눈먼 통치자에게 자신이 사형에 처해지면 시력이 회복될 거라고 했다. 론지노가 참수된 후 그의 말처럼 통치자는 즉시 시력을 되찾았고, 이후 개종하였다. 론지노의 것으로 추측되는 유물

원문에서는 monk라는 단어를 사용하였는데, 이는 "수도승"이란 의미이다. 프란치스코회의 경우에는 "수사"란 의미로 frater, brother를 사용하였어야 한다.

이 만토바Mantova로 옮겨졌고, 그곳의 수호성인이 되었다.

론지노는 두 가지 방법들 중 하나로 예수의 십자가에 못 박힘에 그려진다. 그는 일어서서, 때때로 손에 창을 든 채, 그리스도를 흠숭하며 바라보고 있다. 좀 더 자주, 그는 로마 병사 복장으로 말을 탄 채 손에 투구를 들고 올려다 보고 있는 모습으로 등장한다.

루도비코 9세 Ludovicus Nonus, Louis IX, 프랑스의 왕 13세기

그는 '복음의 거룩함과 왕좌의 위엄을 연합하는' 방법을 아는 것으로 알려졌다. 1215년에 태어난 그는 경건한 어머니 블랑카 데 카스티야Blanca de Castilla에게 자신의 중대한 임무에 대한 훈련을 받았다. 1244년 병중에 있는 동안 루도비코는 십자군에 참가하겠다는 서약을 하였다. 그는 가시관과 진짜 십자가의 일부라고 믿어지는 조각을 가지고 프랑스로 돌아왔다. 두 번째 십자군전쟁 중에 전염병으로 죽었다.

그의 상징물들은 가시관과 십자가, 왕관, 칼, 백합 문장이다.

루도비코, 툴루즈의 Ludovicus Tolosanus, 13세기

그는 성인의 유산을 가졌다. 프랑스의 루도비코는 그의 종조부從祖父였고 헝가리의 성녀 엘리사벳은 그의 이모였다. 14세에 아버지를 대신하여 볼모로 아라곤Aragon의 왕에게 보내졌다. 억류된 지 7년 만에 풀려났고, 나폴리Napoli의 옥좌가 주어진다. 하지만 그는 그 자리뿐만 아니라 모든 왕권을 포기하고 성 프란치스코회의 회원으로 서약하였다. 그는 툴루즈Toulouse의 주교가 되었고 열의와 자비심, 거룩함으로 자신의 교구 전 지역에서 사랑받았으나, 불과 24세였던 1217년에 죽었다.

르네상스 시기 그림에서 그는 온화한 얼굴에 수염이 없는 젊은이로 플루비알레pluviale를 입고 있거나 자신의 옷 일부에 백합 문장이 수놓인 주교 복장으로 묘사된다. 그리고 그가 포기했던 왕관과 홀이 발 앞에 놓여 있다.

루카, 복음사가 Lucas Evangelista 시리아 안티오키아에서 태어났고, 복음서와 사도행전으로 유명하다. 루카와 바오로가 만났던 곳은 알려지지 않았지만, 그는 바오로의 변치 않는 동료가 되었고 이 위대한 선교사의 삶을 성실하게 기록하였다. 바오로가 죽은 후에는 홀로 설교하기를 계속하였고, 비록 그리스 전승은 그가 평화롭게 죽었다고 말하지만, 그리스에서 십자가에 못박혔다.

그는 의학적인 직업에 관련하여 "사랑받는 의사"라고 불려진다. 루카가 화가였다는 것과 동정녀 마리아와 예수의 몇몇 초상들을 그렸다는 전설이 있다. 그가 청중들에게 그 그림들을 보여줌으로써 그리스도교로 많은 개종자들을 만들었다고 전해진다.

루카가 자신의 복음서에서 그리스도의 성직聖職을 강조하였기 때문에 희생의 상징인 수소가 날개를 달고 있는 모습이 가장 대표적 상징물이다. 그리고 그는 한 손에 복음서를 들고 동정녀의 초상을 그리고 있는 등의 모습으로 등장한다. 또한 그는 화가들의 수호성인이다.

루치아 Lucia, 3세기 전설에 따르면, 시라쿠사의 루치아Lucia Syracusis는 불치병으로 고통받았던 귀족 부인 에우티키아Eutychia의 딸이었다. 루치아는 카타니아Catania에 있는 성녀 아가타Agatha의 순례지로 순례를 하려고 어머니를 설득하였다. 그곳에서 성녀 아가타가 루치아에게 환시로 나타나 어머니는 치유될 것이지만 그녀는 순교 당할 것이라고 말하였다. 자기 어머니의 치유에 감사하여, 루치아는 자신의 모든 재물을 가난한 사람들에게 나누어주었다. 이에 대해 그녀의 약혼자는 몹시 화가 났고, 그리스도인이 된 사람으로 그녀를 당국에 고발하였다. 그녀가 자신의 믿음을 고집하자, 병사들은 그녀를 끌고 가도록 명령받았고, 심지어 그녀를 밧줄로 묶어 소에게 끌게 하였으나 그녀는 꿈적도 하지 않았다. 그러자 통치자는 그녀를 불태우라 명령했으나 불길조차 그녀에게 붙지 않았다. 최후의 수단으로 병사들 중 한 명이 단검으로 목을 찌르자 그제야 그녀가 죽었다. 전설에 따르면, 그녀의 구혼자들 중 한 사람이 그녀의 눈에 매혹되어 한시도 쉴 수 없다고 하자, 자신의 눈이 그 젊은이에게 정말로 해를 입히고 있다는 것을 두려워하는 루치아는 자신의 머리에서 눈알을 뜯어내 그에게 보냈다고 한다. 그 후 구혼자는 회한으로 가득 찼고 루치아가 믿음을 통해 입증한 용기에 매우 감동하여, 그 역시 그리스도인이 되었다고 한다.

성녀 루치아는 눈알이 담긴 큰 접시를 들고 있거나 조금 다른 방식으로 눈알을 들고 있는 것으로 묘사된다. 또 다른 상징물은 단검과 그녀의 목에 있는 상처이고, 하느님의 빛과 지혜를 암시하는 등불이다. 루치아라는 이름은 "빛"을 뜻하는데, 마찬가지로 그런 이유에서 눈과 등불이 상징물이 된다.

리베랄리스 Liberalis, 4세기 트레비소Treviso의 수호성인들 중 한 사람이다. 그는 트레비소의 많은 주민들을 그리스도교로 개종시키는 데 자신을 바쳤다. 그림에서 갑옷과 투구를 쓰고 창에 기대거나 기旗를 들고 있는 기사로 묘사된다.

마르가리타, 안티오키아의 Margarita Antiochiae, 3세기 이교도 사제의 딸이지만 보모에 의해 그리스도교로 개종하였다. 어느 날 안티오키아의 총독이 그녀를 보고 그 아름다움에 사로잡히고 만다. 총독이 결혼을 결심하지만 그녀는 자신이 예수 그리스도에게 봉헌되었다고 선언하면서 그의 결혼 요구를 거부하였다. 총독은 고문으로 그녀의 결심을 바꾸려 하나, 마르가리타는 꿋꿋하였다. 결국 지하 감옥으로 끌려갔고, 그곳에서 불을 뿜는 용으로 변신한 악마가 그녀 앞에 나타나 그녀를 두려움에 떨게 하려고 위협하였다. 마르가리타는 무릎을 꿇고 기도하며 가슴 위에 십자성호를 그었다. 용은 그녀를 꿀꺽 삼켰으나, 마르가리타가 하고 있던 십자가가 용의 몸을 점점 둘로 찢기 시작했고, 마르가리타가 다치지 않고 탈출할 때까지 점점 더 커졌다. 고문에도 불구하고 마르가리타의 용기와 변치 않는 믿음을 지키는 모습은 사람들에게 큰 감명을 주었고, 1천여 명이 그리스도교로 개종하였다. 총독은 사람들의 개종에 종지부를 찍으려고 마르가리타의 처형을 명령하였다. 처형 장소로 가는 길에 그녀는 용의 몸에서 탈출 했던 것을 기억하여 자신의 그 기억이 분만의 고통을 겪고 있는 사람들에게 도움을 줄 수 있도록 기도했다. 그런 이유로 출산하는 여인들의 수호성녀가 되었다.

성녀 마르가리타는 주둥이를 크게 벌린 용을 발아래에 짓밟고 있는 모습으로 그려진다. 종종 십자가와 왕관과 순교의 종려나무 가지를 들고 있기도 한다.

마르코, 복음사가 Marcus Evangelista 복음서 저자들 중 한 사람으로 친밀한 모습이다. 그의 초기 이력에 대해서는 알려져 있지 않으나, 그가 바오로와 바르나바의 동료로 바오로의 제1차 선교여행에 함께 갔다는 것만은 분명하다. 전승은 그가 바오로를 떠난 후에, 베드로와 함께 로마로 여행하였고 성 베드로의 서기로서 베드로가 직접 자신에게 주었던 자료들을 토대로 복음서를 썼다고 말한다. 마르코 복음서는 학자들에 의해 아마도 현존하는 가장 오래된 것으로 받아 들여진다.

전설에 따르면, 아드리아 해의 해안을 따라서 설교를 다니는 동안, 그가 타고 있던 배가 거대한 폭풍을 만나 연안의 섬과 석호潟湖, lagoon 쪽으로 몰렸다. 여기서 한 천사가 나타나 "이 장소에 큰 도시가 당신의 영예로 나타날 것입니다."라고 말했다(400년 후에, 훈 족[Huns]인 아틸라(Attila)와 마주치자 도망치던 그 본토의 사람들은 섬들 사이에 피난처를 찾았고 그곳에 베네치아 시를 설립하였다). 성 마르코는 그 다음에 12년 동안 복음을 설교했던 리비아Libya를 향해 떠났고 알렉산드리아로 여행한다. 이곳에 그리스도교 성당을 설립하고 후에 여기서 순교했다. 그가 죽고 몇 세기 후에, 베네치아 선원들이 성 마르코의 유해를 베네치아로 옮겨왔다. 성 마르코는 자신의 상징인 사자를 채택했던 베네치아의 수호성인이 되었다. 그로 말미암아 그 성인과 사자는 베네치아 화파에서 매우 자주 묘사된다.

아마도 그의 복음이 유다의 사자인, 그리스도의 왕의 위엄을 강조하기 때문에, 날개 달린 사자가 그의 대표적 상징물로 사용된다. 복음사가이자 성 베드로의 서기였던 점에서, 그는 펜과 복음서와 함께 그려진다.

마르타 Martha   때때로 마리아 막달레나와 동일시하였던 마리아와 라자로Lazarus의 누이였다. 복음서는 마리아가 좀 더 사교성이 있었다고 하는 반면, 마르타는 가사家事와 생계에 헌신적이었던 대표적 인물이라고 말한다. 오빠인 라자로가 병에 걸리자, 자매는 예수에게 자신들을 도우러 와 달라고 요청하기 위해 전갈을 보냈다. 예수가 베타니아Bethania에 도착하였을 때 마르타가 밖으로 마중 나왔다. "마르타가 예수님께 말하였다. '주님, 주님께서 여기에 계셨더라면 제 오빠가 죽지 않았을 것입니다. 그러나 하느님께서는 주님께서 청하시는 것은 무엇이나 들어주신다는 것을 저는 지금도 알고 있습니다.'"라고 말하였기 때문에, 그녀가 이미 그리스도의 제자였음을 알 수 있다. 그리고 그때 예수가 자신의 유명한 말씀을 한다. "나는 부활이요 생명이다. 나를 믿는 사람은 죽더라도 살고, 또 살아서 나를 믿는 모든 사람은 영원히 죽지 않을 것이다."(요한 11, 21 이하) 얼마 있다가 파스카 축제 전에, 마르타가 베타니아에 있는 자신들의 집에서 만찬을 대접하였다. 마리아가 예수의 발에 기름을 부었던 것도 이때의 일이었다. "그런데 마리아가 비싼 순 나르드 향유 한 리트라를 가져와서, 예수님의 발에 붓고 자기 머리카락으로 그 발을 닦아 드렸다. 그러자 온 집안에 향유 냄새가 가득하였다."(요한 12, 3) 여기에서 마리아 막달레나가 개종을 하는 데에 결정적인 영향을 미친 사람이 마르타임을 알 수 있다. 전설에 따르면, 구세주의 죽음 후에, 마르타는 마리아 막달레나와 라자로와 함께 무갑판선無甲板船을 타고 기적적으로 프랑스 마르세유Marseille에 도착했다고 한다. 프랑스 엑스Aix에서 그녀는 시골마을을 파괴하고 있는 무서운 용을 물리쳤고 사람들을 개종시켰다.

성녀 마르타는 일반적으로 그녀의 주부다운 자질을 표시하기 위해 손에 국자 혹은 거름국자를 들고 있거나 열쇠꾸러미가 달려 있는 허리띠를 한 모습으로 그려진다. 또는 발 앞에 용이 있는 모습이거나 괴물을 물리칠 때 사용했던 성수聖水와 성수채와 함께 그려진다.

마르티노 Martinus, 4세기 대大 그레고리오의 재위 동안, 당시에는 판노니아Pannonia로 불렸던 헝가리에서 태어났다. 그는 어릴 때 그리스도교로 개종하였고 수도원으로 도망쳤으나, 군사 호민관tribunus militum이었던 아버지는 군인이 되라고 강요했다. 결국 마르티노는 황제의 기병대에 입대하여 프랑스에 배치되었다. 어느 추운 겨울날 아미앵Amiens에서 넝마조각만 걸친 채 떨고 있는 한 거지를 우연히 보게 되었다. 마르티노는 망토를 벗어 칼로 반으로 잘라서 거지에게 주었다. 그 밤에, 그리스도가 그에게 환시로 나타나 "그 가난한 사람을 위해 네가 하였던 것은 네가 나를 위해 하였던 것이다."라고 말하였다. 그때 마르티노는 종교에 자신의 삶을 헌신하기로 결심하였고, 군복무 해제를 요청하였다. 황제가 적과 싸우기를 두려워한다며 그를 비난하였을 때, 마르티노는 오직 십자가로 무장하여 적과 직면할 것이라고 선언하였다. 그의 용기를 시험해보기도 전에 적이 항복해 왔다. 하느님에 대한 성 마르티노의 믿음이 이러한 결과를 가져왔다고 믿게 되었다. 그 결과 그는 군 제대를 허락받았다. 그는 우선 티레노 해Mar Tirreno, Tyrrhenian Sea에 있는 섬으로 갔고, 그 다음에 프랑스 푸아티에Poitiers 인근의 리귀제Liguge에 은둔의 삶을 살려고 갔다. 그곳에서 수도원을 설립하게 되는데, 이곳은 오늘날 프랑스 최초의 수도원으로 알려져 있다. 마르티노는 그곳에서 자신이 투르Tours의 주교로 임명되었다는 사실을 들었다. 하지만 종교적인 고독의 삶을 지속하기를 원했던 그는 투르로 자신을 데려가려고 왔던 사절들을 피해 숨어버렸다. 그런데 한 전설에 따르면 거위 한 마리가 꽥꽥 우는 바람에 숨어 있던 장소가 발각되었고, 새 책무를 받아들이도록 강요받았다고 한다. 다른 전승에서는 승낙을 받아내기 위해 투르의 시민들은 그의 아내가 죽어가고 있으니, 마르티노가 와서 성사를 주기를 간청하였다고 전하고 있다. 마르티노는 그 도시로 서둘러 갔고, 사람들의 간곡한 요청에 의해 결국 주교로 축성되었다고 말한다. 이후 그는 약 30년간 투르의 주교였다. 르네상스 시기 그림들에서 그는 주교 복장을 입고, 때로는 거위와 함께 등장한다. 혹은 군인 복장을 하고 말을 탄 채 헐벗은 거지에게 덮어주려고 칼로 망토를 나누는 모습으로 나타난다.

마리아, 이집트의 Maria Aegyptiaca, 5세기 전설에 따르면 일부러 죄를 지으며 살아가는 알렉산드리아의 이집트인 소녀였다. 그녀는 종교적인 신앙심 때문이 아니라 순례자들을 유혹하기 위해 예루살렘으로 순례 여행에 올랐다. 예루살렘에서 다른 사람들이 기도하기 위해 성당에 들어가는 것을 보자, 함께 가고 싶은 충동을 느꼈다. 하지만 신비한 힘이 성당 문을 통과하지 못하게 막아섰고, 자신이 동정녀의 상 옆에 서 있음을 발견하였다. 갑자기 회한으로 가득 찼고, 그녀는 더 이상 죄를 짓지 않겠다고 맹세하였다. 마리아는 유일한 먹을거리로 빵 세 덩어리를 들고 요르단 강 건너 사막으로 갔다. 그곳에서 여러 해 동안 고독과 기도 속에 지냈다. 어느 날 그곳에서 조시모Zosimus 라는 이름의 한 사제를 만나게 된다. 그녀는 사제에게 성체를 달라고 요청하였지만, 요르단 강의 폭 때문에 그녀에게 닿지 못했다. 그래서 초자연적인 힘의 도움으로 마리아는 그 강에 발을 적시지 않고 건너와 자신의 성체를 받았다. 마리아는 사제에게 다음 해 같은 시간에 돌아와 성체를 받을 수 있도록 요청하였다. 다음 해 그가 왔을 때, 그녀는 이미 죽은 뒤였다. "오 조시모 신부님, 불쌍한 죄인, 이집트의 마리아 시신을 매장하십시오. 그리스도를 위하여 땅은 땅에게, 먼지는 먼지에게 주십시오."라는 말이 그 모래 위에 적혀 있는 것을 발견하였다. 조시모는 그녀를 묻어주려 했으나 힘이 부족해 어려움을 겪고 있었다. 그때 사자 한 마리가 나타나 발로 무덤 파는 것을 도왔다.

이집트의 마리아는 일반적으로 긴 머리카락의 쇠약한 할머니가 빵 세 덩어리를 들고 있는 모습으로 묘사된다. 간혹 옆에 사자가 등장하기도 한다.

마리아 막달레나 Maria Magdalena

때때로 마르타와 라자로의 누이로 동일시하였던 그녀는 그리스도 안에서 믿음을 통해 죄를 용서받은, 보속하는 죄인의 훌륭한 본보기로 받아들여져 왔다. 그녀는 골고타 산으로 예수의 마지막 여정에 함께 갔었고 예수의 발 앞에서 울며 서 있었던 여인들 중 한 사람이었다. 성 소小야고보의 어머니인 다른 마리아와 함께 그녀는 예수의 장례식을 목격하였다. 예수의 십자가에 못 박힘 3일 후에, 두 마리아는 구세주의 시신에 기름을 바르려고 몰약과 향유를 들고 성묘聖墓, Sacrum Sepulchrum에 나타났다. 그곳에서 성묘를 닫았던 돌이 움직여져 있는 것과 그리스도의 시신이 사라졌다는 사실을 발견하였다. 그래서 마리아는 그분의 제자들에게 그리스도의 부활 소식을 맨 처음 알려주었다. 후에 그녀가 무덤가에서 울며 서 있을 때, 예수가 나타나 위로해 주었다.

마르타와 라자로의 동생이었던 마리아와 그녀를 동일시하였던 이야기에 따르면, 그녀는 후에 자신의 형제자매와 많은 다른 그리스도인들과 함께 무갑판선無甲板船으로 표류하였다. 박해의 희생자였던 그들은 순풍을 만나 프랑스의 항구현재 마르세유로 구조되었다. 그곳에서 마리아는 많은 사람들을 개종시켰다. 결국에 그녀는 도시 근처의 사막으로 떠났고, 그곳에서 30년간 고독 속에서 살았다. 그녀는 아무것도 먹거나 마시지 않았으나, 전설은 천사들이 갖다준 천상의 음식을 먹고 생기를 되찾았다고 이야기한다.

마리아 막달레나는 르네상스 시기 화가들에게 매우 사랑받은 주제들 중 하나였고, 그녀에 대한 그림들이 많이 남아 있다. 신심적인 작품도 있지만, 대부분 복음과 전설적인 생애의 장면을 다루고 있다. 그녀의 가장 일반적인 상징물은 예수의 발에 그녀의 기름부음과 관련하여 향유의 옥합玉盒이다. 그녀가 예수의 발에 기름을 부었던 익명의 여인으로 간주되어 왔기 때문인데, "그 고을에 죄인인 여자가 하나 있었는데, 예수님께서 바리사이의 집에서 음식을 잡수시고 계시다는 것을 알고 왔다. 그 여자는 향유가 든 옥합을 들고서 예수님 뒤쪽 발치에 서서 울며,

눈물로 그분의 발을 적시기 시작하더니 자기의 머리카락으로 닦고 나서, 그 발에 입을 맞추고 향유를 부어 발랐다."(루카 7, 37. 38) 종종 그녀는 손에 상자를 들고 있다. 간혹 그것은 그녀의 발 앞에 있거나 돕고 있던 천사에 의해 옮겨지기도 한다. 그녀는 원기회복을 받기 위해 천사들에 의해 천국으로 옮겨지는 모습으로, 종종 치렁치렁한 머리카락에 덮힌 모습으로 묘사된다.

마태오, 사도이자 복음사가 Mattaeus, Apostolus et Evangelista 복음서를 통해 잘 알려져 있다. 그는 그리스도의 제자가 되기 전에 로마제국에 고용된 세금징수원[稅吏]이었다. 그리스도의 죽음 후 그의 생애에 관해서는 불명확하지만, 유다에서 복음서를 쓴 것으로 추정되고 에티오피아에서 설교를 하고 그곳에서 죽음을 맞이한 것으로 알려진다.

마태오는 여러 방식으로 묘사된다. 그는 그리스도의 인간 조상祖上을 기록하는 것으로 제시되어 인간과 유사한 지품천사智品天使, Cherubim와 함께 등장한다. 그는 그리스도의 육화에 대한 자신의 상세한 이야기와 관련하여 날개 달린 사람과 함께 나타난다. 또한 자신의 초기 직업에 관련하여 돈주머니 또는 돈자루와 함께, 혹은 복음서를 쓰고 있거나 책이나 펜과 함께 보여진다. 간혹 천사가 잉크통을 들고 있기도 하고, 그의 순교 도구인 도끼가 등장하기도 한다.

모니카, Monica, 4세기 성 아우구스티노의 어머니로서, 또한 성녀 같은 품성으로 유명하다. 그녀는 아들을 위해 온 생애를 바쳤고, 성 아우구스티노는 자신의 위대한 책 『고백록』Confessiones에서 자신이 아닌 어머니의 희생에 대해서 진심으로 아름다운 찬사를 보인다. 그녀는 성 아우구스티노를 따라 이탈리아로 갔다. 성 아우구스티노가 개종하고 밀라노에서 성 암브로시오에게 세례를 받은 후에 모니카는 아프리카의 집으로 돌아가던 길에 오스티아Ostia에서 죽었다.

그녀는 수녀나 과부를 나타내는 검은색 혹은 회색의 옷을 입고 있고,

종종 자신의 유명한 아들 성 아우구스티노 관련 그림에 등장한다.

바르바라 Barbara, 3세기 이집트의 헬리오폴리스Heliopolis 또는 소아시아의 니코메디아Nicomedia에서 태어났다. 바르바라는 이교도인 부유한 아버지 밑에서 자란 자기애가 강한 사람이었다. 아버지는 딸이 결혼을 해서 그의 곁을 떠날 것을 두려워했다. 전설에 따르면, 그런 까닭으로 아버지는 높은 탑을 지어 고급스런 가구로 채우고 세상으로부터 그녀를 보호하였다. 하지만 그녀는 그리스도교에 대해 듣고 관심을 갖게 되었다. 그래서 그리스도인 제자가 의사로 변장한 채 방문할 수 있도록 주선하였다. 결국 그녀는 개종하였고 세례를 받았다. 어느 날 자신의 탑에 단지 두 개의 창문이 있다는 것을 깨달은 그녀는 아버지가 자리를 비운 틈을 타 다른 하나를 더 만들라고 일꾼들에게 명령하였다. 아버지가 귀환하자, 자신의 새로운 믿음에 대해 고백하면서 혼은 세 개의 창문들, 즉 성부, 성자, 성령의 세 창문을 통해서 빛을 받아야 한다고 설명하였다. 이 사실에 격분한 아버지는 그녀를 고문하라고 명령했던 당국에 그녀를 넘겼다. 그녀 아버지는 이것으로 끝내지 않고 당국에 요청하여 딸의 머리를 자르도록 허가를 받았다. 그가 이 끔찍한 일을 실행에 옮기고 집으로 되돌아왔을 때, 크게 천둥소리가 나더니 그 가운데에서 번갯불이 떨어져 죽고 만다. 이 불길한 형벌 때문에, 성녀 바르바라는 포병, 군인, 총기 제작자, 소방관의 수호성인이 되었다. 그녀는 돌발사고와 돌연사를 대항케 되었다.

그녀의 불변의 상징물은 일반적으로 세 개의 창문이 있는 탑이다. 종종 성작과 제병을 들고 있는데, 그녀는 이 상징물을 가졌던 유일한 여성 성인이다. 그녀는 자신의 마지막 소원에 관련하여 그렇게 하는 것이다. 그녀는 죽음의 순간에, 자신의 순교를 존중할 수 있는 모든 사람들을 위해서 성사의 은총을 요청하였다. 또한 그녀의 상징물인 공작의 깃털은 그녀의 탄생 도시인 헬리오폴리스와 관련 있다. 전설적인 불사조不死鳥, phoenix가 이곳에서 다시 젊어졌다는 말이 있다. 불사조는 서방에서 알려지지 않았기 때문에, 그 도시의 표장으로 대용되었다.

바르톨로메오 사도 Bartholomaeus 그리스도의 제자들 중 한 사람으로 거의 알려지지 않았다. 전승은 그가 동쪽으로 인도까지 여행하였다고 한다. 아르메니아 Armenia 에서 설교하는 동안, 이교도들에게 체포되었고, 산 채로 살가죽이 벗겨져 십자가에 못 박혔다. 따라서 그의 상징물은 그의 순교의 도구인 독특한 모양의 긴 칼이다. 그것은 자신의 살가죽이 벗겨질 것을 암시하는 것으로, 가끔 한쪽 팔에 인간의 피부를 지니고 있는 것이 묘사되었다.

바오로 사도 Paulus Apostolus 신약성경에서 성 루카의 사도행전과 성 바오로의 많은 서간들로 인해, 성 바오로는 예수의 1세기 제자들 중 가장 널리 알려져 있다. 바오로는 타르수스 Tarsus 에서 태어났고 사울 Saul 이란 이름으로 불렸다. 유다인이긴 하지만 부모는 로마 시민이었다. 그는 타르수스에서 사려 깊은 지도를 받았고, 예루살렘에서, 그리스도인들에 대한 첫번째 박해를 시작하였던 가말리엘 Gamaliel 의 가르침을 받았다. 사울은 교회의 첫 번째 부제副祭, Diaconus 인 성 스테파노가 돌팔매질 당하는 것을 목격하였고, 갑자기 하늘에서 내려온 강한 빛에 압도당해 장님이 된다. 그때 그는 그리스도인 공동체를 파괴하려는 임무를 띠고 다마스쿠스 Damascus 로 가던 길이었다. 그는 땅에 떨어졌고 "'사울아, 사울아, 왜 나를 박해하느냐?' 하는 소리를 들었다. 사울이 '주님, 주님은 누구십니까?' 하고 묻자 그분께서 대답하셨다. '나는 네가 박해하는 예수다.'"(사도 9, 3 이하)라고 말하는 한 음성을 들었다. 사울의 동료들은 그를 다마스쿠스로 인도하였다. 하나니아스 Hananiah, Ananias 가 그곳으로 찾아와 그에게 손을 얹으니 시력이 회복되었다. 사울은 일어나 세례를 받았고, 그의 그리스도교 이름은 바오로가 되었다. 사막에서 은둔의 기간 후에, 바오로는 그리스도교 믿음의 가장 위대한 선교사가 되려고 그리스도의 다른 제자들과 행동을 같이 하였다. 그는 소아시아와 그리스

전역에 걸쳐서 세 번의 위대한 선교 여행을 하였다. 비유다인 세계로 그리스도교의 교훈을 전하는 일은 '이방인들의 선교사'라는 칭호를 얻게 했다. 결국 그는 팔레스티나에서 체포되었고, 로마 시민으로서 네로 황제 앞에서 발언 기회를 달라고 호소하였다. 그는 로마로 보내졌고 로마에서 투옥되었다. 투옥 동안 그는 다수의 서간들을 작성한 것으로 추측된다. 전승은 바오로가 로마에서 칼로 순교 당했다고 전한다. 성 베드로와 성 바오로는 그리스도교 교회의 실제 설립자들로 간주되며, 따라서 헤아릴 수 없는 종교화들의 주제들이다.

그림에서 성 바오로는 자신이 참수되었던 검과 책, 혹은 자신의 서간들 두루마리와 함께 묘사된다.

바오로 은수자 Paulus Eremita, 4세기   독거獨居 은수자 삶을 살았던 가장 초기의 사람으로 전해진다. 젊었을 때는 이집트의 테베 시에서 살았다. 데키우스 황제 치하에서 그리스도인들이 박해받는 동안, 그는 사막 지역에서 피난처를 찾았다. 대추나무와 근처에 우물이 있는 동굴에서 살면서 98년이나 사막에서 머물렀다. 전설은 이 기간 동안 까마귀 한 마리가 반 덩어리의 빵을 그에게 매일 가져왔다고 이야기한다. 그는 사막의 고독 속에서 마침내 성 안토니오 아빠스에게 발견되었으며, 죽을 때까지 그곳에 함께 있었다고 한다. 바오로가 죽었을 때 두 마리의 사자가 나타나 바오로 시신을 묻고 있는 안토니오를 도왔다.

르네상스 시기의 그림에서 바오로는 길고 하얀 머리카락과 턱수염, 종려나무 잎사귀로만 만든 옷을 입은 나이가 매우 많은 사람으로 묘사된다. 그를 알아볼 수 있는 특별한 상징물은 빵 덩어리와 까마귀, 종려나무, 그리고 성 바오로를 묻는 성 안토니오 아빠스를 도왔던 사자들이다.

베네딕도 Benedictus, 6세기   베네딕도회의 설립자인 베네딕도는, 지금은 움브리아Umbria에 있는 노르치아Norcia의 스폴레토Spoleto 인근에서 태어났다. 이른 나이에 은수자隱修者, eremita, hermit가 되었고 거룩한 삶을 살았기에 많은 제자들이 따랐다. 제자들에게 지켜야 할 삶의 규칙을 정해주고, 12개의 수도원으로 보내 각 수도원을 담당하는 장상長上, Superior을 두었다. 그는 몬테카시노Monte Cassino에 큰 수도원을 설립하였고, 그곳에서 서방 수도자들 대부분을 위한 지침 역할을 하는 기본 규칙들을 집필하였다. 그의 여동생 스콜라스티카Scholastica는 베네딕도 수녀회의 공동체 첫 지도자가 되었다.

성 베네딕도는 하얀 턱수염을 늘어뜨리고 본래 수도복인 검은색 겉옷robe이나 개혁 수도회의 흰색 겉옷robe을 입은 베네딕도회 아빠스의 복장이 일반적이다. 그의 생애에서 일부 잘 알려진 이야기와 관련있는 몇몇 상징물들이 있다. 비둘기는 여동생 스콜라스티카의 영혼을 상징하는데, 그는 그녀가 죽었을 때 하늘로 올라가는 것을 보았다고 한다. 크리스탈 잔이나 포도주가 흘러내리는 깨진 잔 옆에 뱀이 있는 것은 그를 살해하기 위해 독이 든 포도주를 주었던 것에서 비롯되었다. 까마귀는 그가 은수자로 동굴에서 살고 있을 때 빵을 가져다주었던 새를 생각나게 한다. 때때로 입술에 집게손가락을 대고 있는 것은 그가 수도회에 주었던 침묵의 규칙에 대한 암시이다. 깨진 그릇은 유모가 그릇을 깨뜨렸을 때 파편들을 다시 붙인 기적에 관한 것이다. 빛나는 사다리는 그가 하늘로 승천하였다고 말한 그 사다리를 나타낸다. 또한 때때로 음욕의 죄로부터 자신을 벌하려고 가시덤불에 구르는 벌거벗은 젊은이로 묘사된다. 악마의 유혹을 나타내는 흑조黑鳥가 자주 등장한다. 친밀한 친구이자 베네딕도회의 공경 받는 성인 마우로Maurus와 플라치도Placidus의 젊은 모습과도 함께 종종 그려진다.

유명한 한 전설은 어느 날 플라치도가 근처에 있는 호수로부터 물 한 통을 가져오려고 자신들이 살고 있었던 수도원을 어떻게 떠났는지를 말한다. 호숫가로 갔던 그는 미끄러져 물속에 빠졌고 익사 위험에 처했다. 그 상황을 깨달은 베네딕도는 자신들의 형제 수도승을 도우러 가라고 마우로를 불렀다. 마우로는 호숫가를 향해 달렸고 플라치도의 머리카락을 붙잡아 안전하게 그를 끌어냈다. 마우로는 호수의 기슭으로 돌아왔던 후에야 자신이 물 위를 실제로 걸었다는 것을 깨달았다.

베드로 사도 Petrus Apostolus 베드로는 갈릴래아의 어부이자 안드레아의 형이었다. 그는 야고보, 요한과 함께 그리스도와 내적인 친밀함을 나누었다. 사도들 사이에서 베드로는 대변인 역할을 했던 것으로 여겨진다. 성 마태오는 자신의 복음서에서 베드로와 안드레아가 어떻게 사도직에 불리었는지를 이야기한다. "예수님께서는 갈릴래아 호숫가를 지나가시다가 두 형제, 곧 베드로라는 시몬과 그의 동생 안드레아가 호수에 어망을 던지는 것을 보셨다. 그들은 어부였다. 예수님께서 그들에게 이르셨다. '나를 따라오너라. 내가 너희를 사람 낚는 어부로 만들겠다.'"(마태 4, 18 이하) 그 부르심부터, 베드로는 복음서들에서 자주 언급되었다. 카이사리아에서 그리스도의 질문에 대답하였던 것은 베드로였다. "예수님께서 '그러면 너희는 나를 누구라고 하느냐?' 하고 물으시자, 시몬 베드로가 '스승님은 살아 계신 하느님의 아드님 그리스도이십니다.' 하고 대답하였다. 그러자 예수님께서 그에게 이르셨다. … '너는 베드로이다. 내가 이 반석 위에 내 교회를 세울 터인즉, 저승의 세력도 그것을 이기지 못할 것이다. 또한 나는 너에게 하늘나라의 열쇠를 주겠다.'"(마태 16, 15 이하) 예수 수난에 대한 성경 이야기에서, 베드로의 충성서약은 그의 부인否認에 밀접하게 뒤따랐고 깊이 후회했다는 사실은 모든 사람에게 잘 알려진 이야기이다. 그리스도의 승천 이후 베드로의 생애는 사도행전과 관련된다. 베드로는 안티오키아 주변에서 활동하면서 소아시아 도처에 구세주의 말씀을 옮겼다. 그 후 그는 로마로 갔다. 그곳에서 그가 첫 번째 그리스도교 공동체를 형성하였다고 전해진다.

전승은 성 베드로가 황제의 총애를 받던 한 사람에게 마법을 걸었다고 고발될 때까지 약 25년 동안 로마에서 일을 하였다고 전한다. 베드로는 그리스도 제자들의 탄원으로 로마에서 도망치는데, 도중에 그리스도의 환시를 보게 된다. 베드로는 '주님 어디로 가십니까?Domine, Quo vadis?' 하고 물었고, 그에 예수는 '다시 십자가에 못 박히려고 로마로 간다.'라고 대답하였다. 이것을 표징으로 받아들인 베드로는 로마로 되돌아갔고, 그곳에서 체포되었고 투옥되었다. 결국 채찍으로 맞고 머리를 아래로 하여 십자가에 못박혔다. 이것은 자신이 그리스도와 같은 방식으로 죽을 자격이 없다고 생각했기 때문에 스스로 선택했던 것이다.

성 베드로에 대한 대부분의 그림에서 그가 하늘나라의 열쇠를 들고 있는 것으로 묘사되며 자신이 영혼들의 어부라는 것을 보이려고 물고기를 들고 있기도 한다. 그의 배신과 관련하여 가끔 수탉이 가까이에서 보여지고, 밝은 노란색의 망토는 계시된 믿음을 상징한다.

베드로 순교자 Petrus Martyr, 13세기 도미니코회에서 성 도미니코 다음으로 가장 중요한 성인으로 여겨지고 있다. 베로나 Verona 에서 태어난 베드로는 성 도미니코의 설교를 듣고 도미니코회에 입회하였다. 그는 강력한 설교가가 되었고 교황 그레고리오 9세에 의해 이단심문관異端審問官, Inquisitor 의 총장으로 임명되었다. 이단을 억압하는 직무를 매우 엄격하게 이행하면서 그에 대항하여 사람들의 분노가 일어났다. 그로인해 코모 Como 에서 밀라노로 가는 도중에 길에서 암살되었다.

미술작품에서 그는 일반적으로 도미니코회의 수도복을 입고 머리에 피가 흐르는 상처와 함께 묘사된다. 종려나무 가지를 들고 있거나 종종 그의 순교의 도구로 손 또는 머리에 칼이나 단도短刀가 꽂힌 모습일 때도 있다.

베로니카 Veronica 외경外經 인 『니코데모의 복음서』는 성녀 베로니카의 전설을 말한다. 예수가 자신이 못 박힐 십자가를 지고 걸어가고 있을 때, 베로니카는 그분의 고통을 애처롭게 생각해 자신의 머리수건 혹은 손수건으로 그분 이마의 땀을 닦았다. 기적적으로 그 천에 구세주의 얼굴 모습이 박혀 있었다. 미술에서 그녀의 상징물은 가시관을 쓴 그리스도의 초상을 담은 '베로니카의 머리수건', 베로니카의 수건이다. 또한 골고타로 가는 길에 대한 많은 그림들에서 베로니카가 등장한다.

베르나르도 Bernardus, 12세기   프랑스에 있는 클레르보 Clairvaux의 아빠스로, 부르고뉴 Bourgogne의 가장 위대한 가문의 한 후손이다. 그는 파리 대학교에서 공부하였고, 23세의 나이에 시토 Citeaux에 있는 시토회 Ordo Cisterciensis의 기원 수도원에 입회하였다. 그는 시토회 수도원에 입회한 지 불과 2년 만에 지도자로서의 자질을 인정받아 12명의 제자들과 함께 새 수도원의 기초를 세우라고 클레르보로 보내질 정도였다. 이곳에서 베르나르도는 유럽 전역의 위대한 영적 지도자가 되었다. 심지어 영국과 프랑스의 왕들은 그의 조언과 도덕적인 설득에 유념하였다. 특히 그는 제 2차 십자군의 책임을 진 프랑스의 루이 6세가 영향력을 행사하는 데 있어서 큰 역할을 했다.

베르나르도는 일반적으로 수도회의 책임자와 교회 학자 Doctor ecclesiae로서의 자질을 나타내는 시토회의 흰색 수도복을 입고, 손에 책이나 펜을 들고 있는 모습으로 묘사된다. 때때로 이단의 패배를 나타내려고 쇠사슬에 묶인 악령이 등장하거나, 그가 거절하였던 주교직 세 개와 관련하여 발 앞에 3개의 주교관이 놓여 있다. 웅변의 표시로서 벌집이 등장하기도 한다. 수난의 십자가와 도구들은 그의 신비주의적 저술 『묵상집』 Meditatio*과 관련이 있다.

베르나르디노, 시에나의 Bernardinus Senensis, 15세기   시에나 Siena 시의 귀족 가문에서 태어났다. 그는 젊은 시절 엄격한 금욕의 삶에 자기 자신을 바쳤던 도시의 외곽에 작은 경당을 직접 건축하였다. 1400년에 무시무시한 흑사병이 발발하게 될 시에나에서 법을 공부하였다. 흑사병이 유행하자, 베르나르디노는 몇 달 동안 병에 걸린 사람들을 도왔다. 그

---

* 이 책은 베르나르도 성인의 이름을 내세워 13세기에 쓰여진 것이다. 중세에 광범위하게 읽혔고, 중세 후기에는 가장 유명한 교회 저술들 중 하나였다. 그러나 이 책이 베르나르도의 작품으로 설명하는 것은 명백한 오류이다.

다음에 프란치스코회에 입회하고 자신의 모든 재산을 기부하였다. 그가 성직자로 서품을 받은 후에, 이탈리아 전역을 여행하면서 종교적이거나 공적인 문제 모두에서 엄청난 영향력을 미쳤다. 그는 세 개의 주교직을 제안 받았으나, 선교사를 계속하기 위해 거절하였다. 일찍이 그는 자신의 설교에 사용하였던 예수의 이름을 상징하는 그리스어 문자인 IHS가 새겨진 명판銘板 때문에 마르티노 5세 교황에게 이단이라는 혐의를 받았다. 로마에서 재판이 열렸는데, 그는 당당하게 석방되었고 거룩한 이름을 공적인 표현으로 이끈 '예수 성명聖名 신심 공경'의 창시자로 알려지게 되었다.

베르나르디노는 일반적으로 명판 혹은 IHS, 또는 프란치스코회의 수도복을 입고 있고 심장이 새겨진 태양을 지닌 모습으로 묘사된다. 그가 거부하였던 세 개의 주교직을 상징하는 주교관들이 그려진다.

보나벤투라 Bonaventura, 13세기 전설에 따르면, 이 성인의 이름은 심각하게 앓고 있던 아이 보나벤투라를 어머니가 성 프란치스코 발 앞에 누이고 목숨을 구해달라고 빌었던 일에서 비롯된다. 아이는 회복되었고 성 프란치스코는 "오, 보나벤투라!" 오 행운이여! O buona ventura! 라고 외쳤다. 그때 어머니는 그 이름으로 하느님에게 아이를 봉헌하였다.

1221년 토스카나 Toscana 의 바뇨레조 Bagnoregio, Bagnorea 에서 태어난 보나벤투라는 1251년에 프란치스코회에 입회하였고 나중에 그곳의 총장이 되었다. 그는 심오한 학생이자 신학자, 신비주의자였고, '세라핌적 박사' Seraphic Doctor 라고 불리며 프란치스코회의 위대한 학자로 인정받고 있다. 그의 잘 알려진 저술들 중에서 특별한 관심을 받는 것은 성 프란치스코의 생애이다. 그는 교황 그레고리오 10세의 비서로 활동하다가 1274년 리옹 Lyons 에서 죽었다.

전설에 따르면, 교황의 대사들이 보나벤투라를 추기경으로 추대하기 위해 방문했을 때, 그는 저녁식사를 했던 접시를 닦고 있었다. 그는 대사들에게 추기경 직책을 받을 준비가 될 때까지 추기경 모자를 나무의 큰 가지에 매달아달라고 요청하였다. 그래서 보나벤투라는 자신의 옆에 혹은 자신의 발 앞에 매달린 추기경 모자와 함께 자주 등장한다. 보나벤투라는 거룩한 성체를 받으러 가기에는 영적으로 너무 겸손하였기에, 천사가 그에게 성체를 가져왔다. 성체를 갖고 있는 천사가 때때로 성인의 그림들에 등장하곤 한다. 보나벤투라의 다른 상징물은 십자가와 성작이다. 그는 일반적으로 프란치스코회의 수도복을 입고, 때로는 추기경으로, 때로는 수사로 묘사되지만 항상 말끔하게 면도한 모습으로 묘사된다.

블라시오 Blasius, Blaise, 3세기 아르메니아Armenia 에 있는 세바스테아Sebastea 의 주교로, 직업은 의사였다. 하느님의 영감으로 감동을 받은 그는 산 속에 있는 동굴에 살면서 관상을 이어가던 중 야생짐승들에 둘러싸이게 되었다. 하지만 짐승들은 그를 공격하지 않고 오히려 그를 맞이하고 꼬리치며 따랐고, 아프거나 상처 입었을 때 그에게 왔다. 그러던 어느 날, 황제의 사냥꾼에게 발각되어 마술사라는 누명을 쓰고 죄수로 끌려갔다. 리치니우스Licinius 앞에 끌려간 블라시오는 쇠 빗으로 육신을 찢기는 고문을 당한 뒤 호수에 내던져지도록 선고를 받았다. 하지만 하느님의 도움으로 상처가 낫게 되고, 블라시오는 많은 사람들에게 설교하면서 물 위를 걸었다. 그 후 그는 참수되었다.

르네상스 시기 그림에서 블라시오는 주교 복장을 하고 하얀 턱수염을 기른 노인으로 묘사된다. 그는 자신의 순교에 대한 암시로 쇠 빗과 병자들을 치유하기 위한 간절한 바람을 기념하여 불을 붙인 초를 갖고 있다. 또한 야생 동물들의 수호성인이다. 한 번은 물고기 뼈를 삼키고 숨막힘으로 죽을 뻔한 어린이를 구했다는 이야기 때문에 성 블라시오는 인후통咽喉痛 에 대항해서 언급된다.

빈첸시오 Vincentius, 4세기 스페인의 사라고사Saragossa, Zaragoza 의 부제副祭였다. 디오클레티아누스 황제의 재위 동안, 빈첸시오는 다치아누스

Dacianus 지방총독Proconsul, 前執政官 에 의해 박해받았고, 가장 끔찍한 고문을 당했다. 그럼에도 불구하고 성 빈첸시오의 믿음은 흔들림이 없자, 다치아누스는 친절함과 사치로 그를 유혹하려고 시도하였다. 다치아누스는 장미가 흩뿌려진 좋은 침대를 마련해 빈첸시오를 눕혔다. 빈첸시오는 침대에 눕자마자 하느님에게 혼을 맡겼고, 그리고 죽었다. 다치아누스는 시신을 야생 동물에게 던지도록 명령하였으나, 까마귀 한 마리가 나타나 모든 공격들로부터 시신을 보호하였다. 그 다음에는 목둘레에 맷돌을 묶어 배에서 바다로 던졌다. 기적적으로 해안으로 떠밀려온 시신에 모래가 쌓여 성 빈첸시오의 무덤이 만들어졌다. 수년 후, 그의 시신이 발견되었고 발렌시아Valencia 에 묻혔다.

그림에서 성 빈첸시오는 부제복을 입은 아름다운 젊은이로 묘사된다. 그는 순교의 종려나무 가지를 들고 있지만, 그의 특별한 상징물은 상 비센테 곶Cabo de São Vicente 으로 성인의 유해를 가져왔던 배와 동반하였던 두 마리의 까마귀이다. 그의 순교와 관련하여 채찍과 사슬, 쇠갈고리가 있는 석쇠 혹은 맷돌이 상징물이다.

세바스티아노 Sebastianus, 3세기

갈리아Gallia 에 있는 나르본Nar-bonne 의 젊은 귀족이며, 로마 황제들의 특별 호위대인 근위대近衛隊, Praetorium 의 중대장이었다. 세바스티아노의 예수에 대한 숨겨졌던 믿음은 자신들의 믿음을 버리기보다는 그 믿음으로 고문당하다 죽기를 선택한 동료 장교 두 사람을 격려하면서 밝혀졌다. 이 사실을 들은 디오클레티아누스 황제는 그리스도에 대한 믿음을 버리고 로마 신들을 숭배하라고 세바스티아노를 설득하였다. 세바스티아노가 거부하자, 황제는 그를 화형주火刑柱에 묶고 화살을 쏘아 죽이라고 명령하였다. 그렇게 명령은 실행되었고 세바스티아노는 죽도록 방치되었다. 그러나 그의 순교한 친구 중 한 사람의 어머니는 세바스티아노가 여전히 살아있다는 것을 발견하였다. 그녀는 상처를 치료해주고 다 나은 후에 로마에서 달아나라고 조언하였다. 하지만 세바스티아노는 도망치는 대신 공개적으로 나서서 자신의 믿음을 선언하려고 결정하였다. 그녀의 조언을 듣지 않고 그는 궁전의 계단에서 유죄판결을 받았던 사람들을 위해 변호하고 황제의 불관용을 비난하였다. 그런 그를 디오클레티아누스 황제가 보고 크게 놀랐고 "너는 세바스티아노가 아니냐?"라고 물었다. 이에 그 젊은이는 대답하였다. "저는 참으로 하느님이 당신의 손에서 구해주었던 세바스티아노입니다. 나는 예수 그리스도에 대한 믿음을 증언하고 그분의 종들을 위하여 간청할 것입니다." 그러자 디오클레티아누스 황제는 그를 경기장으로 데려가서 곤봉으로 죽을 때까지 때리라고 명령하였다. 그의 친구들이 세바스티아노의 시신을 찾을 수 없도록 하기 위해 로마의 큰 하수구에 던졌음에도 불구하고 시신이 발견되어 성 베드로와 성 바오로의 발치에 있는 지하묘지 catacumba 에 묻혔다.

세바스티아노는 나무나 화형주에 묶여 화살들로 꿰뚫린 육신의 젊은이로 등장한다. 고대에는 전염병이 아폴로의 화살을 통해 옮겨진다고 믿었다. 그런 까닭에 성 세바스티아노는 그 두려운 전염병에 대항하여 간구된 첫 번째 성인이 되었다.

스콜라스티카 Scholastica, 6세기 성 베네딕도의 쌍둥이 여동생이다. 자신의 오빠처럼 그녀도 종교에 삶을 봉헌하였고, 마침내 베네딕도회 수녀들의 공동체를 설립하였다. 그녀가 죽을 때 성 베네딕도는 독방에서 기도하고 있었다고 한다. 그곳에서 환시로 비둘기 모습을 한 동생의 혼을 보았다. 그래서 성 베네딕도는 수도승들에게 그녀의 죽음을 알렸고, 시신을 자신의 아빠스좌 수도원 abbatia, abbey 으로 가져와 자기 자신이 묻히고자 준비해두었던 무덤에 안장하도록 지시하였다.

성녀 스콜라스티카는 베네딕도회의 첫 번째의 여성 성인이다. 일반적으로 그녀는 백합이나 십자가를 들고있는 모습으로 전설의 비둘기가 함께 나타나는데, 그 비둘기는 그녀의 발에 있거나, 가슴에 껴안고 있거나, 천국을 향해 날아가는 모습이다.

스테파노 Stephanus, 1세기 그리스도교의 첫 번째 부제副祭이고 믿음을 위한 첫 번째 순교자였다. 그의 이야기는 사도행전의 6장과 7장에서 서술된다. 그곳에서 "은총과 능력이 충만한 스테파노는 백성 가운데에서 큰 이적과 표징들을 일으켰다."라고 진술된다. 그러나 예루살렘에 있는 옛 믿음의 사람들은 스테파노의 말과 사람들에 대한 영향력에 분개하였다. 그들은 스테파노를 체포해 의회로 데려갔다. 그곳에서 그가 모세에 대항하고 하느님에 대항한 신성모독적인 말들을 했다는 거짓 증언으로 고소당했다. 스테파노는 답변으로 자신의 유명한 강론(사도 7, 2-53)을 설교하였다. 그래서 당국자들을 자극하였고 결국 그는 도시 밖으로 끌려가서 돌에 맞아 죽었다. 이때 후에 사도 바오로가 되었던 사울이 증인으로 참석해서 스테파노의 죽음에 찬성하였다. 스테파노는 죽을 때 무릎을 꿇고서 "주님, 이 죄를 저 사람들에게 돌리지 마십시오."라고 외쳤다. 전설은 스테파노가 죽고 400년 후에, 팔레스티나에 있는 루치아노 Lucianus 라는 사제가 스테파노의 시신이 쉬고 있는 장소를 계시받는 환시를 보았다고 주장한다. 결과적으로, 스테파노의 유해는 로마의 성 라우렌시오의 유해 옆에 다시 묻혔다. 성 스테파노의 시신을 가져오려고 무덤이 열렸을 때, 성 라우렌시오의 유해가 한쪽으로 움직여 자신의 손을 성 스테파노에게 건네주었다고 전해진다. 이것은 성 라우렌시오에게 주어졌던 '예의 바른 스페인사람'이란 칭호의 기원이다.

성 스테파노는 부제副祭의 복장을 하고 순교의 종려나무 가지를 몸에 지닌 젊은이로 묘사된다. 그의 특별한 상징물은 순교의 도구였던 돌이다. 그의 장례에 대한 전설 때문에, 성 스테파노와 성 라우렌시오는 종종 함께 묘사된다.

시몬, 젤롯당원, 사도 Simon Zelotes, Apostolus 천사들이 그리스도의 탄생을 계시하였던 목자들 중 한 사람이었던 것으로 여겨진다. 예수의 십자가에 못 박힘 이후, 그와 성 유다는 시리아와 메소포타미아의 도처에서 복음을 설교하였고, 둘 다 페르시아에서 순교하였다. 그들의 순교 도구는 알려지지 않고, 전승은 다양하다. 한 전승에 따르면, 성 시몬은 십자가에 못 박혔고, 다른 사람은 두 조각으로 톱질되는 처형을 당했다고 이야기한다. 미술에서 그의 상징물은 큰 톱 혹은 십자가이다.

실베스테르 Silvester, 4세기   실베스테르는 콘스탄티누스가 황제로 재위 중이던 314년에 로마의 주교가 되었다. 실베스테르에 관한 많은 전승이 있으나, 그중 콘스탄티누스 황제를 그리스도교로 개종시켰던 이야기가 가장 중요하다. 전해지는 이야기에 의하면, 나병으로 고통받던 콘스탄티누스는 환시에서 성 베드로와 성 바오로의 방문을 받았으며, 그들은 실베스테르에게 사람을 보내라고 말했다. 실베스테르가 보여준 그림 속의 성인들을 알아본 콘스탄티누스는 치료를 받아들였다. 실베스테르가 물웅덩이로 그를 데려가 세례를 주었고, 황제는 즉시 병이 나았다. 콘스탄티누스는 예수 그리스도가 로마 전체를 걸쳐 오직 참된 하느님으로 흠숭 받아야 한다며 명령을 내렸다. 이 전설의 또 다른 형태는 콘스탄티누스가 생애의 끝에서 실베스테르에게서 세례를 받게 되는데, 그는 자신의 많은 잔혹함에 대해 회개하며 세례의 물로 자신의 죄들에 의한 나병이 깨끗하게 되었다. 학식이 있는 박사들과 마법사들과의 분쟁이 발생했을 때, 실베스테르는 그리스도가 생명의 하느님이라는 증거로 죽은 황소를 되살렸다.

성 실베스테르는 일반적으로 교황의 예복에다 주교관과 삼중관을 쓰고 목장과 책을 든 모습으로 묘사된다. 그의 특별한 상징물은 발 앞에 누워 있는 황소이다. 때로는 용을 숭배하는 다른 종교를 로마제국 안에서 몰아냈다는 상징으로 용과 함께 그려진다.

아가타, 시칠리아의 Agatha Siciliae, 3세기   구세주에게 자신의 육신과 혼을 봉헌하였던 아름다운 그리스도인 소녀다. 그때 시칠리아의 총독인 퀸티아누스Quintianus가 아가타의 아름다움에 대해 듣고 자신의 궁전으로 데려오게 하였다. 그러나 아가타는 어떤 제안도 거절한 채 천상의 신

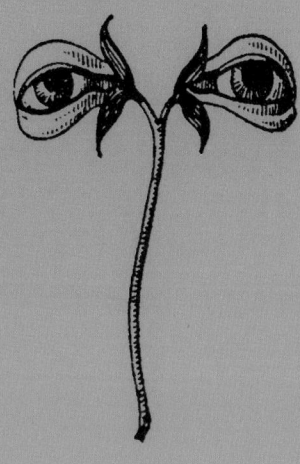

Signs & Symbols
in Christian Art

바르톨로메오 델라 포르타 Fra Bartolommeo della Porta
〈하와의 창조〉, 워싱턴주, 시애틀 아트 뮤지엄

알브레히트 알트도르퍼 Albrecht Altdorfer 의 연작
〈아담과 하와〉, 〈인간의 타락〉, 세폭 제대 뒤 병풍화의 중앙패널, 워싱턴 국립 미술관

▲
안토니오 드 벨리스 Attributed to Antonio de Bellis
〈노아의 제물을 바침〉, 텍사스주, 휴스턴 뮤지엄 오브 파인 아트

◀
조반니 디 파올로 Giovanni di Paolo
〈아담과 하와의 추방〉, 〈주님 탄생 예고〉 Annunciatio 의 세부, 워싱턴 국립 미술관

조반니 바티스타 티에폴로 Giovanni Battista Tiepolo
〈아브라함과 세 천사〉, 베네치아, 스쿠올라 그란데 디 산 로코

필리프 드 샹파뉴 Philippe de Champaigne, 〈이사악의 희생〉, 개인소장

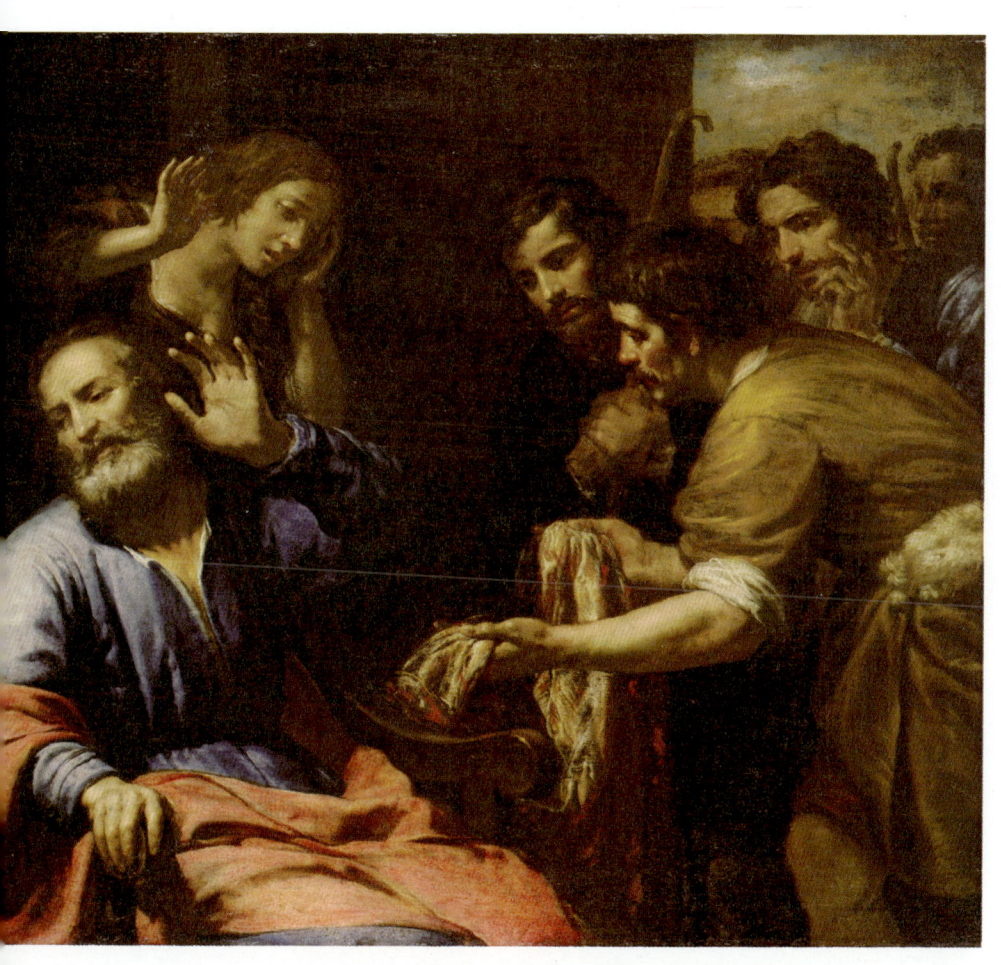

▲
알브레히트 뒤러 Albrecht Dürer
〈롯과 그의 딸들〉, 〈성모자 聖母子〉의 뒷면, 워싱턴 국립 미술관

▲
조반니 안드레아 데 페라리 Giovanni Andrea de Ferrari
〈야곱에게 피묻은 외투를 가져온 요셉의 형제들〉, 텍사스주, 엘 파소 아트 뮤지엄

파블로 베로네세 Pablo Veronese
〈우물가의 레베카〉, 워싱턴 국립 미술관

산드로 보티첼리 Sandro Botticellid
〈모세의 생애〉, 바티칸 시국, 시스티나 성당

루카 시뇨렐리 Luca Signorelli
〈모세의 구원과 죽음〉, 바티칸 시국, 시스티나 성당

아폴로와 다프네 전설의 거장 Master of the Apollo and Daphne Legend
〈파라오 군대의 수몰〉, 펜실베니아주, 벅넬대학교

세바스티앙 부르동 Sébastien Bourdon
〈모세의 발견〉, 워싱턴 국립 미술관

프란체스코 우베르티니 Francesco Ubertini, 바키아카 Bacchiacca, 〈만나를 줍는 이스라엘 백성들〉, 워싱턴 국립 미술관

헨드릭 테르브루그헨 Hendrick Terbrugghen
〈다윗과 가수들〉의 세부, 노스캐롤라이나주, 노스캐롤라이나 미술관

▲ 조반니 바티스타 피아체타 Giovanni Battista Piazzetta
〈불마차에 올라타는 엘리야〉, 워싱턴 국립 미술관

▶ 필리피노 리피 Filippino Lippi
〈토비아와 천사〉, 워싱턴 국립 미술관

마테오 디 조반니 Matteo di Giovanni
〈홀로페르네스의 머리를 든 유딧〉, 인디아나주, 인디아나대학교

세례자 요한의 생애의 거장 Master of the Life of St. Jon the Baptist
〈세례자 성 요한의 탄생, 명명命名, 그리고 할례〉, 워싱턴 국립 미술관

도메니코 베네치아노 Domenico Veneziano
〈사막에서의 성 요한〉, 워싱턴 국립 미술관

니콜로 다 바랄로 Nicolo da Varallo **의 연작**
〈설교하는 성 요한〉, 사우스캐롤라이나주, 컬럼비아 미술관

◀
베노초 고촐리 Benozzo Gozzoli
〈살로메의 춤과 세례자 성 요한의 참수〉의 세부, 워싱턴 국립 미술관

▶
안드레아 디 바르톨로 Andrea di Bartolo
〈동정녀의 탄생〉, 워싱턴 국립 미술관

안드레아 디 바르톨로 Andrea di Bartolo, 〈성전에서의 봉헌〉, 워싱턴 국립 미술관

베르나르 반 오를레 Bernart van Orley, 〈마리아의 결혼〉, 워싱턴 국립 미술관

◀
바르베리니 패널의 거장 Master of the Barberini Panels
〈주님 탄생 예고〉, 워싱턴 국립 미술관

▲
레예스 가톨릭 제단화의 거장 Master of the Retable of the Reyes Catolicos
〈주님 탄생 예고〉, 캘리포니아주, 엠 에이치 드 영 기념 박물관

피에트로 디 코시모 Piero di Cosimo
〈두 성인들과 마리아의 방문〉, 배경에서 오른쪽은 〈아기들의 학살〉 왼쪽은 〈아기예수에 대한 경배〉, 워싱턴 국립 미술관

안드레아 디 구스토 Andrea di Giusto
〈성모 마리아의 승천Assumptio에 함께한 성 예로니모와 성 프란치스코〉
오클라호마주, 필부룩 아트 센터

▶
파블로 디 조반니 페이
Pablo di Giovanni Fei
〈성모 마리아의 승천〉
워싱턴 국립 미술관

▶
아뇰로 가디 Agnolo Gaddi
〈성모 마리아의 대관〉
워싱턴 국립 미술관

▲
성 루치아 전설의 거장과 조수들 Master of the St. Lucy Legend and Assistant
〈하늘의 여왕 마리아〉, 워싱턴 국립 미술관

▲
필리피노 리피 Filippino Lippi
〈성모 마리아의 대관〉, 워싱턴 국립 미술관

조반니 바티스타 티에폴로 Giovanni Battista Tiepolo
〈오색 방울새의 성모〉, 워싱턴 국립 미술관

카를로 크리벨리 Carlo Crivelli
〈성모자〉, 워싱턴 국립 미술관

안젤리코 Fra Angelico 와 필리포 리피 Fra Filippo Lippi
〈동방박사의 경배〉, 워싱턴 국립 미술관

산드로 보티첼리 Sandro Botticelli
〈아기예수를 흠숭하는 성모 마리아〉, 워싱턴 국립 미술관

조르지오네 Giorgione, 〈성가정聖家庭〉, 워싱턴 국립 미술관

조르지오네 Giorgione, 〈목자들의 경배〉, 워싱턴 국립 미술관

세례자 요한의 생애의 거장 Master of the Life of St. John the Baptist
〈그리스도의 세례〉, 워싱턴 국립 미술관

두치오 디 부오닌세냐 Duccio di Buoninsegna
〈베드로와 안드레아 사도들을 부르심〉, 워싱턴 국립 미술관

빈첸조 카테나 Vincenzo Catena로 **추정**
<그리스도와 사마리아 여인>, 사우스캐롤라이나, 컬럼비아 미술관

야코포 틴토레토 Jacopo Tintoretto
〈갈릴래아 바다에서의 그리스도〉, 워싱턴 국립 미술관

세바스티아노 리코 Sebastiano Ricco
〈최후 만찬〉, 워싱턴 국립 미술관

벤베누토 디 조반니 Benvenuto di Giovanni, 〈겟세마니에서의 고뇌〉
프레델라 predella 〈우리 주님의 수난〉의 일부, 워싱턴 국립 미술관

움브리아 화파 Umbrian School
16세기 초, 〈그리스도에 대한 매질〉, 워싱턴 국립 미술관

야코포 델 셀라이오 Jacopo del Sellaio
〈수난의 상징들과 함께한 그리스도〉, 앨라배마주, 버밍햄 뮤지엄 오브 아트

귀도초 코차렐리 Guidoccio Cozzarelli
〈십자가에 못 박힘〉, 애리조나주, 애리조나 대학교

프란체스코 델 코사 Francesco del Cossa
〈십자가에 못 박힘〉, 워싱턴 국립 미술관

안젤리코 Fra Angelico 로 추정, 〈매장〉, 워싱턴 국립 미술관

모레토 다 브레시아 Moretto da Brescia, 〈피에타〉, 워싱턴 국립 미술관

필리피노 리피 Filippino Lippi
〈피에타〉, 워싱턴 국립 미술관

벤베투토 디 조반니 Benvenuto di Giovanni, 〈고성소古聖所, Limbo에 내려감〉
프레델라 predella 〈우리 주님의 수난〉, 워싱턴 국립 미술관

▲ 암브로조 보르고뇨네 Ambrogio Borgognone
〈부활〉, 워싱턴 국립 미술관

▶ 레안드로 다 폰테 다 바사노 Leandro da Ponte da Bassano
〈최후 심판〉, 앨라배마주, 버밍햄 미술관

프란치스코회 십자가에 못 박힘의 거장
Master of the Franciscan Crucifix
〈비탄의 성모〉, 워싱턴 국립 미술관

야코포 틴토레토 Jacopo Tintoretto
〈천상의 합창단에게 흠숭받는 삼위일체〉
사우스캐롤라이나주, 컬럼비아 미술관

▲
산치오 라파엘로 Sanzio Raffaello
〈성 미카엘과 용〉, 파리, 루브르 박물관

▶
한스 멤링 Hans Memling
〈성녀 베로니카〉, 워싱턴 국립 미술관

—
조토 Giotto **와 조수들**, 〈페루치 가문 제단 뒤 장식화〉
노스캐롤라이나주 롤리 Raleigh, 노스캐롤라이나 미술관

프란체스코 페셀리노 Francesco Pesellino 의 작업실
〈일곱 가지 덕德들〉, 앨라배마주, 버밍햄 미술관

바톨로메 에스테반 무리요 Bartolome Esteban Murillo
〈사도 성 안드레아의 순교〉, 마드리드, 프라도 미술관

조반니 다 밀라노
Giovanni da Milano
〈성 안토니오 아빠스〉
매사추세츠주,
윌리엄스 컬리지

—
피에로 델라 프란체스카 Piero della Francesca **의 조수**
〈성녀 아폴로니아〉, 워싱턴 국립 미술관

호세 데 리베라 José de Ribera
〈감옥에 있는 성 아녜스〉, 드레스덴, 피나코테크

▲ 프란시스코 데 수르바란 Francisco de Zurbarán
〈파도바의 성 안토니오〉, 아바나
국립미술관

▶ 조반니 바티스타 티에폴로 Giovanni Battista Tiepolo
〈성 시몬 스톡 앞에 나타난 카르멜의 성모〉, 베네치아
스쿠올라 델 카르미네의 천장화

피에트로 페루지노 Pietro Perugino
〈성 바르톨로메오〉, 앨라배마주, 버밍햄 미술관

필리포 리피 Fra Filippo Lippi
〈성 플라치도의 구조를 성 마우로에게 명령하는 성 베네딕도〉, 워싱턴 국립 미술관

올리브 마돈나의 거장 Master of the Olive Madonna, 우골리노 로렌제티 Ugolino Lorenzetti
〈알렉산드리아의 가타리나〉, 워싱턴 국립 미술관

안토니아초 로마노
Antoniazzo Romano 의 제자
〈성 블라시오〉, 캘리포니아주
E. G. 크로커 아트 갤러리

바르톨로메 에스테반 무리요 Bartolomé Esteban Murillo
〈마리아에게 책 읽는 법을 가르치고 있는 성 안나〉
마드리드, 프라도 미술관

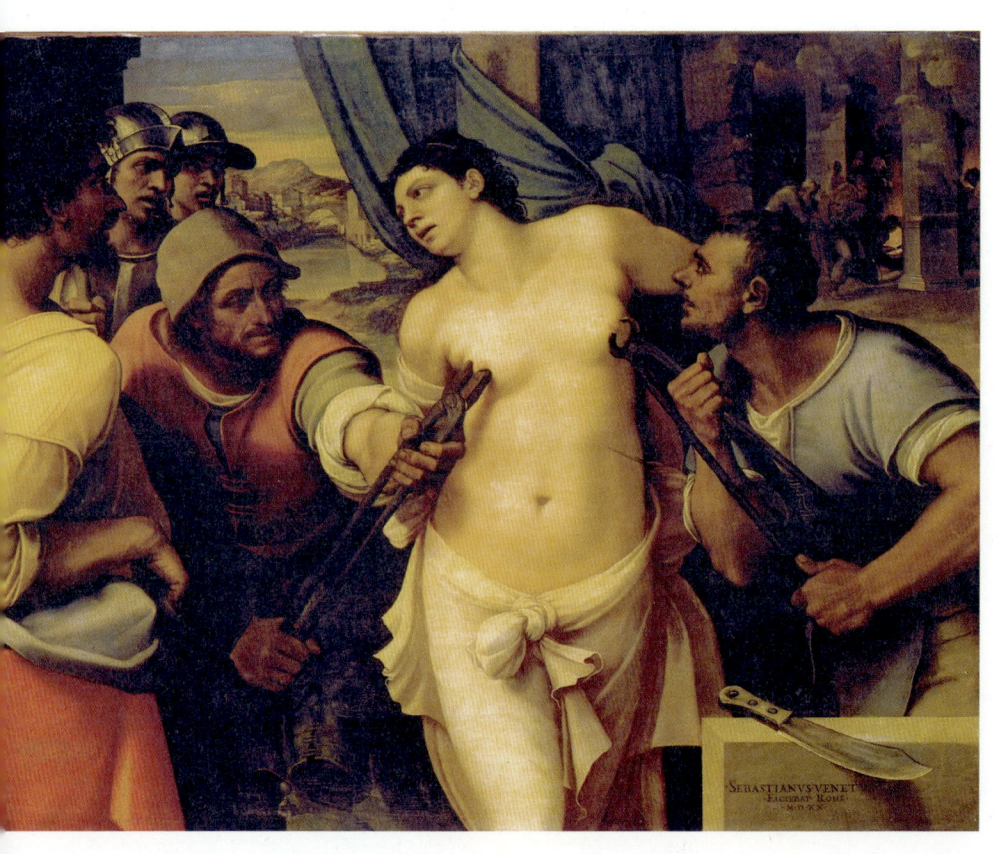

세바스티아노 델 피옴보 세바스티아노 루치아니, Sebastiano del Piombo
〈성 아가타의 순교〉, 피렌체, 피티 궁

◀
안토니오 다 코레조 Antonio da Correggio
〈성녀 가타리나의 신비적인 결혼〉
워싱턴 국립 미술관

▶
디르크 바우츠 Drick Bouts
〈성 크리스트포로〉, 〈브라반트의 진주〉
오른쪽 날개, 뮌헨, 알테 피나코테크

거룩한 십자가의 거장 Master of Heiligenkreuz, 〈성녀 클라라의 죽음〉, 워싱턴 국립 미술관

동정녀가 성녀 클라라의 머리를 잡고 있다. 앞에 성녀 아녜스, 혹은 성녀 클라라의 자매인 복된 아녜스가 어린양과 함께 있다. 왼쪽에는 용과 함께 성녀 마르가리타가 있다. 뒷부분의 왼쪽에서 오른쪽으로 바구니와 함께 성녀 도로테아, 탑과 함께 성녀 바르바라. 형거[刑車] 와 함께 성녀 가타리나가 있다.

안젤리코 Fra Anglico
〈성 고스마와 다미아노에 의한 팔라디오의 치료〉, 워싱턴 국립 미술관

리포 반니 Lippo Vanni
〈성 도미니코〉, 플로리다주 마이애미대학교

리포 반니
〈헝가리의 성녀 엘리자베스〉
플로리다주, 마이애미대학교

비토레 크리벨리 Vittore Crivelli
〈성 프란치스코〉, 펜실베이니아주
필라델피아 미술관

프란체스코 파셀리노 Francesco Pasellino
〈십자가에 못 박힌 예수를 바라보는 성 예로니모와 성 프란치스코〉, 워싱턴 국립 미술관

◀ 조반니 안토니오 바치 Giovanni Antonio Bazzi, 소도마 Sodoma
⟨성 제오르지오와 용⟩, 워싱턴 국립 미술관

▶ 세바스티아노 리치 Sebastiano Ricci
⟨참된 십자가의 발견⟩, 워싱턴 국립 미술관

시모네 마르티니 Simone Martini 와 조수들
〈성 대 야고보〉, 워싱턴 국립 미술관

성 프란치스코의 거장, 13세기
Master of St. Francis, 13th Century
〈성 소小 야고보〉, 워싱턴 국립 미술관

조반니 바티스타 치마 다 코넬리아노 Giovanni Battista Cima da Conegliano
〈광야에서의 성 예로니모〉, 워싱턴 국립 미술관

프란치스코 주바란 Francisco Zubaran
〈성 예로니모, 성녀 파울라와 성녀 에우스토키움〉, 워싱턴 국립 미술관

호세 데 리베라 José de Ribera
〈성 바르톨로메오의 순교〉, 마드리드, 프라도 미술관

피에로 디 코시모 Piero di Cosimo
〈성 요한 복음사가〉, 하와이주, 호놀룰루 아카데미 오브 아트

베르나르도 스트로치 | Bernardo Strozzi
〈가난한 사람들에게 교회의 보물들을 주는 성 라우렌시오〉, 오리건주, 포틀랜드 미술관

브라만티노 Bramantino
⟨라자로의 부활⟩, 뉴욕, 크레스 컬렉션 Kress Collection

프란체스코 델 코사 Francesco del Cossa
〈성녀 루치아〉, 워싱턴 국립 미술관

로히르 반 데르 바이덴 Rogier de la Pâture
〈성모 마리아를 그리고 있는 성 루가〉, 상트페테르부르크, 에르미타슈 미술관

프랑코-라인니쉬 거장 Franco-Rhenish Master
1440년경, 〈투르의 성 마르티노의 미사〉
펜실베이니아주, 앨렌타운 아트 뮤지엄

신치오 라파엘로 Raffaello Sanzio
〈성 마르가리타〉, 빈, 미술사 미술관

시모네 마르티니 Simone Martini **와 조수들**
〈성 마태오〉, 워싱턴 국립 미술관

루카스 크라나흐 Lucas Cranach
〈성 바오로〉, 파리, 루브르 박물관

지롤라모 마키에티 Girolamo Macchietti
〈성 니콜라오 생애의 한 장면〉, 런던 내셔널갤러리

세바스티아노 리치 Sebastiano Ricci
〈성 바오로 은수자의 죽음〉, 캔자스주, 캔자스대학교

마르토 조포 Marco Zoppo
〈성 베드로〉, 국립 미술관

안드레아 브레노 Andrea Bregno
〈성 필립보〉, 대리석 양각석상, 미주리주
윌리엄 녹힐 넬슨 갤러리 오브 아트

생 질의 거장 The Master of St. Gilles
15세기 후반, 〈성 레미지오에 의한 아리우스주의자의 전향〉, 워싱턴 국립 미술관

생 질의 거장
〈클로비스의 세례〉, 워싱턴 국립 미술관

로렌초 코스타 Lorenzo Costa **로 추정**
〈성 율리아노와 성 로코〉, 조지아주, 애틀랜타 미술 연합 갤러리 Atlanta Art Association Galleries

아미코 아스페르티니
Amico Aspertini
⟨성 세바스티아노⟩
워싱턴 국립 미술관

비토레 카르파초 Vittore Carpaccio
〈성 베드로 순교자와 성 스테파노〉, 오클라호마주, 필부룩 아트센터

이탈리아 화파
〈성 라우렌시오〉, 아시시, 성 프란치스코 미술관

시모네 마르티니 Simone Martini **와 조수들**
〈성 시몬〉, 워싱턴 국립 미술관

시모네 마르티니와 조수들
〈성 타대오〉, 워싱턴 국립 미술관

전체 이미지 〈하늘의 여왕 마리아〉는 226페이지 참조

▲
성녀 루치아 전설의 거장과 조수들 Master of the St. Lucy Legend and Assistant
〈악기를 든 천사들〉 〈하늘의 여왕 마리아〉의 세부, 워싱턴 국립 미술관

◀
베네초 고촐리 Benozzo Gozzoli
〈천사들과 기증자와 함께 한 성녀 우르술라〉, 워싱턴 국립 미술관

파올로 베로네세 Paolo Veronese
〈거룩한 대화〉 성인들인 라우렌시오, 아녜스, 그리고 안토니오 아빠스와 함께 한 성모자
루이지애나주, 이사악 델게이도 뮤지엄 오브 아트

흰색 스카프를 두른 여인이 성녀 바르바라

플레말의 거장과 조수들 Master of Flémalle and Assistants
〈알렉산드리아의 가타리나, 세례자 요한, 바르바라와 안토니오 아빠스와 함께 둘러 막힌 정원에서 성모자〉, 워싱턴 국립 미술관

비아조 단토니오 다 피렌체 Biagio d'Antonio da Firenze
〈성인들과 기증자들의 아기 예수 경배〉 왼쪽에서 오른쪽으로 기증자와 그의 아들, 성 도미니코, 세례자 성 요한, 톨렌티노의 성 니콜라오, 툴루즈의 성 루도비코, 기증자의 아내. 배경에서 왼쪽은 성 크리스토포로, 오른쪽은 성 세바스티아노
오클라호마주, 필브룩 아트센터

랑에게 속하였다는 것을 선언하면서, 그리스도를 부정하기를 거부한다. 자신을 바치기를 거부한 것에 화가 난 퀸티아누스는 가장 잔인한 고문으로 그녀를 벌하기로 결정하였다. 큰 가위로 그녀의 양 가슴을 잘라내고는 큰불에 던져 넣으라고 명령하였다. 하지만 하느님의 도움이 그녀를 구했다. 지진이 그녀를 불에서 구출해냈고 상처 입은 가슴은 성 베드로와 동반한 천사에 의해 밤 동안 치유되었다. 이후에도 퀸티아누스의 고문은 계속되었다. 마침내, 지친 성녀는 자신이 죽음으로써 고통으로부터 해방될 수 있도록 기도하였고, 그녀의 기도는 허락되었다.

그녀가 죽은 지 약 1년 후에, 카타니아Catania 시는 에트나Etna 산에서 발생한 화산 폭발과 이때 흘러내리는 용암으로 파괴될 지경이었다. 사람들은 성녀 아가타의 무덤으로 부리나케 달려갔고, 밀려드는 용암을 향해 높이 그녀의 비단 머리수건을 들었다. 그러자 용암의 흐름이 바뀌었고, 그 도시는 구해졌다. 많은 사람들이 이 기적을 보고 그리스도교로 개종하였다.

성녀 아가타는 일반적으로 한 손에는 승리의 상징으로 종려나무 가지를, 다른 손에는 자신의 순교에 대한 암시로 양쪽 가슴이 놓인 접시 혹은 쟁반을 가지고 있는 것으로 그려진다. 그녀의 순교의 도구들인 큰 가위 혹은 족집게가 때때로 그녀의 손에 들려져 있거나 옆에 놓여 있다. 또한 에트나 산의 화산 폭발에서 카타니아 시를 구했던 기적과 관련하여 일반적으로 긴 머리수건을 쓰고 있다.

아녜스 Agnes, Inez, 3세기 살레르노Salerno와 로마의 어린이 성녀인 아녜스가 그리스도교 믿음에 삶을 봉헌하였을 때는 불과 열세 살이었다. 아녜스는 자기자신을 그리스도의 신부로 선언하였고 로마 총독 아들과의 결혼을 거절하였다. 아들이 그녀를 몹시 사랑하고 있음을 안 총독은 처음에는 설득으로, 그 다음에는 수치심으로 그녀의 결심을 흔들려고 했다. 그녀는 매춘굴로 보내져 발가벗겨졌다. 그러나 그녀는 그리스도에게 바쳤던 자신의 육신이 그분을 위해 순수함이 유지될 수 있게 해달라고 기도하자 머리카락이 길게 자라 몸을 가리고, 빛나고 화려한 예복이 천국으로부터 그녀에게 보내졌다. 총독은 아녜스를 화형에 처하지만 그녀는 불길 한가운데에서 아무런 해를 입지 않고 서 있었다고 한다. 마침내 병사가 칼로 목을 베어 아녜스는 순교한다. 그녀의 장례식 후에 많은 그리스도인이 그녀의 무덤에 공경하러 왔는데, 어느 때 하늘의 영광으로 빛나는 그녀가 순결의 상징인 어린 양과 함께 나타났다고 한다.

그림에서 성녀 아녜스는 자신의 상징물인 어린 양을 데리고 있는 모습으로 쉽게 알아볼 수 있다. 순교의 표시로 발 앞에 칼이나 불꽃이 그려지기도 한다. 때때로 긴 머리카락이나 긴 머리 수건을 덮고 있는 모습으로 보여진다.

아우구스티노 Augustinus, 5세기   교회의 4대四大 라틴 교부들 중 한 사람으로, 누미디아Numidia에서 태어났고 카르타고Carthago에서 교육받았다. 그런 다음 로마에서 법을 공부하였고 학식으로 주목받는다. 어머니 모니카Monica는 그리스도인이었고 아들이 교회의 교리를 따르게 하려고 하였다. 그러나 아우구스티노는 이미 마니교Manichaeismus의 가르침을 신봉하고 있었는데, 비록 자기 자신 안에서 도덕적인 갈등을 점점 더 느끼게 되었지만, 어머니의 간청을 거부하였다. 그리스도교 믿음을 거절한 그의 주장은 그것이 너무 단순하고, 단순한 마음에만 가치가 있다는 것이었다. 그러다가 수사학 교수로 밀라노에 왔을 때 비로소 그리스도교에 매혹되었다. 당시 밀라노의 주교였던 성 암브로시오Ambrosius가 믿음으로 이끌었던 것이다. 그는 공적인 고백을 하였고 세례를 받았다. 〈성 암브로시오의 사은찬미가〉Te Deum를 처음으로 노래하였던 것이 이때였다.

후에 아우구스티노는 아프리카에 있는 히포Hippo의 주교가 되었고, 그곳에서 그는 자기 생애의 남은 기간 동안 머물렀고, 반달 족Vandals에 의해 그 도시가 포위 공격을 당하는 동안 76세의 나이에 열병으로 죽었다. 그는 자신의 저술들과 자신의 영적인 모범 둘 다를 통해 그리스도교에 엄청난 영향을 미쳤다. 그의 유명한 문학 작품, 자신의 『고백록』 Confessiones 에서, 그는 자신의 영적인 생애를 이야기했다. 성 아우구스티노는 자신의 저술들에 관련하여, 일반적으로 책과 펜을 몸에 지닌 주교의 복장으로 그려진다. 그러나 그의 특별한 상징물은 타는 듯한 심장이고, 자신의 불타는 경건함과 하느님의 사랑을 연상시키는 화살로 때때로 꿰찔렸다.

그의 생애에 대한 한 가지 이야기가 자주 묘사되었다. 그 이야기는 성 아우구스티노가 바닷가를 홀로 걷고 있을 때, 언뜻 보기에 모래에 있는 한 구멍 속에 전체의 대양大洋을 옮기려고 노력하고 있는 한 작은 소년을 발견하였다. 성인은 그 아이에게 불가능한 것을 하고 있다는 것을 말하였다. 이것에 그 소년은 대답하였다. "그대가 묵상하는 것에 대한 신비들을 설명하려는 그대보다는 그렇지 않다."

아폴로니아 Apollonia, 3세기   알렉산드리아에 이교도 주민들에게 큰 존경을 받는 마술사가 있었다고 한다. 그는 그리스도인들이 자신이 숭배하는 신들을 멸시하고 파괴하였기 때문에, 그리스도인들에 대한 총괄적인 박해를 명령하였다. 많은 그리스도인들이 죽음을 피하려고 도시를 떠났으나, 그 교회의 여부제女副祭, Diaconissa 였던 아폴로니아는 남겨진 소수의 사람들을 위로하려고 도시에 남았다. 그녀는 그리스도교의 믿음을 설교하고 많은 사람들을 개종시키면서 순교를 기쁨으로 기다렸다. 이것 때문에 그녀는 당국에 체포되었고 그 도시의 신들에게 제물을 바치라는 선고를 받았다. 그러나 그 성녀는 숭배를 강요받았던 우상들 앞에서 십자성호를 그었고, 그 상들은 천 개로 산산조각이 났다. 그 일로 인해 기둥에 묶여 치아를 집게로 뽑아내는 처벌을 받았다. 다음으로는 도시 밖의 화형대로 끌려갔다. 아폴로니아는 전혀 두려워하지 않고 불 속으로 몸을 던져 그리스도에게 자신의 육신을 봉헌하였다. 그녀의 상징물들은 순교의 종려나무 가지와 뽑은 치아를 들고 있는 한 쌍의 집게이다. 그래서 그녀는 치과의사들의 수호성인이다.

안나 Anna 전승에 따르면 동정녀 마리아의 어머니로 르네상스 시기의 많은 미술 작품들에서 등장한다. 동정녀 생애의 장면들, 예를 들어 황금 문Golden Gate에서의 만남, 아기에게 글을 가르치는 모습, 동정녀의 성전 봉헌 등에서 나타난다. 특히 아기 예수와 함께 한 성가정의 그림들에서 유명하다(제7부 동정녀 마리아 참조).

그녀의 주요 표장標章은 불멸과 하느님의 사랑의 상징들인 초록 망토와 빨간색 옷이다. 또한 책을 들고 있는 것으로 묘사된다.

안드레아 사도 Andreas 갈릴래아 벳사이다Bethsaida의 어부인 시몬 베드로의 동생으로 그리스도의 첫 번째 제자들 중 한 사람이었다. 전승에 따르면, 사도들이 복음을 전할 지역을 각자 할당받았을 때, 안드레아는 남부 러시아에 이르는 북부지역을 맡게 된다. 그의 설교로 많은 사람이 그리스도교로 개종하였고 그리스에 있는 로마의 통치자는 민중 봉기를 두려워하였다. 그래서 안드레아를 체포해 온갖 종류의 고문을 가한 후에도 그의 고통을 지속시키기 위해 십자가에 매달았다. 안드레아에 관한 초기의 기록에서는 그를 묶었던 십자가는 곧은 십자가 혹은 Y자 형태 중 하나라고 전하지만 X자 형태였던 것으로 믿어진다.

성 안드레아의 상징물은 그의 순교 도구인 X 십자가이다. 그는 스코틀랜드의 수호성인이다.

안사노 Ansanus, 3세기 로마의 귀족 가문에서 태어난 안사노는 아기였을 때 유모 막시마Maxima에 의해 몰래 세례를 받았고 그리스도인으로 양육되었다. 19세 때, 디오클레티아누스 황제 치하에서 그리스도인들에 대한 박해에도 불구하고, 안사노는 공개적으로 자신의 믿음을 선언하였다. 이 선언으로 인해 그와 막시마는 전갈 채찍질을 당하였다. 이때 막시마는 죽고, 안사노는 회복하지만 시에나Siena 시에 죄수로 보내졌다. 그곳에서도 역시 복음을 설교하였고 많은 개종자들이 있었다. 결국 그는 황제의 명령으로 참수되었다.

안사노는 시에나의 사도로 알려져 있고 그곳의 수호성인으로 택해졌다. 그의 관례에 따른 상징물은 십자가와 분수 혹은 세례의 잔과 함께 있는 기旗이다.

안토니오, 대 大 또는 아빠스 Anthonius Magnus, Abbas 르네상스 시기의 그림에서 매우 자주 등장하는 인물이다. 그는 이집트에서 귀족이면서 부유했던 그리스도인 부모에게서 태어났다. 18세가 되던 해 부모님이 돌아가시면서, 그의 영이 갑자기 깨어났다. 그는 가난한 사람들에게 재산을 분배하였고, 지팡이만을 갖고 다니는 사막의 한 은수자 무리에 합류하였다. 남은 모든 삶을 자기 부정과 영적인 성장에 바쳤다. 그는 20년 동안 육신의 나약함을 극복하고 하느님만을 위해 살려고 분투하며 나일 Nail 강 인근 폐허에서 홀로 살았다. 그가 자신의 '악령들'이라고 불렀던 유혹과 투쟁들은 많은 미술 작품의 주제가 되었다. 고독의 삶에서 돌아왔을 때, 많은 사람들이 그의 지도를 받기 위해 모여들었고 영적인 힘을 얻었다. 90세의 그는 고독과 자기 부정 속에 있는 자신처럼 그렇게 오래 산 사람은 없다고 믿었다. 그러나 한 음성이 "너보다 더 거룩한 한 사람이 있다. 왜냐하면 은수자 바오로 Eremita Paulus 는 90년 동안 고독과 보속補贖 속에서 하느님에게 봉사하였기 때문이다."라고 말하는 것을 들었다. 그래서 안토니오는 은수자 바오로를 찾으러 갔다.

　그는 가는 길에 많은 놀라운 일과 유혹을 만난다. 악마가 그를 막으려고 금괴를 놓았지만, 켄타우로스 Centaurus*와 사티로스 Satyros**가 그에게 길을 알려주었다. 안토니오는 모든 유혹을 십자성호로 쫓아버렸고, 마침내 바오로가 살고 있는 동굴에 도착하였다. 그들이 만났을 때, 바오로는 60년 동안 매일 까마귀 한 마리가 빵 반 덩어리를 어떻게 자신에게

---

* 그리스 신화에 등장하며 상체는 인간이고 가슴 아래부터 뒷부분은 말인 가상의 종족. 성질이 난폭하고 호색적인 종족으로 묘사된다.
** 그리스 신화에 등장하며 상반신은 남자, 하반신은 염소의 모습으로 머리에 짧은 뿔이 나 있고 몸은 뻣뻣한 털로 뒤덮여 있다.

가져왔는지 말하였다. 두 노인들은 사막에서 함께 살기 시작하였고, 그 후 까마귀는 매일 빵 한 덩어리를 온전히 가져왔다. 바오로의 죽음 이후, 안토니오는 자신의 거처로 되돌아왔고, 그곳에서 그는 105세의 나이로 죽을 때까지 14년 동안 머물렀다.

성 안토니오는 수도 생활의 아버지로 간주된다. 그런 까닭에 그는 일반적으로 수도승의 두건과 겉옷으로 묘사된다. 그의 왼쪽 어깨에는 그리스어에서 하느님을 의미하는 '테오스'Θεός란 단어의 첫 번째 문자로 원래 '테르타'Θ인 파란 T가 있다. 그는 자신의 많은 나이를 나타내는 목발에 의존하고, 손목이나 목발에 종을 매달고 있다. 이 상징물의 의미는 다른 방식으로 설명된다. 가장 일반적인 믿음은 악령과 사악한 영들을 쫓아내려는 성인의 능력을 상징한다는 것이다. 관능官能과 탐욕, 악령의 대표인 돼지가 죄에 대한 성인의 승리 표시로서 성 안토니오와 동반되기도 한다.

지옥의 불꽃에 대한 환시는 성 안토니오 안에서 육신에 대한 욕망들이 죽었다는 암시로서, 때때로 발아래에 불꽃들을 나타낸다.

안토니오, 파도바의 Antonius Patavii, 13세기   리스본Lisbon에서 태어나 그 도시의 주교좌성당 학교에서 자랐다. 우선 성 아우구스티노회에 입회하였으나 성 프란치스코의 거룩함에 대해 듣고 아시시로 프란치스코회의 설립자를 찾아갔다. 성 프란치스코는 처음에 안토니오를 단순하고 선한 젊은이로 생각했다. 하지만 안토니오의 설교를 듣고는 웅변 실력에 감탄해 수도회 교육 사업의 많은 부분을 그에게 위임하였다. 안토니오는 프란치스코의 마음에 드는 제자이자 친밀한 친구가 되었다. 안토니오 성인이 은혜로이 받은 아름다운 설교는 더욱 좋아졌으며, 그로 인해 그는 사람들로부터 큰 사랑을 받았다. 그는 볼로냐Bologna, 몽펠리에Montpellier, 툴루즈Toulouse를 거쳐 파도바에서 신학을 가르치다 36세의 이른 나이에 사망한다.

몇몇 전설들이 이 성인에 대해 말한다. 그중에서 안토니오의 나귀가 마구간에서 떠나 성체 앞에 무릎을 꿇지 않는 한 성체 안에 그리스도의 현존을 믿을 수 없다고 하였던 툴루즈의 이단자 이야기가 있다. 며칠 후, 성 안토니오가 죽어가는 사람에게 성체를 모셔가려고 성당을 떠나고 있을 때, 그 나귀를 계단에서 만났고 나귀는 성체 앞에 무릎을 꿇었다. 이 전설 때문에, 성 안토니오는 자주 무릎을 꿇고 있는 나귀와 함께 묘사된다. 그는 일반적으로 프란치스코회의 수도복을 입은 모습으로 그려진다. 그의 손에 다른 상징물, 즉 백합과 꽃으로 꾸며진 십자가, 물고기, 책, 불 등을 들고 있다. 특히 르네상스 시기 이후에는 아기 그리스도를 안고 있는 것으로 묘사되어 왔다. 그는 파도바의 수호성인이다.

암브로시오 Ambrosius, 4세기 교회의 라틴 교부들 중 한 사람이다. 로마 총독의 아들인 그는 갈리아에 있는 트리어Trier에서 태어났고, 로마에서 교육받았다. 그는 두 개의 로마 속주에서 총독이 되었고, 새 주교를 선출하는 동안 아리우스주의자들과의 분쟁이 발생해 평화를 되찾고자 밀라노로 갔다. 그곳에서 사람들에게 이야기하고 있는 동안 한 어린이의 음성이 "암브로시오는 주교가 될 것이다."라고 선언하는 것을 들었다는 전설이 있다. 이것이 천국으로부터의 표징으로 여겨졌고 암브로시오는 그때 세례조차 받지 않았음에도 불구하고 즉시 그 자리에서 주교로 선출되었다. 그는 새로운 직책에 헌신하였고 위대한 정치가이자 신학자, 신앙심이 깊은 시인으로 증명되었다. 그는 교회의 봉사를 새로운 위엄과 장엄함으로 격상시켜야 할 책임이 있었고, 전례를 읊조리는 형식인 암브로시오 성가Ambrosian chant를 창작하였다.

성 암브로시오는 주교복에 주교관主敎冠, Mitra과 주교 지팡이[木杖, Baculus]와 책을 들고 그려진다. 때때로 그는 이탈리아 밖으로 아리우스주의자를 내모는 데 있어서 자신의 역할을 나타내는 전갈 채찍을 가지고 있었다. 또한 그가 아기였을때 벌떼가 입에 내려 앉음으로써 훗날의 웅변을 예고했다는 전설을 의미하는 벌통과 함께 그려진다.

야고보, 대 大 , 사도 Jacobus Major, Apostolus 성 요한의 형으로 그리스도와 친밀한 관련이 있었던 것으로 간주된다. 복음에서는 그리스도가 베드로와 야고보, 요한을 옆으로 자주 불렀다고 말하고 있어 세 사도와 친밀한 관계였음을 암시한다. 그들은 예수의 거룩한 변모 Transfiguratio 에 참석하였고 겟세마니에서의 고뇌 동안 그분에게서 떨어져 있었다.

신약성경에 있는 서간들 중 하나는 성 야고보가 쓴 것으로 본다. 그리스도의 승천 후에 헤로데가 그를 칼로 죽였다는 사실을 제외하고, 그에 대한 기록은 더 이상 없다. 그러나 전설에서 대 야고보는 부유한 사람이고, 스페인 군대의 수호성인이다. 산티아고 Santiago* 라는 이름으로 일반적으로 불리게 되면서 그는 전 세계 그리스도교 국가에서 가장 잘 알려진 성인이 되었다. 산티아고 순례길은 성 야고보의 가장 유명한 순례 중 하나로, 그가 그리스도교를 처음 설립하였던 스페인 콤포스텔라 Compostella** 에 도착하였던 것을 말한다.

그가 스페인을 무어인들로부터 해방시켰다고 보기 때문에, 스페인 미술에서는 말을 타고 표장을 들고 있는 것으로 묘사된다. 이탈리아에서는 일반적으로 순례자의 지팡이, 가리비 껍데기, 혹은 그의 순례의 상징인 호리병박과 함께 묘사된다. 사도 중 한 사람으로, 때때로 서간에 쓰여진 그리스도의 육화를 증언하는 자신의 본문과 함께 한쪽 손에 두루마리를 들고 있다.

야고보, 소 小 , 사도 Jacibus Minor, Apostolus 소 야고보의 정체에 대해서는 이견이 많다. 전설에 따르면, 그는 예수의 친척이고 예루살렘의 초대 주교였다. 성전의 지붕에서 던져도 죽지 않자, 이에 분노한 군중이 곤봉과 축융공 縮絨工 의 방망이로 때려 죽였다고 한다.

그의 상징물은 순교의 도구였던 곤봉 혹은 방망이이다.

---

* 이 이름은 라틴어 Sanctus(聖)과 Jacobus(야고보)가 합쳐진 것으로 여겨진다.
** 이 지명은 라틴어 Campus Stellae의 합성어로 여겨지며, 뜻은 "별의 초원"이다.

에우페미아 Euphemia, 3세기 그리스 교회의 유명한 성인이다. 전설에 따르면, 믿음 때문에 박해 받았으나 그녀에겐 불이 붙지 않았고 사자들은 그녀를 잡아 먹기를 거부하였다. 그러다 참수되었다.

그녀는 사자나 곰, 승리의 종려나무 가지, 그녀의 순교 도구였던 칼과 함께 묘사된다.

에우스타키오 Eustachius, 2세기 원래 플라치도Placidus로 알려져 있었고, 트라야누스 황제의 근위대 지휘관이었다. 그에 대한 전설은, 어느 날 사냥을 하던 중 자신 앞에 있는 하얀 수사슴을 보았다고 한다. 사슴의 양 뿔 사이에 십자가 모양의 밝은 빛이 나타났다. 그 십자가에는 그리스도의 모습이 있었다. 플라치도는 그 환영에 무릎을 꿇었고, 십자가에 있는 모습은 "플라치도, 나는 네가 알지도 못하면서 지금까지 봉사하였던 그리스도이다. 너는 믿지 않느냐?"라고 말했다. 플라치도는 "주님, 저는 믿습니다."라고 대답하였다. 그런 다음에 그 환시는 앞으로 그가 많은 고난을 겪겠지만 주님은 그를 버리지 않을 것이라고 말하였다. 결과적으로 플라치도는 에우스타키오의 이름을 얻으면서 자신뿐만 아니라 아내, 두 아들이 모두 세례를 받았다.

그리스도의 예언처럼, 아내가 해적들에 끌려가기도 하고 두 아들이 야수들에게 잡혀가는 등 에우스타키오는 많은 고통을 겪었다. 에우스타키오는 기도하기 위해 사막으로 들어갔고, 15년 후에 기적적으로 가족들과 재결합하였다. 하지만 가족이 로마의 신들에게 감사드리기를 거부하면서 황제에게 사형선고를 받는다. 네 사람 모두 거대한 놋쇠 황소 안에 갇힌 채 아래에 불이 지펴졌고, 그들은 그렇게 죽었다.

에우스타키오는 일반적으로 말을 탄 병사나 기사로 묘사된다. 그의 상징물은 양 뿔 사이에서 십자고상이 비치는 수사슴 모습이다. 그는 자주 사냥개들을 동반하고, 때때로 순교의 도구인 놋쇠로 만든 황소와 함께 보여진다. 그는 사냥꾼들의 수호성인이다.

엘리사벳 Elisabeth 세례자 요한의 어머니이다. 복되신 동정 마리아의 방문Visitatio과 세례자 요한의 탄생 그림에서 나이든 여인으로 자주 묘사된다. 그녀는 특정한 상징물이 없다(제6부 세례자 요한, 제7부 동정녀 마리아 참조).

엘리사벳, 헝가리의 Elisabeth Hungariae, 13세기 헝가리의 왕 엔드레 2세 Endre II의 딸로 프레스부르크Pressburg에서 태어났다. 아주 어렸을 때 튀링겐Thüringen과 헤센Hessen 백작의 아들인 루트비히Ludwig와 약혼했고*, 미래의 남편 가족과 함께 살도록 보내졌다. 그곳에서 그녀의 아름다움을 질투한 궁전 부인들에게 푸대접을 받았다. 외로웠던 그녀는 가난한 사람들에게 시간과 재산을 바치고 본능적으로 종교에 눈뜨게 된다. 결혼한 지 얼마 지나지 않아 남편은 십자군 참전 동안 병에 걸려 죽었다.** 그러자 자신의 아들이 승계를 보장받기 원하였던 엘리사벳을 시동생은 성에서 쫓아내 금욕주의 성직자에게 보냈다. 아이들마저 빼앗긴 그녀는 단식을 이어가며 가난한 사람들을 위해 일했다. 그 일로 말미암아 엘리사벳은 24세의 나이에 죽었다.

　엘리사벳의 자기희생적 삶에 세상은 크게 감탄했고 많은 전설이 그녀에 대해서 말한다. 어느 한 겨울에 그녀는 가난한 사람들을 위해 앞치마에 음식을 가득 담아서 성을 떠나던 차에 우연히 남편을 만났다. 남편은 무엇을 가지고 가냐고 물었고 그녀가 앞치마를 펼쳐 보이자 그 안에 장미가 가득 차 있었다. 남편이 그녀에게 입을 맞추려고 구부렸을 때 그녀의 얼굴이 천국의 빛으로 변했다고 한다. 또 다른 전설에서는 엘리사벳이 나병 환자를 집으로 데려와 자신의 침대에서 재우려고 했다. 남편이

---

* 엘리사벳은 본래 그 백작의 첫째 아들인 헤르만과 약혼하였는데, 그가 1216년에 사망하자, 둘째 아들인 루트비히와 다시 약혼하였다.
** 루트비히와 엘리사벳은 1221년에 결혼하였고, 3남 1녀의 자녀를 두었지만 맏아들은 어려서 죽었다. 그리고 루트비히는 1227년에 십자군 참전 중 전염병으로 사망하였기에, 그들의 결혼 기간은 약 6년이다.

집에 돌아왔을 때 시어머니는 비열한 낯선 사람과 침대를 함께 쓰려고 한다며 며느리를 비난했다. 그때 하느님이 남편 루트비히의 눈을 열었고, 남편 루트비히는 나병 환자 대신 침대 위에서 십자가에 못 박힌 그리스도의 모습을 보았다고 한다.

성녀 엘리사벳은 1228년에 프란치스코회에 입회했고, 프란치스코회의 위대한 성인 중 한 사람으로 간주된다. 그녀는 프란치스코회의 수녀로서 자주 그려진다. 그녀의 상징물은 장미로 가득한 앞치마이지만, 때때로 그녀의 왕실 탄생, 결혼, 천국에서 그녀의 영광 수여를 나타내는 세 개의 왕관과 함께 보여진다.

예로니모 Hieronymus, 4세기 교회의 4대四大 라틴 교부 중 한 사람으로, 달마티아Dalmatia의 스트리도나Stridona에서 태어났다. 젊었을 때 그는 로마로 공부하러 갔고, 그곳에서 세례를 받았다. 교회에 대한 그의 최대 공헌은 라틴어로 쓴 성경의 새 번역불가태[Vulgata]본이었다. 예로니모의 생애는 학문과 고행으로 나뉜다. 로마에서 사제로 서품되었으나, 그의 독설毒舌로 인해 많은 적이 생겼고 결국 떠나야 했다. 안티오키아와 알렉산드리아를 거쳐 베들레헴에 도착하였고, 생애의 남은 기간을 그곳에서 지냈다.

성 예로니모는 성녀 파울라Paula와 그녀의 딸 성녀 에우스토키움Eustochium이 베들레헴에 도착하는 데 크게 기여했다. 성녀 파울라는 남편이 죽은 후, 로마를 떠났다. 신앙생활의 평온을 본 파울라는 자신의 고해신부이자 지도자였던 성 예로니모 인근에 자리 잡으려고 베들레헴으로 왔다. 그녀는 모든 재산을 교회에 바치고 은둔의 방법을 찾는 여인들을 위한 수녀원뿐만 아니라 예로니모와 그의 제자들을 위한 수도원을 건립하였다. 성녀 파울라가 죽은 후, 그녀의 딸 성녀 에우스토키움은 어머니가 하던 일을 계속 이어나갔다. 그들은 성 예로니모가 라틴어로 전체 성경을 번역하는 어려운 일을 할 때 끊임없이 격려했다고 한다. 라틴어는 일반 사람들이 사용하는 평범한 대중의 말이었기 때문에 그의 작업은 불가타*라고 부른다.

흥미로운 전설이 있는데, 성 예로니모가 베들레헴에 있는 자신의 수도원에서 살고 있을 때 다리를 심하게 저는 사자가 나타났다고 한다. 다른 수도자들은 도망쳤으나, 성 예로니모는 사자의 발을 살펴보고 깊게 박힌 가시를 빼주었다. 사자는 은혜를 갚기 위해 성 예로니모의 항구적인 동료가 되었다. 그러나 사자로 인한 불화들이 가라앉지 않았다. 수녀원의 수도자들은 그곳의 다른 모든 사람이 그런 것처럼 사자도 음식을 얻으려면 일을 해야 한다고 성 예로니모에게 청원하였다. 성 예로니모는 이에 동의하였고, 나무를 운반하는 수녀원의 나귀를 보호하는 역할을 맡도록 사자에게 명령하였다. 모든 것이 당분간 잘 되었다. 하지만 어느 날 방심한 사자가 나귀 곁을 떠나 사막으로 들어갔다. 홀로 남겨진 나귀는 강도들에게 붙잡혔고 대상隊商에 팔렸다. 사자가 원래 자리로 돌아왔지만 이미 나귀는 끌려간 다음이었고 크게 괴로워하며 홀로 수녀원으로 갔다. 사자의 죄지은 표정을 본 수녀승들은 사자가 나귀를 잡아먹었다고 생각하였다. 그래서 사자는 나귀의 일을 대신하라는 벌을 받았다. 사자는 겸허히 받아들여 순명하였다. 그러던 어느 날 대상隊商에 있는 나귀를 발견하고 자신의 무죄를 증명하려고 대상 전체를 데리고 의기양양하게 수녀원으로 데려왔다.

그래서 성 예로니모는 대부분 사자를 동반한 모습으로 그림에 등장한다. 성인은 때때로 추기경의 빨간 모자와 진홍색 예복을 입은 노인으로 묘사되곤 하는데, 이는 모순되게도 교회 초기에 로마 성직자들이 후에 추기경들에게 있던 직무를 가지고 있었다는 사실에 의해 설명될 수 있다. 성 예로니모는 좀 더 자주 십자고상과 두개골, 올빼미가 옆에 그려지며, 돌로 가슴을 치면서 기도하는 모습이나 사막에 있는 은수자로 등장한다.

---

*불가타(Vulgata)는 "일반에게 널리 보급되고 있다"는 뜻으로, 예로니모의 라틴어역 성경이 대중이 쉽게 읽을 수 있도록 번역되었기 때문에 이 말이 붙여지게 되었다. 우리말로는 "대중 라틴말 성경"이라고 한다.

오누프리오 Onuphrius, 4세기　60년 동안 사막에서 완벽한 고독으로 살았던 이집트 테베Thebes의 수도승이었다. 전설에 따르면, 한 천사가 주일마다 그에게 성체를 가져왔다고 한다. 그는 상부上部 테베의 주교인 파프누시오Paphnutius에게 결국 발견되었고, 발견 당시의 그는 긴 머리카락과 허리에 한 잎사귀 장식을 제외하고 벌거벗고 있었다고 한다. 파프누시오는 그가 죽을 때까지 함께 있었으며, 오누프리오가 죽자, 두 마리의 사자가 나타났고 그의 무덤을 팠다고 한다.

　오누프리오는 황무지에서 머리카락으로 벌거벗은 모습을 덮었고, 잎사귀들을 허리에 맨 모습으로 묘사된다. 그를 묻으려고 도왔다고 전해지는 두 마리의 사자도 자주 함께 등장한다.

요셉 Josephus　동정녀 마리아의 남편으로 나자렛Nazareth의 목수였다. 그는 예수의 탄생과 다른 유년기 이야기를 다룬 그리스도의 생애에 대한 그림에 자주 나타난다(제7부 동정녀 마리아, 제8부 예수 그리스도 참조).

　그는 싹튼 지팡이와 함께 자주 보여진다. 이것은 동정녀 마리아가 열네 살이었을 때, 누가 하느님에게서 가장 선호되는지 가리킬 표징을 희망하면서 구혼자들이 성전에 각자의 지팡이를 남겼다는 전설과 관련이 있다. 아침에 보니 요셉의 지팡이에서 싹을 틔우고 있었고, 거기에서 비둘기 한 마리가 나와 하느님에게로 날아올랐다. 성 요셉의 다른 상징물은 목수의 대패와 톱, 손도끼, 그리고 그의 순결의 상징인 백합이다. 종종 성전 봉헌의 장면에서 바구니에 비둘기 두 마리를 옮기는 모습으로 등장한다.

요아킴 Joachim　동정녀의 아버지로 그녀의 생애에 대한 장면들에서 아내 안나와 함께 자주 나타난다(제7부, 동정녀 마리아 참조). 그의 상징물은 어린 양, 백합과 성전에서 그의 신앙심 깊은 봉헌에 관련하여 바구니에 담긴 비둘기들이다.

요한 세례자 Joannis Baptistae 엘리사벳과 즈카르야의 아들로, 구약성경의 마지막 예언자이자 신약성경의 첫번째 성인으로 간주된다. 그리스도의 오심을 예언하고, 그분에게 세례를 준 일, 헤로데의 감옥에 던져진 일, 궁극적으로 살로메Salome를 기쁘게 하려고 죽임을 당한 일 등 요한의 이야기는 성경 독자들에게 친숙하다(제6부 세례자 성 요한 참조).

르네상스 시기 미술에서, 일부는 종교 예식을 위한 것이고 다른 것들은 세례자 요한의 역사와 종교적인 체험을 자세히 설명하는 셀 수 없이 많은 그림들이 있다. 그는 피렌체의 수호성인으로서 피렌체 미술에서 특히 빈번하다. "요한은 낙타 털로 된 옷을 입고 허리에 가죽 띠를 둘렀다. 그의 음식은 메뚜기와 들꿀이었다."(마태 3, 4)라고 썼던, 성 마태오에 의해 묘사되었던 것처럼 일반적으로 묘사된다. 하지만 그가 낙원에 있을 때는 그리스도의 왼편에 서 있거나 앉아 있을 때 종종 고급스러운 옷을 입었다. 그는 종종 자신의 팔에 어린 양과 "보라, 하느님의 어린양이시다."(요한 1, 36)라고 적힌 두루마리를 갖고 있다.

그의 상징물은 어린 양이다. 때때로 갈대 십자가 혹은 갈대 십자가에 기旗가 함께 등장한다. 요한의 머리를 받치고 있는 깊거나 큰 접시는 그의 처형을 나타낸다.

요한, 사도이자 복음사가 Joannes, Apostolus et Evangelista 그리스도의 열두 사도 중 가장 어렸고 대大 야고보의 동생이었다. 그는 "예수님께서 사랑하시는 제자"라고 불리고, 그의 이름을 딴 복음서는 최후 만찬에서 "예수님 품에 기댄" 사람으로 그를 언급한다. 요한은 세 명의 마리아와 함께 예수의 십자가에 못 박힘에 참석하였다. 예수는 자신의 어머니에게 "여인이시여, 이 사람이 어머니의 아들입니다.", 그리고 그 제자에게 "이분이 네 어머니시다."라고 말하였다(요한 19, 26, 27). 전승은 그리스도 말씀을 실천하려고, 이때부터 마리아는 요한과 함께 살았다고 말한다. 마리아의 죽음 후에, 성 요한은 성 베드로와 함께 복음을 설교하면서 유다를 여행하였다. 그는 요한묵시록에 언급된 일곱 교회들을 설립하였던 소아시아로 여행하였다고 한다. 전설에 따르면, 결국 요한은 에페소 Ephesus로 살려고 갔는데, 그곳에서 도미티아누스 황제가 그를 죽이려는 시도를 두 번이나 하는 등 박해를 받았다. 한 번은 황제가 그에게 독이 든 포도주 한 잔을 마시게 했다. 요한이 복종하여 그 잔을 들었을 때, 독은 뱀의 모양으로 변하더니 떠났다. 다음에 요한은 끓는 기름 솥에 던져졌으나, 해를 입지 않고 나왔다. 그래서 그는 자신의 묵시록 장소인 파트모스Patmos, 밧모 섬 섬으로 유배되었다. 그는 매우 늙은 나이에 에페소에서 자연사로 죽었다고 추측된다. 성 요한은 자신이 썼던 복음서와 세 편의 서간들, 자신의 이름을 지녔던 묵시록으로 잘 알려져 있다.

그는 때로는 복음사가로, 때로는 사도로서 나타난다. 그의 주요 상징물은 가장 높은 영감의 상징인 독수리와 책이다. 또한 가끔 죽을 고비를 넘겼던 상황을 보여주는 기름솥이나 뱀이 담긴 잔과 함께 보여진다.

요한 괄베르토, 피렌체의 Joannes Gualbertus Florentiae, 11세기 그에게는 성 금요일의 전날에 살해당한 동생이 있었다. 요한은 암살범을 추적해 죽이려고 했지만, 그 남자는 예수 그리스도의 이름으로 자비를 애원하였다. 요한은 그리스도의 고통을 상기하며 죽이는 대신에 그를 받아들였다. 그 다음에 그는 죄를 범하려는 충동을 참은 것에 감사 드리려고 인근 성당에서 기도를 하고 있을 때 십자가에 못 박힌 그리스도의 형상이 그를 향해 머리를 숙이고 나타났다. 이 기적은 요한이 속세를 버리고 베네딕도회 수도원에 들어가도록 인도하였다. 후에 그는 발롬브로사에서 고독한 은수자로 살았다. 그의 거룩함에 대한 명성을 들은 많은 제자들이 찾아왔다. 요한은 그 공동체에 질서를 세우기 위해 베네딕도회와 유사한 규칙들로 1038년에 발롬브로사회*를 설립하였다. 그가 1073년

---

* 본문은 'Order of Vallombrosa'라고 되어 있으나, 요한 괄베르토가 실제로 설립한 것은 '성 베네딕도회 발롬브로사 연합회'(Congregatio Vallis Umbrosae Ordinis S. Benedictii)이다. 아마도 저자가 베네딕도회의 '연합회'(Congregatio)의 개념을 올바로 이해하지 못한 탓으로 여겨진다. 요한 괄베르토는 베네딕도 수도 규칙에 기본을 두고 몇 가지 독특한 방식을 첨가하여 새로운 연합회를 설립하였다.

에 죽었을 때, 12개의 수도원들이 설립되었고 그 수도회는 교황에 의해 승인받았다.

성 요한 괄베르토는 발롬브로사 연합회의 회색 수도복을 입은 모습으로 그려지고 때때로 그의 손에 검이나 십자고상을 들고 있다. 일부 그림에서는 십자가에 못 박힌 그리스도가 그를 향하여 숙이고 있다.

우르술라 Ursula, 5세기 브르타뉴Bretagne에서 태어났고 그리스도인 왕인 테오네스토Theonestus의 딸이었다. 전설에 따르면, 우르술라는 대단히 아름답고 똑똑했다고 한다. 당연히 많은 구혼자들이 몰렸고 잉글랜드 왕 아그리푸스Agrippus는 외아들 코논Conon과 결혼을 성사시키고자 사절단을 보냈다. 우르술라는 세 가지 조건을 걸고 결혼을 승낙한다. 첫째, 자신의 동료로 귀족 동정녀 10명이 있어야 하고, 각자에게 1천 명의 처녀가 수행원으로 있어야 한다고 주장하였다. 물론 자신을 위한 1천 명의 하녀도 요구하였다. 둘째, 결혼하기 전에 그리스도인 성인들의 순례지를 방문하기 위한 3년이 필요하다 했다. 셋째, 이교도와는 결혼할 수 없으므로 코논 왕자를 포함한 모든 신하들은 그리스도인이 되어야 한다고 주장하였다.

우르술라는 거절될 것이 분명한 매우 극단적인 조건들을 내걸었지만, 그녀의 아름다움과 지혜는 그 사절들에게 큰 감명을 주었고, 코논과 그의 아버지는 그 조건을 모두 받아들이기로 한다. 1만 1천 명의 처녀가 수행원 형태로 모였고, 코논은 로마로 향하는 그녀의 순례에 합류하였다. 여행을 마치고 돌아가던 중 쾰른Köln 시가 훈 족에 의해 포위 공격 당했음을 알게 되었다. 이 이교도 야만인들은 우르술라의 일행에게 덤벼들었고 그들 모두가 죽었다. 훈 족의 지도자는 그녀가 자신의 신부가 된다면 우르술라를 살려줄 것이라고 제안하였다. 그녀가 거부하자, 활을 쏘아 그녀의 육신에 3개의 화살을 박아 넣었다.

우르술라는 일반적으로 자신의 상징물인 화살과 함께 왕관을 쓴 공주로 묘사되고 빨간 십자가와 흰색의 기旗가 얹혀 있는 순례자의 지팡이를 들고 있다. 그녀는 종종 자신과 동행하였던 많은 수행원들에게 둘러싸여 있다.

유다, 사도 Judas Apostolus 신약성경에 있는 마지막 서간의 저자로 알려진 사람이다. 전승은 그가 소小 야고보의 동생이었고, 동정녀 마리아의 친척이었을 것으로 추정된다고 말한다. 그리스도의 죽음 후에, 그는 젤롯당원 성 시몬Simon Zelotes과 함께 복음을 설교하려고 시리아와 소아시아를 지나는 여행을 하였다고 한다. 페르시아에서 둘 다 믿음 때문에 순교 당했고, 성 유다는 창으로 꿰찔려서 혹은 미늘창Halberd으로 참수되었다. 그래서 그림에서 묘사되는 그의 상징물은 창 혹은 미늘창이다.

유스티나, 파도바의 Justina Patavii, 4세기 그리스도교 믿음을 가진 귀족 부모에게서 태어났으며 16세에 부모님이 돌아가시면서 고아로 남겨졌다. 어느 날 유스티나가 파도바로 여행하고 있는데, 막시미아누스 황제의 일부 병사들이 포Po 강을 가로지르는 다리 위에서 그녀를 막았다. 병사들은 그녀를 마차에서 내리게 하고 그 지역의 사법 법정으로 끌고 간다. 유스티나는 다리 위에서 무릎을 꿇었고 하느님에게 자신을 보호해 달라고 기도하였다. 그녀의 무릎 흔적이 다리의 석조 부분에 여전히 남아 있다. 황제는 재판에서 그녀의 목을 칼로 찔러 죽이도록 명령하였다.

유스티나는 자신의 발 앞에 쭈그리고 앉은 순결의 표장 유니콘Unicon과 함께 순교의 종려나무 가지를 갖고 있는 것으로, 혹은 자신의 순교와 관련하여 자신의 목을 꿰찌르는 칼과 함께 묘사된다. 파도바와 베네치아 화파의 미술가들에 의해 종종 그려지고, 그녀는 파도바와 베네치아의 수호성인이다. 때때로 둘 다 같은 상징물들이 주어졌기 때문에, 안티오키아의 성녀 유스티나와 파도바의 유스티나를 구별하는 데 어려움이 있다.

율리아노, 여관 주인 Julianus Hospitator, 9세기 알려진 것이 거의 없는 전설적인 인물이다. 율리아노가 사냥에 많은 시간을 쏟은 귀족이었다는 것 정도만 알려져 있다. 어느 날 그는 추적하던 수사슴을 궁지로 몰았다. 그 수사슴은 그에게 돌아서서 말하였다. "나를 죽음으로 뒤쫓는 너는 너의 아버지와 어머니의 죽음을 초래할 것이다." 이 예언이 현실이 될지도 모른다고 두려워한 율리아노는 집을 떠났고 먼 지방으로 여행하였다. 그곳에서 바실리사Basilissa 라는 이름의 아름다운 소녀를 만나 결혼하였다. 자기 아들의 실종으로 슬픔에 잠겼던 율리아노의 부모는 아들을 찾으려고 집을 떠났다. 적절한 때에, 그들은 율리아노가 살고 있는 곳을 발견하였으나, 아들은 집에 없었다. 아들의 아내 바실리사는 기꺼이 그들을 맞이하였고 쉴 수 있도록 자신의 침대를 내주었다. 예상보다 이른 아침에 돌아온 율리아노는 아내의 침실에서 두 사람을 발견하고 몹시 화를 냈고 그들 둘 다 죽였다.

 율리아노가 진실을 알았을 때, 그는 후회하면서 그리스도에게 용서받을 때까지 결코 쉬지 않겠다고 맹세하였다. 그와 아내는 용서를 구하면서 순례를 시작하였다. 그들은 마침내 위험한 강으로 왔고, 그곳에 율리아노는 자신을 위한 보속의 작은 방뿐만 아니라 가난한 사람들을 위한 구호소를 지었다. 그는 여행자들을 강 건너로 나르면서 시간을 보냈다. 어느 날 밤 폭풍이 한창일 때, 율리아노는 강 건너편에서 체온저하로 죽어가는 나병 환자를 보았다. 그의 생명이 위태롭다고 느낀 율리아노는 강을 건너 병자를 데려와 자신의 침대에 눕혔다. 아침에 그 나병 환자는 천사로 변했다. 그는 자신이 율리아노의 보속이 받아들여졌음을 말하기 위해 보내진 주님의 심부름꾼이라고 말했다. 얼마 후, 꽤 나이가 많았던 율리아노와 그의 아내는 죽음으로 모든 세속적인 걱정에서 벗어난다.

 율리아노는 사냥꾼의 모습으로 수사슴과 함께 등장하는 것이 일반적이다. 또한 자주 나룻배 사공으로서 강과 배가 배경으로 그려진다. 율리아노는 여행자, 나룻배 사공, 여행하는 음유시인의 수호성인이다.

제노 Zeno, 4세기 전설에 따르면, 제노는 베로나Verona의 어부였을 때 그곳의 주교가 되었으며 지혜로움과 친절함으로 유명하였다. 그는 아르노Arno와 옴브로네Ombrone 두 강의 물을 이용해 현재 곤폴리나 통로Gonfolina Pass라고 알려져 있는 곳에 출구를 만듦으로써 피스토이아Pistoia 시에 홍수가 나는 것을 막았다고 전해진다.

성 제노는 일반적으로 주교 복장을 하고 자신의 목장木杖에 물고기가 매달려 있는 모습으로 그려진다. 그는 베로나의 수호성인이다.

제노비오 Zenobius, 4세기 귀족 태생으로 피렌체에서 태어났다. 제노비오는 가정교사들 중 한 사람에 의해 그리스도교로 개종하였다. 그는 사제가 되었고, 자신을 교황 다마소 1세에게 추천하였던 밀라노의 성 암브로시오의 친구가 되었다. 교황의 죽음 후에, 제노비오는 피렌체로 되돌아갔고, 그곳에서 주교로 선출되었다. 많은 전설에서 죽은 사람을 부활시켰던 제노비오의 능력에 대해 말한다.

그러한 이유로 그는 죽은 어린이나 젊은이를 안고 있는 모습으로 자주 묘사된다. 또한 전설은 그가 죽은 후 그의 시신이 장례식을 위해 주교좌성당으로 가고 있을 때, 길가에 서 있었던 시든 느릅나무를 우연히 건드리게 되었는데, 그 죽은 나무에서 잎이 터졌다고 한다. 그래서 꽃이 핀 나무는 제노비오의 또 다른 상징이다.

제미니아노 Geminianus, 5세기 밀라노의 성 암브로시오의 친구이며, 치유 능력으로 유명하였다. 일찍이 그는 비잔틴 황제의 딸을 괴롭히고 있던 악령을 내쫓아달라는 요청을 받고 콘스탄티노플로 소환되었다. 아틸라Attila와 그의 훈 족Huns이 모데나Modena 마을을 공격하고 있을 때, 성 제미니아노가 아틸라에게 환시로 나타나 그 야만인 무리가 떠나게 만들었다고 한다. 죽은 후에도 모데나 마을을 홍수에서 구했다고 한다.

성 제미니아노는 황제의 딸을 치료했던 이야기에 근거하여 악령과 함께 등장한다. 또한 반사되어 동정녀가 보이는 거울을 들고 있는 모습으로 빈번히 그려진다.

제오르지오, 카파도키아의 Georgius Cappadociae, 2세기 콘스탄티누스 황제 재위 전에 그리스도인 부모에게서 태어났으며, 팔레스티나에 있는 디오스폴리스Diospolis에서 순교하였다. 많은 전설이 그의 생애와 관련하여 억압과 사악함에 대한 올바름의 승리를 의미하고 있다. 『황금전설』Legenda Aurea에서 상술하는 한 이야기는, 무서운 용이 습지에 자신의 잠자리를 만들면서 리디아Lydia에 있는 셀레나Selena 주변의 시골에 출몰하고 있었다는 것에 관한 것이다. 그 용을 기쁘게 하려고 용에게 인간을 제물로 바쳤고, 희생자를 결정하기 위해 제비뽑기를 했다. 한 번은 공주 클레오돌린다Cleodolinda가 제비뽑기에 걸렸다. 공주는 신부로 차려 입고 습지로 인도되어 용에게 바쳐졌다. 이 결정적 순간에 로마 군대의 호민관인 제오르지오는 때마침 자신의 군마軍馬를 타고 지나가다가 그리스도의 이름으로 공주를 도우려고 몸을 돌렸다. 십자성호를 그은 그는 운명의 전투에서 용과 교전하였다. 그는 마침내 창을 던져 용을 쓰러뜨렸고 칼로 찔러 죽였다. 백성들과 함께 이 싸움을 지켜본 왕은 주님 능력의 이 표징에 의해 개종하였고, 그리스도교의 믿음 안에서 개종 후 세례를 받았다. 성 제오르지오는 팔레스티나로 여행을 계속하였다. 그곳에서 그는 그리스도인들에 대한 디오클레티아누스 황제의 칙령에 거역하였다. 그는 체포되어 온갖 고문을 다 받았으나, 매번 기적적으로 부상이 나았다. 하지만 끝내 참수되어 생을 마감한다.

성 제오르지오는 르네상스 시기 미술가들이 매우 좋아하는 주제였고, 이탈리아 전역에 그에 대한 그림이 많이 있다. 그는 일반적으로 붉은 십자가와 함께 방패를 문장으로 꾸몄으며 빛나는 갑옷과 투구를 입었던 젊은 기사로 묘사된다. 군마에 탄 그가 창으로 용을 찌르는 모습, 또는 땅에 부러진 창, 칼로 용을 죽이는 장면 등이 묘사된다. 성 제오르지오는 잉글랜드, 베네치아, 페라라Ferrara 등의 수호성인이다. 그는 모든 군인과 병기공兵器工들의 수호성인이다. 수호성인으로서 그를 묘사할 때, 갑옷과 투구를 쓰고 방패, 창이나 부러진 창과 칼을 들고 있다.

체칠리아 Caecilia, 3세기 대중적인 전설은 로마 귀족 집안에서 그리스도인으로 성장한 것으로 전하고 있다. 그녀는 발레리아노 Valerianus 라는 귀족과 약혼했으나, 결혼 후에도 자신의 순결 서약을 존중해 달라고 간청하였다. 발레리아노는 그녀가 말했던, 그녀를 지켜보고 있는 천사를 자신이 볼 수 있게 해준다는 조건으로 동의한다. 체칠리아는 카타콤바 Catacumba 에서 그리스도인들과 함께 일하고 있었던 성 우르바노에게 남편을 보냈고, 그곳에서 남편 발레리아노는 스스로 개종하였다. 그가 돌아오자 체칠리아가 있는 자리에 천사가 두 개의 화관을 들고 서 있는 것을 발견하였다. 천사는 체칠리아의 머리 위에 백합 화관을, 발레리아노의 머리 위에는 장미 화관을 올렸다. 이 일을 계기로 발레리아노의 동생 티부르시오 Tiburtius 가 그리스도교로 개종하였고, 형제는 그리스도에 대한 복음을 설교하였다. 이에 로마 총독은 중지를 명령하였으나, 거부한 형제는 결국 처형당한다. 총독은 체칠리아의 재산을 손에 넣기를 원하였기 때문에, 체칠리아는 처음에는 처형을 모면할 수 있었다. 총독은 신들에게 제물을 바치도록 종용하였으나 그녀가 거부하자 목 졸라 죽이려 했다. 그녀는 기적적으로 해를 입지 않았고, 그래서 총독은 그녀를 참수하도록 사형 집행인을 보냈다. 사형 집행인은 칼을 세 번 휘둘렀으나 그녀는 죽지 않고 목에 세 군데 상처만 입혔을 뿐이다. 체칠리아는 그렇게 3일을 버텼고 그동안 가난한 사람들에게 자신의 재산을 나누어 주었다.

체칠리아는 생애 동안 천사들의 노래를 들을 수 있기에 천국에 매우 가까운 사람이라고 평이 나 있었다. 또한 이를 악기로 연주할 수도 있었는데 그녀의 영혼에 불을 붙인 천상의 선율을 모두 표현하기에는 부족했다. 그래서 하느님께 봉사하기 위해 오르간 organ 을 발명하였다.* 이런 까닭에 그녀는 음악과 음악가들의 수호성인이다.

그녀는 일반적으로 음악을 듣고 노래를 부르거나 악기를 연주하는 모습으로 묘사된다. 목에 세 개의 상처가 난 모습으로 등장하기도 하며 머리나 머리 주변에 흰색과 빨간색의 장미 화관이 함께 그려지기도 한다. 그녀의 특별한 상징물은 오르간이다.

크리스토포로 Christophorus, 3세기 순교자인 그의 이야기는 "그리스도를 나르는 사람"을 의미하는 그리스어 크리스토포로와 관련이 있다. 크리스토포로는 가나안 땅에서 살았던 거대한 키와 대단한 힘을 가진 사람으로 간주되었다. 그는 자신이 봉사하고 순명할 수 있는, 세상에서 가장 강력한 주권자를 찾기를 원하였다. 우선 한 위대한 왕을 위해 일하기 시작했다. 그러던 어느 날 음유시인이 사탄에 대한 노래를 불렀고 왕은 두려움에 성호를 그었다. 그때 크리스토포로는 악마가 왕보다 훨씬 강력하다는 것을 깨달았다. 그래서 그는 사탄을 찾아 떠났고, 우연히 사막 평야에서 마주쳤다. 그들이 함께 여행하다 십자가가 서 있던 네거리에 왔을 때, 사탄은 그곳을 지나기를 두려워했다. 그제야 크리스토포로는 사탄조차 자신이 찾던 가장 강력한 군주가 아니라는 사실을 깨닫고 그리스도를 찾으려고 사탄을 떠났다.

　방랑 중에 크리스토포로는 그리스도교를 가르쳐주려는 한 거룩한 은수자를 우연히 만났으나, 크리스토포로는 자신의 힘을 잃지 않으려고 단식을 거부하고 기도도 하려 하지 않았다. 마침내 은수자는 비가 많이 내려 불어난 강으로 그를 보내며, 종려나무를 뿌리째 뽑아 만든 지팡이를 쥐어 주었다. 크리스토포로는 그 지팡이를 이용해 물이 넘치는 강을 건너도록 많은 사람을 도왔다. 어느 날 밤 크리스토포로가 자고 있을 때, 한 작은 어린이가 소리 내어 그를 부르면서 강을 건너갈 수 있도록 요청하였다. 크리스토포로는 아이를 자신의 어깨 위에 들어 올렸고,

---

이 악기의 기원은 높이가 다른 여러 개의 파이프를 한데 묶어 부는 기원전 6세기 경에 나타난 팬파이프(panpipe)이다. 기원전 3세기에 알렉산드리아의 발명가 크테시비우스(Ctesibius)가 일명 '물 오르간'(hydraulis)이라는 악기를 만들어냈다. 물을 가득 채운 통을 이용해 공기의 압력으로 파이프 소리를 내는 이 악기는, 진정한 의미에서 오르간 역사의 출발점이라 할 수 있다. 그런 탓에 체칠리아가 오르간을 발명하였다는 주장은 그릇된 것이다.

지팡이를 가지고 물로 들어갔다. 그가 앞으로 성큼성큼 걸어가자 강은 갈수록 더 사나워졌고 어깨 위의 아이는 점점 더 무겁게 느껴졌다. 큰 고생 끝에 멀리 제방에 도달하는 데 성공하였다. 그가 아이를 내려놓으면서 숨을 헐떡이며 말했다. "그런 큰 위험에 나를 처하게 한 너는 누구냐? 나의 어깨 위에 진 온 세상의 짐도 이보다는 무겁진 않았을 것이다!" 어린아이는 대답하였다. "크리스토포로, 두려워하지 마라. 네가 네 위에 온 세상을 날랐을 뿐만 아니라 세상을 창조하였던 그분을 네가 지탱하였기 때문이다. 나는 왕인 예수 그리스도이다." 그리스도는 이어서 '지팡이를 땅에 심으면 아침에 꽃과 과일이 열릴 것'이라고 크리스토포로에게 말하였다. 크리스토포로는 그 말씀을 따랐고 그 기적은 행해졌다. 이러한 일이 있은 후 그는 그리스도교로 개종하였다.

후에 사모스Samos에서 그를 궁금해 묻는 왕 앞에서 대답했다. "이전에 저는 나르는 사람, 오페로Offero라고 불렸습니다. 그러나 이제 저는 그리스도를 지탱하였기 때문에, 크리스토포로라고 불립니다." 왕은 그의 믿음을 무너뜨리려고 시도하였으나 소용없는 일이었다. 그래서 왕은 그를 고문하게 하였고 결국에는 참수하였다. 크리스토포로는 죽음 앞으로 끌려갈 때 자신을 보았고 하느님을 믿었던 모든 사람들이 불, 폭풍우, 지진으로부터 구해질 수 있도록 기도하였다. 그래서 모든 사람들이 그를 보며 보호받을 수 있도록 하기 위해 그의 조각상이 많이 세워졌다.

크리스토포로는 일반적으로 어깨 위에 아기 예수를 태우고 물길을 헤치며 걷고 있는 것으로 그려진다. 손에는 항상 종려나무 지팡이를 움켜쥐고 있다. 그는 여행자들의 수호성인이다.

클라라, 아시시의 Clara Assisii, 13세기 클라라는 아시시의 성 프란치스코의 제자가 되면서 일찍부터 수도 생활을 시작했다. 1212년 그녀는 프란치스코회의 모교회母教會, ecclesia matrix에 몰래 갔고, 그곳에서 성 프란치스코회에 입회하게 된다. 후에 그녀는 글라라회Ordo sanctae Clarae로 알려졌던 자신의 수도회 설립을 허락받았다. 그곳의 주요한 일은 가난한 소녀들의 보살핌과 교육이었다. 한때 그녀의 수녀원이 사라센인들에게 포위되었을 때, 그녀는 침대에서 일어나 문턱에 성체를 담고 있는 봉성체갑을 두었다는 전설이 있다. 그 다음에 그녀는 무릎을 꿇고 기도와 노래를 하기 시작하였다. 성체를 본 이교도들은 무기를 버리고 도망쳤다.

이 전설에 근거하여, 그림에서 성녀 클라라의 상징물은 성체를 담고 있는 봉성체갑이다. 그녀는 일반적으로 가는 새끼줄과 함께 검은색 머리 수건과 성 프란치스코의 회색 튜니카tunica를 입고 있는 모습이다. 그녀와 함께 자주 등장하는 다른 표장은 순결의 백합과 승리의 종려나무 가지, 참된 십자가이다.

클레멘스, 로마의 Clemens Romae, 2세기 사도 교부로 로마의 가장 초기 주교들 중 한 사람이다. 그는 성 베드로와 성 바오로의 제자였다. 일부 역사가는 그가 성 베드로의 직속 후계자였다는 것을 유지하려고 하였다.* 그는 가장 유명한 초기 그리스도교 저술가들 중 한 사람인 까닭에 많은 전설이 그에 대해 이야기한다. 로마 황제 트라야누스의 재위 동안 클레멘스는 그리스도교 믿음에 대한 박해로 크림반도Crimean Pen.의 대리석 채석장으로 추방되었다고 한다. 이에 많은 그의 개종자들이 뒤따랐고 마실 물이 없어 극심한 고통의 시간을 보내야만 했다. 클레멘스가 도움을 구하기 위해 기도하고 있는데, 한 어린 양이 나타나 그들을 인도했다. 도착한 곳에서 클레멘스가 곡괭이로 땅을 세게 내리치자 물 한 줄기가 솟구쳐 올랐다. 박해자들은 이 기적에 격분하면서 그의 목을 닻에 매달고 바다에 집어던졌다. 하지만 그를 열심히 따르는 사람들의 기도로 성인의 시신이 있던 곳에서 작은 신전이 드러나면서 물이 다 빠졌다.

이 전설들 때문에, 클레멘스는 자신의 목 주변이나 옆에 닻과 함께 묘사된다. 또는 종종 그는 물로, 혹은 땅으로부터 솟구쳐 나왔던 분수로 자

---

* 교황청에서 매년 발간하는 《교황청 연감》(Annuario Pontificio)에 수록된 역대 교황표에 따르면, 클레멘스는 90/92~101?년에 재위하였던 제4대 교황으로 기록되어 있다.

신을 인도했던 어린 양과 함께 등장하며 주로 교황의 예복을 입고 있다.

테클라 Thecla, 1세기 전설에 따르면, 테클라는 사도 바오로가 숙박하던 곳에서 맞은 편에 위치한 집에 살던 이코니움Iconium의 젊은 여인이었다. 열린 창문으로 성 바오로가 전하는 그리스도의 말씀을 들었고 그 계기로 개종하게 된다. 그녀는 바오로의 헌신적인 제자가 그렇게 하였던 것처럼 지방 관리에게 고발하였던 자신의 연인 타미루스Thamyrus를 거절하였다. 그가 그 도시에서 바오로를 몰아냈을 때, 테클라는 그를 따라 갔다.

그녀는 불의 불꽃들과 경기장의 야수들을 포함하여 많은 고문들에서 살아남았다. 만년에 그녀가 치유 능력으로 유명해졌을 때, 이코니움에 있는 산에 칩거하였다. 지역 의사들은 그녀를 시기하였고, 치유 능력이 그녀의 순결에서 나온다고 믿고서는 그녀를 유괴하고 순결을 빼앗으려고 계획하였다. 성녀 테클라가 도망쳤을 때 추적자들 손에는 그녀의 머리 수건 한 조각만 남겼고, 바위가 열리면서 그녀를 받아들였다.

미술에서 그녀는 짙은 갈색 혹은 회색의 느슨한 망토를 입고 종려나무를 들고 있는 모습으로 묘사되는 것이 일반적이다. 가끔 야수들이 그녀와 함께 그려지기도 한다.

토마스 사도 Thomas Apostolus 그리스도의 제자들 중 한 사람으로, 직접 보고 만져서 확인하기 전까지 그리스도의 부활을 믿지 않았기 때문에 종종 '의심 많은 사람'doubting Thomas으로 불려진다. "나는 그분의 손에 있는 못 자국을 직접 보고 그 못 자국에 내 손가락을 넣어 보고 또 그분 옆구리에 내 손을 넣어 보지 않고는 결코 믿지 못하겠소."(요한 20, 25) 전통적으로 그는 동정녀의 승천을 의심하는 비슷한 역할을 하였다. 그리스도가 자신의 옆구리에 손을 밀어 넣도록 권유하면서 의심을 극복하였던 것처럼, 동정녀는 천국에서 자신의 허리띠를 내림으로써 토마스를 납득시켰다고 한다.

토마스의 이러한 의심은 그에게 큰 용기가 없음을 의미하지는 않는다. 그분을 죽이려는 유다인들의 위협들에도 불구하고 그리스도가 유다로 돌아가기를 고집하였을 때, 다른 사도들에게 "우리도 스승님과 함께 죽으러 갑시다."(요한 11, 16)라고 말하였던 것은 토마스였다. 사도들에 의한 복음의 전파에서, 토마스는 자신이 그리스도교 교회를 설립하였던 인도에까지 동쪽으로 갈 수 있었다고 한다. 전설에서는, 인도 왕 곤도포로Gondophorus가 토마스에게 굉장한 궁전을 지으라고 했다고 한다. 하지만 토마스는 궁전 지을 돈을 가난한 사람들에게 나누어주었다. 왕은 몹시 화가 났고 복수를 다짐하였다. 그러던 중 형제 가드Gad가 죽는 일이 발생한다. 가드가 죽어 천국에 도착하였을 때 천사들은 어디서 살고 싶냐고 물었다. 가까이 서 있던 화려한 궁전을 가리켰으나 그곳은 그리스도인들이 곤도포로를 위해 지은 궁전이기 때문에 갈 수 없다고 말했다. 가드가 곤도포로에게 환시로 나타났고 이 모든 사실을 말하자 왕은 성 토마스를 석방하였다. 사도는 지상에서의 믿음과 자비로 천국에 재산을 더욱더 쌓을 수 있다는 것을 왕에게 설명하였다. 이 전설 때문에, 미술에서 성 토마스의 상징물은 건축업자의 자, 또는 직각자이다.

토마스 아퀴나스 Thomas Aquinas, 13세기 소년 시절에 몬테카시노Monta Cassino에 있는 베네딕도회 학교로 보내졌지만, 후에 나폴리로 갔고, 가족의 반대를 무릅쓰고 성 도미니코회에 입회하였다. 이때 그의 태도는 너무 무겁고 겉보기에 둔하였기 때문에 동료들은 '멍청한 황소'란 별명을 붙였다. 그러나 그의 가정교사는 좀 더 지각력이 있었고, "당신은 그를 둔감한 황소라고 부를 수 있을 것이지만, 그는 세상을 깜짝 놀라게 할 것처럼 학문에서 그런 우는 소리를 줄 것입니다."라고 밝혔다. 실제로 토마스는 걸출한 신학자이자 교사가 되었으며 이어 나폴리대학교의 교수가 되었다. 그곳에서 아리스토텔레스의 철학을 바탕으로 그리스도교 교리에 대한 가르침의 기초를 형성하였다. 그는 자신의 모든 삶을 강의, 집필, 그리고 교회 직무를 하는 데 보냈다. 그의 중요한 작업 『신학대전』

Summa Theologica은 지금까지도 로마 가톨릭 교의의 많은 부분에서 기초가 되고 있다. 토마스 아퀴나스는 '학식이 있는 사람들의 가장 성인다운 사람이고 성인들 중에서 학식이 가장 깊은 사람'으로 불리고 있다.

그림에서 그의 공통적인 상징물은 별명처럼 황소, 그의 가슴에 나타났던 태양, 그의 성체성사의 집필들 때문에 성작이다. 그는 일반적으로 도미니코회* 수도복을 입은 모습으로 그의 큰 학식을 상징하는 책을 들고 있다.

페트로니오 Petronius, 5세기 볼로냐의 수호성인들 중 한 사람으로 로마인 귀족 부모에게서 태어났다. 그리스도교로 개종하였고, 사제직을 받았으며 볼로냐의 주교가 되었다. 볼로냐에서 유명한 성 스테파노 성당을 건축한 이는 바로 페트로니오였다.

그는 관례상 자신의 손에 볼로냐 시의 모형을 지니고, 주교의 제의를 입은 모습으로 그려진다.

프란치스코, 아시시의 Franciscus Assisii, 13세기 1182년 아시시에서 조반니 베르나르도네 Giovanni Bernardone 로 태어났다. 그가 젊은 시절에 프랑스어를 배웠고 당시에 매우 대중적인 프로방스 민요를 노래하기 좋아하였기 때문에 프란치스코 "프랑스 사람"을 의미 라는 이름을 얻었다고 한다.

프란치스코의 전기작가였던 성 보나벤투라 Bonaventura 는 그의 성격에 관해 생생하게 전해준다. 이 전기는 1260년에 시작되었는데, 후에 조토 Giotto 가 이를 근거로 아시시의 상부上部 성당에 있는 프란치스코의 프레스코화 연작聯作을 제작한다. 이 유명한 프레스코화는 13세기 말에 완성된다.

프란치스코는 기사도를 가진 전사이자 명랑한 젊은이였다. 전설에

---

* 원문에서는 토마스 아퀴나스가 베네딕도회의 수도복을 입고 있다고 하지만, 이것은 저자의 오류이다. 그가 속하였던 성 도미니코회의 수도복을 입은 모습으로 그려진다.

따르면, 그의 영적인 특성은 하느님에게 전념하기도 전에 나타났다고 한다. 아시시의 어떤 사람이 분명히 영감을 받고는 앞으로 일어날 위대함을 알아보고 그를 볼 때마다 그 앞에 외투를 펼치려 했다고 한다.

프란치스코가 24세가 되었을 때 하느님에게 자신을 바치려는 결정을 하게 된다. 어느 날 도시로 가는 길에서 그는 한 가난한 병사를 보고 측은히 여겨 자신의 비싼 옷들을 주었다. 그 밤에 성 프란치스코는 환시를 보았다. 그리스도가 그에게 나타나 무기와 기旗로 가득 찬 아름다운 건물을 가리키면서 모두 성 프란치스코와 그의 투사들의 것이라고 선언하였다. 프란치스코는 처음에 자신이 병자로서 앞으로의 삶을 살아야 할 것이라는 의미로 받아들였지만 주님의 음성을 듣고 계획을 변경한다. 그가 아시시에 방치되어 있던 성 다미아노 성당을 지나는 길에 기도하러 들어갔다가 십자가로부터 어떤 음성을 듣게 된다. "프란치스코, 네가 본 것은 모두 폐허가 되었으니 나의 집을 수리하여라." 충실하고 충동적인 젊은이였던 프란치스코는 이를 실행하기 위한 자금을 조달하려고 아버지 창고에서 약간의 비단을 몰래 내다팔았다. 이를 안 아버지는 그를 재판에 회부하였다. 대주교의 법정에서 프란치스코는 좋은 옷을 벗고, 돈을 꺼내어 자신의 삶을 영원히 포기하면서 자신의 아버지에게 그것들을 내던졌다. 그때 주교는 외투로 그를 감쌌다.

성 프란치스코는 돌덩어리들을 직접 모으고 다른 필요한 재료들을 구걸하면서 성 다미아노 성당을 직접 수리하기로 결정하였다. 그는 방치된 천사들의 성모 마리아로 알려진, 포르치운쿨라Portiuncula 의 베네딕도회 경당을 수리하려고 갔다. 이것은 성 다미아노의 성당이 성녀 클라라와, 클라라 수녀회라고 불렸던 프란치스코회 수녀들의 모원母院이 되었던 것처럼, 프란치스코회의 모원이 되었다.

루카 복음의 9장 3절 "그들에게 이르셨다. '길을 떠날 때에 아무것도 가져가지 마라. 지팡이도 여행 보따리도 빵도 돈도 여벌 옷도 지니지 마라.'"라는 말씀은 자기 수도회의 단순한 규칙서를 공식화하려는 성 프란치스코를 고무시켰다. 그것들은 성 프란치스코가 늘 말했던 것처럼 순결, 겸손, 순명, 그의 애인인 청빈, 절대적인 청빈이었다.

성 프란치스코는 자기 수도회의 인가를 얻으려고 로마로 갔는데, 처음에 추기경들은 프란치스코회의 규칙이 너무 엄하다는 생각을 가졌던 인노첸시오 3세 교황의 반대를 갖고 그를 만났다. 하지만 교황은 무너지고 있는 라테란 성당을 어깨로 지탱하고 있는 성 프란치스코의 환시를 보았다고 말하였다. 그 후 곧 설교할 허가와 함께 프란치스코회를 승인한다.

성 프란치스코회는 자기 수도회의 회원들을 '작은 형제들'Frati Minori 이라고 불렀다. 작은 형제들의 겸손함은 곧 큰 인기를 끌었다. 얼마 지나지 않아 그들을 어디에서나 볼 수 있었고, 그들의 설교와 헌신적인 삶은 사람들 사이에서 신앙의 열정에 큰 영감을 주었다. 성 프란치스코는 따르는 모든 사람들 앞에 직접 나타날 수 없었으므로 가끔 마음속으로 그들을 찾아갔다. 파도바의 성 안토니오가 강론하는 동안 아를Arles 에 있는 수도회의 관구장에게 십자가 형태로 팔을 펼친 모습으로 나타났다고도 한다. 또는 눈부신 빛의 형태로 아시시에 있는 자신의 형제들에게 나타나기도 했는데, 불마차 위에 매달려 집 사이를 세 차례 지나갔다고 한다.

한 동료가 환시를 보았는데, 천국에 있는 많은 옥좌들 중 유독 하나가 다른 것보다 많이 아름다웠다고 한다. 그 다음에 그는 원래 추락한 천사의 자리였던 이 옥좌는 성 프란치스코를 위해 아껴두었다고 선언하였던 한 음성, 즉 "겸손한 사람은 칭송을 받아 뛰어난 영광으로 올라가고, 거만한 사람이 그 자리에서 아래로 던져질 것이다."를 들었다고 성 보나벤투라의 말씀에 있다.

성 프란치스코는 스페인과 북아프리카, 마지막에 십자군이 사라센인들과 싸우고 있었던 시리아로 여행하였다. 해를 입지않고 무사히 술탄Sultan의 실제 궁전에 침투하는 데 성공하였다. 그곳에서 성 프란치스코는 불을 지나 걸어감으로써 이슬람의 힘에 대항하여 그리스도교의 힘을 시험하자고 제의하였다. 술탄의 성직자들은 그 경쟁을 거부하였고,

술탄 그 자신은 성 프란치스코를 대단히 존경하였지만 백성이 모반할 것을 두려워하여 개종을 사양하였다.

성 프란치스코는 항상 "하느님이 당신에게 평화를 주시길"이라는 말로 자신의 강론을 시작하였다. 그의 명성은 점점 커졌고 교황 인노첸시오 3세 앞에서 설교하도록 요청받았다. 교황 앞에서 프란치스코는 강론의 말을 잊어버렸고, 오히려 그 때문에 그는 성령에 감도感導되었다.

프란치스코회 정신의 달콤함은 성 프란치스코가 아레초Arezzo에서 악마들이 추방당하게 만들었던 것, 아기 그리스도가 그의 팔에 나타났던 그레초Greccio에서 성탄 미사의 기적, 봄에 응답하는 물을 위한 기도, 그의 예언에 따라 첼라노Celano의 기사의 죽음처럼 그렇게 많지 않았던 치유들과 다른 기적들에 의해서가 아니라, 야생 짐승들과 더 작은 창조물들에 대한 그의 사랑과 새들에 대한 그의 아름다운 강론에서 정점을 이루는 그의 능력의 수많은 이야기들에 의해서 잘 예시된다.

성 프란치스코에 대한 전설의 정점은 그가 산 속 은신처에서 시작하였던 단식과 기도의 40일 동안에 이루어졌다. 세상으로부터 물러나 있는 동안 치품천사가 나타났고 양 날개로 하늘을 채웠다. 이 환시의 중심은 성 프란치스코가 오상의 흔적을 받았던, 십자가에 못 박혔던 그리스도의 모습이다. 그는 모든 겸손 안에서 따랐던 스승과 함께 자신의 영적인 동일성을 가리키면서 생애의 끝까지 그것들을 지녔다. 성 프란치스코 생애의 단순하고, 온화하고, 참으로 기쁨을 주는 인간애는 잊힐 위험에 있었던 구세주의 참된 인류애를 다시 한 번 세상에 강조하는 데 도움이 되었다.

실명과 기타 질병들로 고통 받던 성 프란치스코는 오상을 받고 2년 후, 포르치운쿨라의 성 마리아 성당으로 옮겨달라고 요청하였다. 그곳에서 1226년 10월 4일 그는 죽었다. 한 수사가 그 성인의 혼이 흰 구름을 타고 천국으로 가는 것을 보았다고 말한다. 한편 예로니모라는 이름의 어떤 의혹을 품은 사람이 그 성인의 시신에 있는 거룩한 흔적들을 만짐으로써 그리스도교로 개종하였다고 말한다. 성 프란치스코는 1228년에 교황 그레고리오 9세에 의해 시성되었다.

성 프란치스코는 일반적으로 프란치스코회의 짙은 갈색 수도복을 입은 모습으로 그려진다. 오상에 더하여 그의 주요 상징물은 두개골, 백합, 십자고상, 늑대, 어린 양이다. 가난과 그 성인의 결혼과 마리아의 손에서 아기 그리스도에게서 받는 상징적인 장면은 그의 그림 주기의 중요한 특징들이다.

플로리아노 Florianus, 3세기   노리쿰Noricum, 현재 오스트리아 출신으로 갈레리우스Galerius 황제 재위 동안 로마 군대에서 병사가 되었다. 그는 그리스도교로 개종하였고, 목에 돌을 묶어 강에 던져짐으로써 순교하였다. 그는 대화재 때 물 한 양동이만으로 불타는 도시의 불길을 진화한 것을 포함하여 여러 기적을 행한 것으로 명성을 얻었다. 그래서 성 플로리아노는 불에 대한 보호를 불러일으킨다.

미술에서, 그는 일반적으로 불타는 집이나 도시에 퍼붓는 물, 혹은 그의 순교의 상징인 맷돌과 함께 등장한다.

피나 Fina, 13세기   토스카나Toscana에 있는 산지미냐노San Gimognano 마을에서 자랐으며, 열 살 때 병을 얻어 5년 동안 큰 고통을 경험했다. 그녀는 자신이 할 수 있는 한 가난한 사람들을 위해 옷을 만들려고 하였으나 마침내 마비로 무력하게 되었다. 그래서 그녀는 휴식처로 단단한 나무로 된 판자를 선택하였다. 왜냐하면 그녀는 고통이 클수록 그리스도에게 더 가까이 간다고 믿었기 때문이다. 그녀가 판자에 홀로 누웠을 때, 쥐들의 공격을 받아 고통이 컸지만 쥐를 물리칠 힘도 남아 있지 않았다. 그 이유 때문에, 미술에서 그녀의 공통된 상징물은 쥐이다. 죽고 나서 시신을 판자에서 들어 올리자, 그 나무는 달콤한 흰색 제비꽃들로 뒤덮여 있었다고 한다. 그로 말미암아 미술에서 제비꽃 또한 그녀의 표장들 중 하나이다.

필립보, 사도 Philippus Apostolus 복음서의 담화들에서 드물게 나타난다. 그는 오천 명을 먹인 이야기(요한 6, 5)와 예수 승천 후 예루살렘에서 그리스도의 제자들 모임 참석(사도 1, 13)과 주로 관련된다. 필립보의 후기 삶은 알려져 있지 않지만, 그가 여러 해 동안 머물렀던 스키티아Scythia로 복음을 가지고 갔다고 추측된다. 전설에 따르면, 히에라폴리스Hierapolis 시에서 큰 뱀을 숭배하는 사람들을 발견하였다고 한다. 필립보는 십자가에 힘입어 그 뱀을 사라지게 하였으나, 무시무시한 악취가 남아 많은 사람들이 죽었다. 그중에는 왕자도 포함되어 있었다. 필립보는 다시 한 번 십자가의 도움으로 그 젊은이를 살렸다. 뱀의 사제들은 자기들 신의 멸망에 격노했다. 그들은 필립보를 붙잡아 사형에 처했다. 성 필립보는 자기 순교의 암시로, 지팡이 혹은 갈대 꼭대기에 묶었던 라틴 형태의 십자가를 들고 있는 모습으로 묘사된다. 때때로 타우T 십자가가 라틴 십자가를 대신하게 된다. 용은 히에라폴리스에서 성 필립보가 행한 기적에 대한 기억으로 나타날 수 있다.

헬레나 Helena, 4세기 로마 황제 대 콘스탄티누스의 어머니로, 콘스탄티누스가 경쟁자인 막센티우스Maxentius에게 승리한 후에 그리스도교로 개종하였다. 콘스탄티누스는 이 전투에서 "이 표징을 지니고 승리하라."In hoc signo vinces 라는 라틴어가 적힌 표장을 들고 있는 그리스도의 현시를 보았다고 한다. 이 전갈傳喝을 자신의 표어로 채택한 콘스탄티누스는 그리스도인이 되었다. 콘스탄티누스의 어머니 헬레나는 신앙심의 표시로 여러 성당을 건축하였고, 80세에 거룩한 도시 예루살렘으로 종교적인 순례를 나섰다. 그곳에서 그리스도가 십자가에 못 박혔고 묘지가 많이 있는 골고타 산에 특히 관심을 가졌다. 그 결과, 그녀는 세 개의 십자가와 빌라도가 그리스도의 십자가 위에 못 박도록 명령하였던 '유다인의 왕 나자렛 사람 예수'라는 명패를 발굴할 수 있었다. 성녀 헬레나는 그 세 개의 십자가들 중 어떤 것이 구세주의 것인지 알아내려고, 중환자를 교대로 십자가 위에 각각 올라가도록 했다. 진짜 십자가를 만졌을 때, 중환자는 기적적으로 치유되었다. 성녀 헬레나의 지휘로 발굴되는 동안, 십자가에 그리스도를 못 박는 데 사용하였던 몇 개의 못이 발견되었다. 당시 못들은 "금처럼 빛나고" 있었다. 그중 두 개를 아들 콘스탄티누스에게 주었다. 그는 말의 고삐에 표장으로 사용하였고, 다른 것은 투구에 썼다.

성녀 헬레나는 일반적으로 왕관을 쓰고 망치와 못, 십자가를 함께 들고 있는 것으로 묘사된다. 때때로 손에 성묘聖墓의 모형을 들고, 종종 환시에서 보았던 천사들이 십자가를 들고 있는 모습과 함께 등장한다.

11
광채와 문자, 색 그리고 숫자

종교적 주제의 그림에서는 하느님의 본성 혹은 사람들의 거룩함을 암시하려고 많은 상징이 사용되었다. 이 상징들은 하느님과 그리스도, 성령, 동정녀 마리아, 성인들의 표현에서 거의 보편적으로 사용된다.

후광 後光, Aureola 후광은 신성神性, 그런 까닭에 최고 권력의 상징이다. 하느님인 성부, 성자 그리고 성령 혹은 삼위일체의 위격들을 묘사할 때 주로 사용된다. 또한 오직 복된 동정녀의 묘사에도 사용된다.

후광은 전신숲身을 둘러싸고 광채가 뿜어져 나오는 듯한 모습이다. 어떤 경우에는 몸의 형태를 따라 빛의 줄무늬처럼 나타나는데 몸에 꼭 맞게 달라붙었다. 다르게는 몸에서가 아니라 중심 지점에서 나오는 많은 빛나는 선들로 구성되어 있다. 후광은 종종 뾰족한 불길 모양으로 끝나기도 한다. 그리고 무지개의 색깔들로 차차 변화될 것이다. 초기의 후광은 주로 흰색이었지만, 르네상스 시기에 와서는 빛의 느낌을 주는 금색으로 표현하는 것이 일반적이었다. 파란색 후광은 천상의 영광을 나타내기 위해 가끔 사용된다.

신광 身光, Mandorla, Almond 이 후광은 아몬드 모양이라서 '만도를라'이탈리아어로 "아몬드"를 의미라고도 부른다. 후광의 더 넓게 만들어진 선들로 육신을 둘러싼 아몬드 형태의 테두리에 둘러싸여 있는 것이 신광이다. 드물게 신광은 성령의 일곱 가지 은총을 가리키는 일곱 마리의 비둘기들로 구성될 수 있다. 아주 가끔은 신광의 테두리 안에 천사들이 배치되어 있기도 한다. 신광은 주로 최후 심판 그림 안에서 그리스도에게, 또는 성모 승천Assumptio의 묘사들에서처럼 동정녀 마리아에 나타난다.

광륜 光輪, Halos **혹은 윤광** 輪光, Nimbus 일반적으로 원, 정사각형, 삼각형으로 묘사되는 빛의 영역이다. 큰 위엄을 확인하려는 하느님이나 거룩한 사람들의 머리 뒤에 위치한다. 윤광은 묘사된 인물에 따라 다양한 형태로 나타나는데, 성부 하느님, 그리스도, 성령에 따라 다르다. 삼위일체는 빛으로 반짝이게 하는 윤광의 형태로 머리에서 나오는 빛의 세 가지 선으로 종종 상징화된다. 원 안에 있는 십자가, 십자형의 윤광은 십자가를 통한 구원을 나타내므로 그리스도의 묘사에서만 사용된다. 삼각형의 윤광은 성부 하느님의 그림에서 사용되고, 삼위일체를 나타낸다. 동정녀 마리아의 윤광은 항상 원형이고 종종 정교하게 장식되어 있다. 성인들 혹은 다른 거룩한 사람들의 윤광은 거의 장식 없는 형태의 원형이다.

정사각형 형태의 윤광은 기증자들과 같이 살아 있는 사람들을 성인들과 구별하기 위해 사용한다. 원은 천국 혹은 영원한 존재를 나타내는 데 반하여, 정사각형은 항상 원보다 열등하다고 간주되었고, 이런 이유로 땅을 상징하는 데 사용되었다. 일반적으로 육각형인 다방면의 윤광은 덕德 혹은 다른 비유적인 인물들을 묘사하려고 상상했던 사람들의 묘사들에서 사용된다.

환광 環光, Gloriola, Glory 머리를 둘러싼 윤광과 육신을 둘러싼 후광이 결합된 빛나는 불꽃이다. 신성의 가장 고귀한 상태를 표현하고, 따라서 하느님, 천국의 최고 주님, 재판관인 그리스도의 상징물이다.

문자 초기 그리스도교 시대부터 그리스도를 식별하려고, 혹은 일부 개인이나 그리스도의 신원을 강조하기 위해 여러 가지의 문자를 사용했다.

알파A와 오메가Ω 그리스어 알파벳에서 첫 번째와 마지막 글자로, 성자 하느님의 상징으로서 명판, 보호물, 책 혹은 다른 경우에 자주 사용된다. 이 사용법은 "… 주 하느님께서, '나는 알파요 오메가다.' 하고 말씀하십니다."라고 읽었던 요한 묵시록 1장 8절에 근거한다.

티T 이 단 하나의 그리스어 글자는 '하느님'을 의미하는 테오스Theos란 그리스어 단어의 첫 번째 글자를 묘사하는 것으로 설명된다.* 단

하나의 글자 '티'는 일반적으로 왼쪽 어깨에 놓이는 성 안토니오 아빠스의 상징물로 사용된다.

IHS, IHC 이 글자들은 그리스어로 '예수'란 이름 Ihsus, 혹은 Ihcuc의 첫 세 글자들이다.** S와 C는 그리스어 알파벳에서 변형된 형태이다. 이는 종종 라틴어 구절 "이 표징으로In hoc signo"와 혼동되었다. 이는 콘스탄티누스가 전투 전날과 개종 전에 환시를 받았다는 전설과 관련된다. 이 환시에서 그는 "In hoc signo vinces이 표징을 지니고 승리하라"라는 말들이 새겨졌던 기旗를 보았다. 이 전투에서 승리 후, 그는 그리스도교를 받아들였다고 전해진다. 더구나, 이 문자들은 때때로 라틴어 구절인 "사람들의 구세주 예수Iesus Hominum Salvator"의 생략으로 잘못 해석되고 한다.

태양 안에 새겨졌던 이 모노그램Monogramma은 종종 자신의 손에 들고 있는 것으로 묘사되는 시에나의 베르나르디노에게 나타났던 표징이다.

INRI "유다인들의 임금 나자렛 사람 예수Jesus Nazarenus Rex Judaeorum"라는 라틴어의 첫 글자들을 묘사한다. 요한 복음 19장 19절에 따르면, 그리스도가 십자가에 못 박힌 후에 "빌라도는 명패를 써서 십자가 위에 달게 하였는데, 거기에는 '유다인들의 임금 나자렛 사람 예수'라고 쓰여 있었다." 성 요한은 이 표징이 히브리어, 그리스어, 라틴어로 쓰여져 있었다고 말했다.

모노그램 Monograms 모노그램은 둘 이상의 글자가 조합되는 특성이다. 여러 가지의 배합이 가능하며 글자의 유형에 맞춰 아름답고 상징적인 도안을 만들 수 있다. 주로 하느님, 삼위일체 하느님의 위격의 상징들을

---

* 그리스어로 '하느님'을 뜻하는 '테오스'($\theta\varepsilon\grave{o}\varsigma$)를 로마자화하면 'Theos'가 되는데, 이때의 첫 번째 글자를 뜻하는 것이지, 그리스어의 첫 번째 글자를 뜻하는 것은 아니다.
** 그리스어로 예수란 이름은 $I\eta\sigma o\tilde{u}\varsigma$라고 표기된다. 이를 로마자화하면서 차이가 생겼는데, 현재는 Iesous라고 표기한다.

묘사하는 다른 상징들과 함께 섞여 있거나 결합된다. 가장 흔한 것은 그리스도를 묘사하는 모노그램들이다.

XP 모노그램에서 가장 자주 나타나는 두 개의 그리스어 글자 키X와 로P. ρ는 그리스도XPIΣTOΣ에 대한 그리스어의 첫 두 글자들이다. 이 두 글자의 결합은 십자가의 형태이다. 더구나 '로'는 '피'p와 닮고 '키'X 는 '엑스'x에 유사하기 때문에, 모노그램은 라틴어로 "평화"를 의미하는 '팍스'pax로 읽을 수 있다.

IC XC NIKA 승리자 그리스도를 상징하는 고대의 모노그램이었다. I와 C는 그리스어 단어 Ihcuc예수의 처음과 마지막 글자들이고, X와 C는 Xpictoc그리스도의 처음과 마지막 글자이다. NIKA는 승리자를 위한 그리스어 단어이다.

색 colors

갈색 Brown 영적인 죽음과 타락, 세상에 대한 포기의 색이다. 이런 의미에서 프란치스코회와 카푸친회에서는 자신들의 수도복 색으로 채택하였다.

검은색 그리스도교 시대 이전에는 죽음과 지하세계의 상징으로 흔하게 사용되었다. 지하세계의 신을 달래려고 검은색 동물을 제물로 바치는 이교도의 관습이 있었다.

그리스도교의 상징주의에서 검은색은 어둠의 왕자 색이고, 중세 시대에는 마법이나 흑마술黑魔術을 연상시킨다. 일반적으로 검은색은 비탄, 병, 결핍, 죽음을 암시한다. 그러나 검은색과 흰색은 삶의 겸손과 순결을 함께 상징한다. 이런 의미에서 검은색, 혹은 검은색과 흰색은 아우구스티노회, 최초의 베네딕도회, 도미니코회 등에서 수도복 색으로 사용되었다. 비탄의 전통적인 색으로서 검은색은 성금요일, 그리스도의 십자가에 못 박힘의 날을 위한 전례적인 색이다.*

남보라색 Violet 남보라색은 사랑과 진리를, 혹은 수난과 고통을 상징한다. 마리아 막달레나처럼 회개하는 사람이 남보라색 옷을 입었고, 때때로 십자가에 못 박힘 후에 동정녀 마리아도 입었다.

노란색 노란색은 사용되는 방법에 따라 대립적인 상징적 의미를 나타낸다. 밝은 황금색은 태양, 신성의 표장이다. 많은 르네상스 시기 그림에서 배경으로 신성불가침을 상징하는 밝은 황금색이 빛난다. 성 요셉과 성 베드로는 둘 다 노란색 옷을 입은 모습으로 그려진다. 성 베드로는 노란색이 계시된 진리의 상징이기 때문에 노란색 망토를 입는다. 다른 한편으로 노란색은 지옥의 빛, 타락, 질투, 배신, 속임수를 암시한다. 배신자 유다는 칙칙한 노란색 옷을 입은 모습으로 자주 그려진다. 중세에 이단자들은 노란색 옷을 착용해야 했다. 전염병이 돌 때는 노란색 십자가들이 전염성이 있는 지역을 표시하기 위해 사용되었고, 이는 전염을 뜻할 때 노란색을 사용하는 습관으로 이어졌다.

녹색 녹색은 식물과 봄의 색이다. 그로 말미암아 겨울을 이겨낸 봄의 승리, 죽음에 대한 생명의 승리를 상징한다. 노란색과 파란색이 혼합됨으로써, 자비와 선행善行을 통하여 혼의 다시 태어남regeneratio을 암시한다. 시작에 대한 이교도 예식에서 녹색은 물의 색이다. 또한 영적인 시작의 상징으로서 성 요한 복음사가는 녹색 망토를 입곤 한다.

녹색은 교회 안에서 동방박사의 방문과 그리스도의 삶으로 시작 예식을 표시하는 주님 공현公顯 시기의 색이다.**

백색 백색은 혼의 무죄함, 순결, 그리고 삶의 거룩함의 상징으로 받아 들여졌다. 순결과 무죄함의 색으로서 흰색에 대한 몇몇 언급들이 성경에서 발견된다. 예를 들어 "저를 씻어 주소서. 눈보다 더 희어지

---

* 현행 지침에 따르면 "검은색은 관습에 따라 써 온 곳에서 죽은 이를 위한 미사에 쓸 수 있다."고 규정하고 있다(《미사 경본 총지침》 346항). 그리고 성금요일에는 빨간색을 사용한다.

** 현행 지침(《미사 경본 총지침》 346항)에 따르면 주님 공현 시기의 색은 흰색이다. 그리고 이 시기가 끝나고 예수 그리스도의 공생활을 기념하는 연중 시기가 시작되는데, 이 연중 시기의 색이 녹색이다.

리이다."(시편 51, 9)* 거룩한 변모 Transfiguratio에서 그리스도는 "빛처럼 하얘졌던"(마태 17, 2) 옷을 입고 있다. 그리스도의 무덤의 문으로부터 돌을 옆으로 굴렸던 주님의 천사를 묘사하면서, 마태오는 "그의 모습은 번개 같고 옷은 눈처럼 희었다."(마태 28, 3)라고 썼다. 흰색은 그리스도의 부활 후에 그에게 사용되었다. 또한 원죄 없는 잉태 Immaculata Conceptio, 성전에서 그녀의 주님 봉헌 Praesentatio, 주님 탄생 예고 Annuntiatio의 중요한 장면에서 동정녀 마리아가 흰 옷을 입고 있다. 로마의 베스타 Vesta 여신의 시중을 드는 처녀는 무죄함과 순결의 상징으로 흰색을 입었고, 이 관습은 신부新婦들의 옷에서, 첫 영성체를 받는 사람들의 옷에서, 그리고 세례를 위한 복장에서 지속되었다. 초기 그리스도교의 시대에 성직자들은 흰색을 입었고, 성탄, 부활, 승천을 위한 전례에서 사용해 왔다. 백색은 빛의 색이고 때때로 은으로 묘사된다.

보라색 Purple 항상 왕족과 연관되고, 제국의 권력에 대해 인정된 상징이다. 이와 같이 보라색은 성부 하느님의 상징으로 주로 사용된다. 또한 슬픔과 속죄의 상징이다. 사람들이 성탄과 부활의 흥겨운 축제를 기대하고 있을 때, 대림과 사순 시기, 준비와 보속補贖에 속하는 교회의 시기들에 대한 전례적인 색이다.

빨간색 감정과 관련된 피의 색이고, 따라서 사랑과 증오 두 가지 모두를 상징한다. 로마인들 사이에서 주권主權의 색인 빨간색은 추기경의 옷과 비슷한 의미를 가졌다. 성 요한 복음사가는 행동력에 대한 애정을 암시하려고 빨간색을 입었다. 빨간색은 순교한 성인을 위한 교회의 색이다. 왜냐하면 초기의 많은 그리스도인들은 그리스도 안에서 믿음을 지키며 로마의 박해 아래에서, 혹은 이방인들의 손에 순교를 당했다. 다른 의미에서 빨간색은 불의 색이기 때문에 성령의 오심을 기념하는 성령 강림에 대한 교회의 시기 동안 사용된다.

원문에서는 51장 7절이라 하지만, 내용상 51장 9절이 맞다.

파란색 하늘의 색인 파란색은 천국과 천상의 사랑을 상징한다. 진리를 밝힘을 암시하는, 구름이 흩어진 후에 하늘에서 항상 파란색이 나타나기 때문에 진리의 색이다. 그림에서, 그리스도는 지상에서 자신의 직무 동안에, 그리고 동정녀는 아기 그리스도를 안고 있거나 그분과 함께 있을 때, 그리스도와 동정녀 마리아는 둘 다 파란 망토를 입는다. 교회에서 파란색은 동정녀의 전통적인 색이 되었고, 그녀의 삶에서 사건들을 기념하는 날에 사용된다.

황금색 노란색 참조

회색 Gray 재灰의 색인 회색은 비탄과 겸손을 의미하였다. 때때로 사순의 색으로 사용된다. 왜냐하면 회색은 육신의 죽음과 영의 불멸을 상징하고, 그리스도는 최후 심판에 대한 그림들에서 회색을 입고 나타나기 때문이다. 회색은 베네딕도회의 발롬브로사 연합회의 수도복 색이다.

기하학적인 모형

삼각형 Triangle 등변 삼각형은 세 개의 동등한 부분들이 하나로 연결됨을 표현하는 삼위일체의 상징이다. 삼각형의 윤광輪光은 성부 하느님, 혹은 삼위일체의 표현들에서만 사용된다.

　세 개의 원과 함께 하는 삼각형은 삼위일체, 한 분 하느님 안에 세 위격들, 성부, 성자, 성령의 모노그램이다.

오각형 Pentagram 오각형은 그들이 만날 때까지 조화를 이룬 오각형의 측면들을 연장하여 만든 별 모양을 한 형태이다. 이 기하학적인 모형은 그리스 철학자, 수학자, 그리고 종교 개혁자인 피타고라스 Pythagoras의 제자들, 그리고 후에 중세 시대의 마법사들에 의해서 처음 사용되었던 상징주의적인 의미를 오랫동안 가졌다. 그리스도교 상징주의에서 그 모양은 십자가 위의 그리스도가 고통받았던 5개의 상처들을 암시한다.

원 圓, Circle 원 혹은 고리는 영원함과 끝이 없는 존재의 상징으로 받아들여졌다. 하느님에 대한 모노그램으로서 하느님의 완전함뿐만 아니라 변치 않는 하느님을 묘사한다. "시작에 있었던 분은, 지금 있고, 그리고 끝이 없는 세상이 될 것입니다."(제14부 원형 참조)

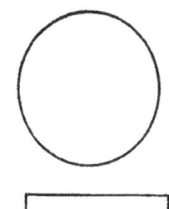

정사각형 Square 원과는 대조적으로 정사각형은 땅과 땅의 존재에 대한 표장이다. 이 의미에서 살아있는 사람들의 윤광으로서 그림에서 사용된다. (광륜 혹은 윤광 참조)

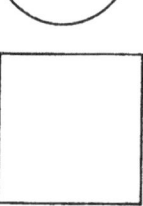

숫자

1은 일치의 상징이다.

2는 그리스도의 두 가지 본성, 인성과 신성을 암시한다.

3은 완성의 수, 시작, 중간, 그리고 끝을 표현하는 수로 피타고라스에 의해 정의되었다. 그리스도교 상징주의에서 3은 삼위일체를, 또한 그리스도가 무덤에서 보냈던 3일을 암시하는 신성한 수가 되었다.

4는 보통 네 복음사가를 암시하는 데 사용된다.

5는 그리스도의 상처들을 상징한다.

6은 신적인 힘, 위엄, 지혜, 사랑, 자비, 정의를 상징하는 창조와 완전의 수이다.

7은 자비, 은총, 성령의 수이다. 또한 완성과 완벽의 수로서 초기 저술가들에게 사용되었다. 욥의 친구들이 그를 위로하려고 왔을 때, "그들은 이레 동안 밤낮으로 그와 함께 땅바닥에 앉아 있었다."(욥 2, 13) 완전한 항복의 표징으로 야곱은 자신의 형 앞에 일곱 번 절하였다. 한편, 그 점에서 성령의 칠은七恩, 칠죄종七罪宗, 동정녀의 칠고칠락七苦七樂에 대한 언급이 있다.

8은 예루살렘으로 그분의 입성 후 8일째에 그리스도가 무덤에서 다시 살아났기 때문에 부활의 수이다. 많은 세례대洗禮臺, fons baptismalis의 형상이 팔각형이다.

9는 성경은 천사들의 아홉 합창단을 나타내기 때문에 천사의 수이다.
10은 십계명의 수이다.
12는 사도들의 수로서, 항상 그리스도교 상징주의에서 매우 좋아하는 수였다. 좀 더 확장된 의미에서는 전체 교회를 묘사하는 데에도 사용된다.
13은 불신과 배신의 수이다. 최후 만찬에서 식탁에 13명의 사람들, 예수와 자신의 스승을 배신하도록 이미 동의하였던 유다를 포함하여 12명의 사도들이 있었다.
40은 수련 혹은 시험의 기간을 상징한다. 이스라엘 백성들은 광야에서 40년 동안 방랑하였고, 비슷한 기간 동안 필리스티아인들의 노예였다. 모세는 시나이 산에서 40일 동안 머물렀다. 대홍수의 비는 40일의 낮과 40일의 밤 동안 지속 되었다. 그리스도의 세례 후에, 그분은 악마에 의해 유혹을 받으면서 광야에서 40일을 머물렀다. 사순 시기의 40일은 이 사건을 기념한다. 40일은 때때로 교회 투사의 상징으로 사용된다.
100은 풍부함의 수이다.
1,000은 1,000을 초과하는 수들의 이름들은 단지 추가된 것이고 그것의 곱셈들이었기 때문에 원래 영원을 상징하는 수로 평가받는다.

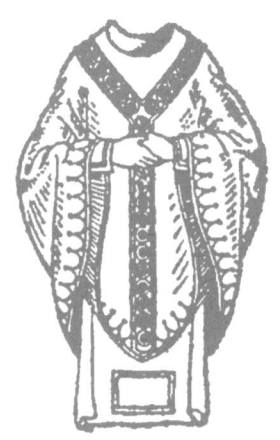

12
종교적인 옷

종교적인 옷의 유형 중세 교회에서 성직자들은 주교, 신부, 부제 세 가지 성품으로 나누어지는데, 각자가 입는 특별한 예복과 의복에 따라 구별된다. 수도회들 중 어떤 것에 속하지 않고 성품에 있는 사람들은 재속在俗 성직자로 알려져 있다. 르네상스 시기 미술에 등장하는 교계제도에 속한 구성원은 주교, 추기경, 교황이다.

재속 성직자들은 신분에 상관없이 발목까지 내려오면서 소매가 긴 수단soutane, vestis talaris, cassock을 입는다. 수단에는 전통적으로 그리스도의 이 세상에서의 생애 년 수를 상징하는 33개의 단추가 달려 있다.

재속 성직자와는 달리 수도회의 성직자는 자신이 속한 수도회의 공통 규칙에 따라 성품聖品을 받은 사람들이다. 그들은 첫째, 자신들이 속한 수도회의 특정 수도회 색으로, 둘째, 르네상스 시기에 수도회에 있는 그들 모두에게 공통적이었던 삭발이나 짧은 머리를 하고 있는 모습에서 구분할 수 있다. 삭발된 모양에 따라 특정한 수도회를 구별할 수도 있었다. 수도복은 일반적으로 길고 헐렁한 가운 형태에 소맷자락이 넓으며 가죽 혁대나 밧줄로 허리를 동여맨다. 또한 두건도 착용하는데, 고깔 모양으로 머리 위로 끌어당길 수 있어 분명한 차별성을 지닌다. 일부 수도복들은 스카풀라*와 망토가 포함된다. 소속 수도회는 수도복의 색으로 확인할 수 있다. 또한 여성들도 수도 생활에 입회한다. 남자들과 마찬가지로 청빈, 순결, 순명의 서약 아래에서 공동생활을 한다. 여성들도 소속된 수도회의 수도복으로 구별할 수 있다. 그들이 수도자의 서약을 하지만, 성품성사를 허가받는 것은 아니다.

전례복 사제들은 미사를 봉헌할 때 수단 혹은 수도복 위에 개두포, 장백의, 영대, 띠, 제의를 입는다. 주교와 위계 제도의 다른 구성원들은 장백의 아래에 소백의를, 전례용 신발과 양말, 주교 장갑과 반지, 가슴 십

스카풀라는 수도자가 착용했던, 두건이 달리고 어깨에서 앞뒤로 늘어진 형식으로 성의(聖衣)라고도 불린다. 7세기 경 베네딕도회의 수도복에서 유래를 찾을 수 있으며, 베네딕도회나 도미니코회 등 많은 수도회의 수도복이 스카풀라 형식을 갖추고 있다.

자가와 주교관을 하고, 주교 지팡이를 휴대한다.

개두포 蓋頭布, amictus 미사를 위한 옷 중에서 사제가 첫 번째로 입는 옷이다. 십자가를 꿰매거나 수를 놓은 흰색 아마포의 직사각형 조각이다. 이는 병사들로부터 조롱받는 동안 그리스도의 얼굴을 덮었던 옷에 대한 암시이다.

교황 삼층관 敎皇三層冠, tiara* 세 개의 왕관이 겹쳐 있고 위에 십자가가 얹혀 있는 원형의 투구인 교황 삼층관은 오직 교황만 착용한다. 삼층관은 긴 역사를 가졌으나, 1315년에 현재의 상태로 처음 알려졌다. 세 개의 왕관에 대해 수많은 해석들이 있는데, 삼위일체의 상징이자 하느님 왕국의 세 가지 재산을 암시한다. 미술에서, 교황 삼층관은 성 그레고리오와 성 실베스테르의 상징물이다.

달마티카 dalmatica 달마티카는 부제副祭의 전통적인 전례복이다. 부제가 장백의 위에 입었던 긴 소매의 외투 튜니카를 뜻한다. 주교와 아빠스들은 장엄 대례莊嚴大禮 미사에서 제의 아래에 입었을 것이다. 그리고 르네상스 시기 그림에서 주교나 아빠스가 예복 둘 다 입은 것이 종종 나타난다. 십자가의 형태인 그 모양은 그리스도의 수난을 나타낸다. 달마티카는 기쁨과 구원, 정의를 상징한다. 달마티카는 성 스테파노와 성 라우렌시오의 상징물들 중 하나이다.

띠 cingulum, cincture, cord 끈 혹은 띠는 허리 주변에, 장백의와 사제의 교차된 영대** 위에 착용하였던 비록 양모 또는 비단의 것일 수도 있지만 아마포 줄이

---

* 3개의 층은 교황의 삼중 직무, 곧 통치권, 성품권, 교계권을 뜻한다. 바오로 6세 교황 (1963~1978 재위) 때부터 이 관을 사용하지 않으며, 바티칸 시국의 국기에만 남아 있다.
** 과거에 신부는 영대를 걸칠 때 먼저 목에 걸고 앞에서 교차하여 띠로 고정하였으나, 현재는 영대를 목에 걸고 가슴 앞으로 드리운다(《미사 경본 총지침》 340항).

다. 띠는 그리스도가 채찍질 당하는 동안 기둥에 묶였던 밧줄에 대한 암시이다. 띠의 상징적인 의미는 순결, 절제, 극기이다.

만텔레타 Mantelletta 만텔레타는 무릎까지 오는 소매가 없는 외투 예복이고, 앞면이 열려 있다. 추기경, 대주교, 주교가 입으며 착용자의 교회 직위에 따라 만텔레타의 색이 결정된다. 추기경은 빨간색, 주교는 보라색이다. 이 예복은 한정된 재치권裁治權 혹은 권한의 상징으로 입는다.

머리 밑가리개 wimple 머리 밑가리개는 수녀의 머리, 목, 양볼 주변을 덮는 아마포이다.

머리수건, 미사포 velum, veil 수도회의 의복으로서 머리수건은 수녀의 머리 장식을 외부에서 덮는 것이다. 그것은 겸손과 세상에 대한 포기를 상징한다.

모제타 mozeta, mozzetta 장식용의 두건과 함께 팔꿈치까지 이르는 어깨 망토이다. 모제타는 비전례적인 예복이고, 성사 집전에는 입지 않는다. 교황, 추기경, 대주교, 주교, 아빠스 등이 자신의 재치권 범위 안에서 모제타를 착용한다.

반지 교계제도의 구성원들이 착용하는 반지는 교회와의 영적인 결혼뿐만 아니라 착용자의 교회 지위도 상징한다.

교황의 반지는 성 베드로의 낚시하는 모습이 새겨져 있어 '어부의 반지'로 알려진다. 순금으로 만든 이 반지는 교황 즉위 때 신임 교황의 손가락에 끼워진다. 이름이 새겨지기 때문에 교황이 선출될 때마다 새롭게 주조된다. 교황은 항상 카메오 cameo를 달고 있으며 교황만이 조각된 보석을 착용하는 특권을 누린다.

추기경의 반지는 서임敍任 때에 교황에게서 받았던 사파이어이다. 이 반지의 안쪽에는 수여해준 교황의 문장紋章이 새겨져 있다.

주교는 보석으로 장식된 반지를 착용하고, 추기경이 독점적으로 사용하는 사파이어를 제외하고 어떤 보석이든 선택할 수 있다.

아빠스Abbas와 아빠티사Abbatissa는 매우 단순한 보석으로 장식된 반지를 착용할 수 있다. 소박한 띠 금속, 혹은 십자가 형태의 띠는 그리스도와 자신의 결혼을 상징하기 위해 수녀들이 착용한다. 이것은 알렉산드리아의 성녀 가타리나의 신비적 결혼을 그린 회화에서 잘 나타난다.

반지가 전례적으로 사용될 때는 주로 '교황 반지'를 뜻한다. 이때 반지는 아름답고 커다란 보석으로 장식되어 있고 장갑을 낀 손가락에 쉽게 낄 수 있는 둘레여야 한다.

사제각모 司祭角帽, biretum 사제각모는 맨 위에 3~4개의 용마루가 있는 뻣뻣한 정사각형의 모자이다. 중앙에는 방울 술 하나가 달려 있다. 사제각모는 재속 사제와 교계제도의 구성원들이 쓴다. 착용자의 교회 지위에 따라 색깔이 달라지는데, 일반적으로 검은색은 신부, 보라색은 주교, 진홍색은 추기경이 쓴다. 사제각모와 달리, 항상 빨간색에 가장자리가 폭이 넓고 꼭대기는 낮고, 각각 15개의 술들과 함께 끈 두 개가 달린 추기경의 모자가 있다.

르네상스 시기 그림에서, 성 예로니모는 추기경의 교회적인 지위가 그 시대에 알려지지 않았음에도 불구하고, 추기경의 빨간 모자와 예복을 입은 모습으로 묘사된다. 성 보나벤투라는 때로 자신의 옆 나무에 매달거나 땅에 놓여 있는 추기경의 모자에 의해 구별된다.

삭발 削髮, tonsura 삭발은 머리 꼭대기부터 머리카락을 깎는 관습이 있었다. 르네상스 시기와 교회 초기에, 재속 성직자와 수도회에서는 그 관습을 이어나갔다. 이는 3중의 상징적 의미, 즉 가시관에 대한 기억과 세속적인 것의 거부, 완전한 삶에 대해 상기시키는 의미를 가졌다.

소백의 小白衣, rochetus, rochetum 소맷자락이 좁은 흰색의 아마포로 만들어진 무릎까지 오는 주름 잡힌 튜니카이다. 옷의 아랫도리와 어깨받이, 소맷자락 끝 안쪽에 착용자의 교회적인 지위를 구별하는 색의 비단 레이스로 장식되어 있다.

수단 cassock, soutane 수단은 성직자의 일상복이며 그리스도와 교회에 대한 신앙심을 상징한다. 일반적으로 교황은 흰색, 추기경은 진홍색 또는 빨간색, 주교는 보라색, 사제는 검은색의 수단을 입는다. 그러나 각각의 차이들이 발생할 수 있다. 수도회의 회원이 교계제도가 올라가면 수도복 말고 수단soutane을 입는다. 그러나 원래 수도복의 색은 이 수단에서 제외된다.

수대 手帶, manipulus, maniple 수대는 미사의 집전자가 왼쪽 팔의 장백의 위에 착용하는 폭이 좁은 작은 조각 혹은 비단 띠이다. 수대는 제의, 영대와 같은 원단의 같은 색으로 만들어진다. 이는 그리스도가 결박당하였고 골고타로 이끌렸던 밧줄에 대한 암시이고, 선행과 경계, 보속을 상징한다.

스카풀라 scapulare 어깨를 의미하는 스카풀라는 어깨에 걸쳐 입는 옷으로 앞뒷면 모두 의복의 단까지 늘리는 폭이 좁은 옷이다. 대부분 수도복 일부이고, 아마도 옷을 보호하려고 붙인 긴 앞치마의 일종에서 발전되었던 것이다. 이는 그리스도의 멍에에 대한 상징이다.

영대 領帶, stola, stole 폭이 좁고 목 부분에 착용하는 수가 놓인 예복이다. 미사 예복으로 사용될 때, 가슴 위에서 끈이 교차되어 고정된다. 영대의 색은 제의와 수대 색과 일치시킨다. 영대에는 세 개의 십자가가 있는데, 각각의 끝에 하나씩, 중간에 하나 있다. 다른 전례적인 임무를 위하여 착용할 때는 영대를 교차시키지 않는다. 부제는 왼쪽 어깨 위에 폭이 넓은 영대를 입었고 가슴을 가로질러서 허리에 고정하였다.

영대는 사제의 위엄과 능력의 표징이다. 그리스도의 멍에와 그분의 왕국을 위해 충성스럽게 일하는 그리스도인의 의무와 불멸의 희망을 상징한다.

장백의 長白衣, alba 장백의는 발까지 내려오는 흰색 아마포 튜니카이다. 이는 헤로데가 그리스도에게 입게 하였던 놀림의 옷을 암시하고, 순결과 정화, 그리스도의 피로 구원받았던 사람들의 영원한 기쁨을 상징한다. 중세 시대에는 그리스도의 오상을 상징하려고 장백의의 양 소맷자락, 가슴, 단에 자수를 넣었다.

제의 祭衣, casula, chasuble 제의는 사제가 차려입는 마지막 전례복이다. 다른 예복 위에 입는 겉옷이고, 라틴어 기원인 카술라 casula, "작은 집"이라는 뜻는 그 의미를 적절히 묘사한 이름이다. 제의는 준수되는 교회력 혹은 축일의 시기에 따라 좌우되기 때문에 흰색, 빨간색, 장미색, 녹색, 보라색, 검은색, 금색 혹은 은색일 수 있다. 제의는 일반적으로 그리스도의 수난에 대한 암시인 십자가가 등 쪽에 수놓아져 있다. 상징적으로 이 예복은 빌라도가 '유다인의 왕'으로 그리스도에게 입히도록 명령하였던 자주색 옷을 암시한다. 또한 골고타에서 병사들이 제비를 뽑았던 그리스도의 솔기 없는 옷을 상기시킨다. 제의가 다른 예복들을 덮는다는 점에서 갖는 상징적인 의미는 그리스도인의 자비와 보호이다. 자비는 모든 다른 것들에 대신해야 하는 덕이다.

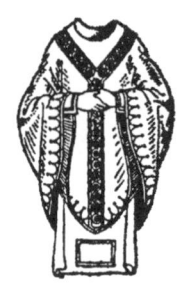

주교관 主敎冠, mitra 현대적인 형태의 주교관은 윤곽이 뾰족한 아치와 닮았으며, 맨 위가 십자형으로 쪼개지고 높은 머리에 쓰는 장식물이다. 그것은 전례용 모자이고 교황과 추기경, 대주교, 주교와 특별한 허락 아래 일부 아빠스가 착용한다. 주교관은 권위의 상징이다.

주교관은 보석으로 아로새겨질 수 있고, 금실 자수를 넣거나 꾸미지

않은 흰색 아마포나 비단에 수를 넣을 수도 있다. 아빠스는 특전을 제외하고는 오직 이 후자의 형태만 착용한다.

주교관은 권위의 상징으로 유다교 대사제가 쓰는 뾰족한 모자를 생각나게 하지만, 그것과 크게 관련은 없다. 주교관의 두 뿔은 십계명을 받았을 때 모세의 머리에서 나왔던 빛의 두 광선을 암시한다. 또한 구약과 신약 성경의 상징이다. 주교관의 뒷면에 부착되어 있으며 착용자의 어깨까지 내려오는 두 개의 덮개, 혹은 어깨걸이는 성경의 정신과 서간의 상징이다. 성 베르나르도와 성 베르나르디노가 거부했던 세 개의 주교직에 대한 상징으로 3개의 주교관들이 상징물로 주어진다.

중백의 中白衣, superpellicium, surplice 중백의는 무릎까지 오는 흰색 아마포 튜니카이다. 중백의의 소맷자락은 넓고 풍성하며 끝에는 일반적으로 레이스로 장식된다. 수단 위에 착용하는 중백의는 성사의 집전 동안, 여러 가지 다른 전례의 목적에서 입는다. 중백의는 정의와 진리의 거룩함에서 새로워진 사람을 상징한다.

카파 고리 morse, brooch 카파 고리 혹은 브로치는 카파의 앞을 채우는 데 사용된 걸쇠이다.

투니첼라 tunicella, tunicle 장엄 대례 미사에서 차부제次副祭, subdiaconus가 입는 짧은 달마티카이다. 기쁨과 마음의 만족의 상징이다.

팔리움 pallium 흰색 양털로 만들어지며 어깨 주변에 착용하는 폭이 좁은 띠. 하나는 앞에 늘어뜨리고 다른 하나는 뒤로 늘어뜨리는 짧은 장식이 두 개 있고, 여섯 개의 검은 십자가들로 장식되었다. 팔리움은 교황 권위의 상징이고, 대주교들에게 교황의 권위에 참여를 독려하기 위해 교황에 의해 주어진다. 팔리움의 Y 형태는 예수의 십자가에 못 박힘의 상징이다.

플루비알레 pluviale, cope 교회 예복 중에서 가장 비싸고 고귀하다. 플루비알레는 반원형의 형태로 만들어진 큰 망토이다. 어깨에 매달렸고, 화려하게 장식이 된 폭넓게 접어 젖혀진 깃deep collar이 등을 장식한다. 플루비알레의 색은 교회 시기의 것이다. 행렬과 큰 장엄한 예식에서 입는다. 상징적인 의미는 무죄함과 순결, 위엄이다.

필레올루스 pileolus, skull-cap, zucchetto 꼭 맞고 가장자리가 좁아지는 머리덮개이다. 교회의 다른 의복들과 같이 필레올루스의 색은 착용자의 지위와 일치한다.

13

종교적인 물건

감실 龕室, tabernaculum, tabernacle 이스라엘 백성들이 광야에서 방랑하는 동안 운반하였던 성막聖幕으로, 탈출기에서 처음 언급된다. 성막聖幕은 희생과 흠숭의 장소로 사용되었다. 그리스도교의 사용법에서 이 용어는 '감실'로 번역되며 성찬 전례의 축성된 요소들을 담고 있는 봉성체합 혹은 성합이 놓인 저장소를 나타낸다. 세 개의 성막은 예수의 거룩한 변모Transfiguratio의 상징이다.

교회 教會, ecclesia, church 그리스도교의 상징주의에서 교회는 몇 개의 의미를 갖는다. 기본적인 의미로 교회는 하느님의 집을 의미한다. 또한 그리스도의 몸을 의미하는 데 사용될 수 있다. 때로는 방주로 암시되며, 이때 교회는 모든 구성원들에 대한 구원을 의미한다. 그림에서 성인의 손에 놓인 교회는 그가 특정한 교회의 설립자였거나 그곳의 초대 주교였다는 것을 의미한다. 하지만 성 예로니모와 성 그레고리오의 손에 있는 교회는 특정한 건물이 아니라 일반적인 교회를 의미하며, 그들은 위대한 옹호자들이었고 원시元始 교부들에 속하였다.

목장 木杖, baculus, crosier 목장의 원형은 일반적으로 목자들의 손잡이가 구부러진 지팡이가 될 것으로 가정된다. 또한 사도들의 시대에 흔한 지팡이에서 유래한 것일 수 있다. 목장의 가치가 크게 올라갔던 것은 주교, 대주교, 아빠스, 혹은 아빠티사abbatissa의 목자 지팡이 덕분이다. 아빠스의 지팡이를 위해 흰색의 늘어뜨린 수건으로 지탱하는 것은 여전히 공통된 관행이다. 길쭉한 삼각형의 지팡이는 그림에서 종종 나타난다. 이는 권위와 재치권의 상징이다.

이중의 십자가가 있는 목장은 성 그레고리오와 성 실베스테르의 상징이다. 성 제노는 물고기와 함께 목장을 가지고 있다. 목장은 자비와 견고함, 그리고 악에 대한 교정의 상징으로 여겨진다.

묵주 默珠, rosarium, rosary 묵주는 동정녀 마리아에 대한 신심의 한 형태이

다. 이 신심은 일련의 묵상과 그리스도와 동정녀의 삶에서 사건을 중심으로 하는 기도로 구성된다. 이 묵상들은 신비로 알려져 있고, 세 가지 연속물, 즉 환희와 고통, 영광으로 나뉘어져 있다.* 묵주의 기도들은 끈으로 묶은 구슬들로 계산된다. 묵주는 신비를 상징하였던 꽃들의 색이 흰색, 빨간색, 노란색 혹은 금색인 장미의 화환으로 묘사될 수 있다. 묵주는 묵주기도의 신심을 만들었던 성 도미니코의 상징이다. 또한 도미니코회의 위대한 성녀들 중 한 사람인 시에나의 성녀 가타리나의 상징물로도 사용된다.

물병 Ewer과 손 닦는 그릇 Basin 물병과 손 닦는 그릇은 성찬 전례와 교회의 특별한 성무에 집전자의 손을 씻기 위해 사용된다. 손의 씻음은 무죄와 순결의 상징적 행위이다. 이는 예수에게 사형을 선고하라고 군중이 요구하였을 때 빌라도의 행동과 관련 있다. "빌라도는 더 이상 어찌할 수가 없을 뿐만 아니라 오히려 폭동이 일어나려는 것을 보고, 물을 받아 군중 앞에서 손을 씻으며 말하였다. '나는 이 사람의 피에 책임이 없소.'"(마태 27, 24) 동정녀 마리아의 그림에서 물병은 순결의 상징이다.

봉성체갑 奉聖體匣, theca, pyx 픽스pyx라는 단어는 "상자"를 의미하는 라틴어 픽시스pyxis에서 유래되었다. 처음에는 성체를 보관하려고 사용된 모든 용기를 이르는 말이었다. 또한 당시에 병자에게 성체를 가지고 갈 때 사용하는 용기를 지칭하는 말이기도 했다. 그리스도교 미술에서 봉성체갑은 아시시의 성녀 클라라Clara Assisii의 상징이다. 클라라는 자신의 수녀원 문간에 성체를 담고 있는 봉성체갑을 두었고, 그 결과 그곳을 포위하고 있었던 이교도들이 자신들의 무기를 버리고 도망쳤던 전설 때문이다.

성 요한 바오로 2세(1978-2005) 교황은 2002년 10월 16일, 교서 〈동정 마리아의 묵주기도〉(Rosarium Virginis Mariae)를 반포하면서, 기존 묵주기도에 그리스도의 공생활의 주요 사건들을 묵상하는 '빛의 신비'를 추가하였다. 그래서 이제는 3개가 아니라 4개의 신비를 묵상하게 되었다.

성광 聖光, ostensorium, ostensory, monstrance 원래 성해聖骸들을 보여주었던 용기用器인 성광은 축성된 제병을 바라보는 투명한 용기이다. 그 이름은 "보여주다"를 의미하는 라틴어 몬스트로monstro에서 유래되었다.

성반 聖盤, patena, paten 성찬 전례의 빵을 위한 얕은 접시이다. 최후 만찬에서 사용된 큰 접시를 상징한다.

성수 예식 聖水禮式, asperges**과 성수채**aspergillum 아스페스제스asperges, 당신은 뿌리소서는 성수로 제대, 성직자, 사람에게 뿌리는 예식을 가리켰던 따름 노래 "저에게 우슬초로 뿌리소서"Asperges me, Domine, hyssopo의 첫 번째 단어이다. 이는 악으로부터의 정화와 악의 추방을 상징한다. "우슬초로 제 죄를 없애 주소서. 제가 깨끗해 지리이다. 저를 씻어 주소서. 눈보다 더 희어지리이다."(시편 51, 9)* 성수예식은 그 예식을 실행하는 사제에 의해 사용되었던 성수채뿐만 아니라 예식 그 자체를 가리키는 데 사용되어 왔다. 성수채는 짧은 손잡이에 솔, 혹은 구멍이 있는 구체球體로 스펀지가 넣어져 있다. 이러한 사용 때문에 성수채는 악을 쫓아내기 위한 도구로서 매우 특별한 의미를 얻었다. 그래서 성 안토니오 아빠스, 성 베네딕도, 성녀 마르타, 그리고 악마와의 싸움으로 유명해졌던 성인들의 상징물로 나타난다.

성유병 聖油甁, ampulla 성유聖油, holy oil를 담고 있는 용기이다. 축복된 기름은 세례성사, 견진성사, 성품성사, 병자성사와 대관식에서 사용된다. 성유는 축성의 상징이다.

성작 聖爵, calix, chalice 성찬 전례에서 포도주와 물을 축성하였던 것을 영성체 때 마시는 잔이다. 성작은 최후 만찬과 십자가 위에서 그리스도의

---

* 원본의 본문에서 51장 7절로 되어 있는데, 9절이 맞다.

희생과 관련 있다. "또 잔을 들어 감사를 드리신 다음 제자들에게 주시니 모두 그것을 마셨다. 그때에 예수님께서 그들에게 이르셨다. '이는 많은 사람을 위하여 흘리는 내 계약의 피다.'"(마르 14, 23. 24) 따라서 성작은 그리스도교 믿음의 상징이다. 성작의 중요성은 시편 116장 13절 "구원의 잔을 들고서 …"에서 성체에 대한 암시가 발견될 수 있는 구약성경으로 거슬러 올라간다. 또한 성 바오로는 코린토 1서 10장 16절 "우리가 축복하는 그 축복의 잔은 그리스도의 피에 동참하는 것이 아닙니까?"에서 이 관념을 전한다. 뱀과 함께 하는 성작은 성 요한 복음사가의 상징물이다. 성작과 제병은 성녀 바르바라의 상징물이며, 부서진 성작은 성 도나토의 상징물이다.

성작 덮개 palla, pall 성작을 덮도록 사용된 흰색 아마포이다. 그리스도의 몸을 완전히 쌌던 아마포를 상징한다.

성작 수건 聖爵手巾, purificatorium, purificator 성찬 전례의 거행 후에 성작을 깨끗이 하려고 사용된 흰색 아마포 천이다.

성체포 聖體布, corporale, corporal 빵과 포도주가 축성되었던 제대 위에 놓인 흰색 아마포 천이다. 이 요소들이 봉헌하는 일정한 시간 동안 제대는 성체포로 덮어 놓는다.

성합 聖盒, ciborium 두 가지 의미가 있다. 우선 제대 위에 세웠고 네 개의 기둥들로 지탱하였던, 계약의 궤의 암시인 닫집 canopy을 의미하거나 보관된 성체를 위한 그릇이다. 후자의 의미에서 그것은 성찬 전례와 최후 만찬을 상징한다.*

일반적으로 후자의 의미로 사용되어 성체를 모셔 두는 뚜껑이 있는 그릇을 의미한다. 이 성합은 성체를 담아서 감실 안에 두거나, 미사 시작 전에 영성체할 신자들을 위해 성합에 제병을 넣어 제대 옆에 놓아둔다.

성유물함 聖遺物函, reliquiarium, reliquary 유물 혹은 유골을 유지하거나 전시하는 용기이다. 어떤 모양과 재료로든 만들 수 있지만, 담고 있는 유물의 형태로 만들기도 한다.

십자가 十字架, crux, cross 모든 상징에서 가장 오래되었으며 가장 보편적인 상징 중의 하나이다. 십자가 위에서 그리스도의 희생 때문에 그 사실의 완벽한 상징이다. 하지만 더 넓은 의미에서 십자가는 그리스도교의 표시 혹은 상징, 속죄의 표장, 그리고 그리스도교를 통한 구원과 구속의 상징이 되었다.

십자가 형태는 많고 다양하다. 그리스도교 미술에서는 라틴식 십자가와 그리스식 십자가라는 주요 형태들이 가장 일반적으로 나타난다.

라틴식 십자가는 가로대보다 직립부가 좀 더 길다. 그 둘의 교차점은 일반적으로 상부上部와 두 개 수평의 가로대들은 모두 대략 동일한 길이지만, 하부의 가로대들은 두드러지게 더 길다. 이 십자가는 그리스도의 수난 혹은 속죄를 상징하려고 사용된다. 십자가에 못 박히는 동안 그리스도가 고통 받았던 다섯 개의 상처들을 묘사하려고 십자가의 표면에 다섯 개의 빨간 표시가 있거나 보석이 박혀 있기도 한다. 게다가 그리스도의 가시관은 십자가와 함께 혹은 십자가에 매달려 있는 모습이 자주 등장한다. 전승은 그리스도가 라틴식 십자가 위에서 못 박혔다고 말한다.

지팡이 혹은 갈대 끝에 고정된 라틴식 십자가는 성 필립보의 상징물이다. 때때로 그의 손에 평범한 라틴식 십자가로 혹은 그의 지팡이의 끝에 타우T 십자가로 표현된다. 라틴식 십자가는 홀로 사용되든 다른 그림을 넣은 요소들과 결합하든 수많은 성인들의 상징물로 사용된다. 평범한 라틴식 십자가는 성녀 레파라타Reparata와 성녀 마르가리타Margarita가 지녔다. 세례자 요한은 자주 갈대로 만들어진 십자가를 갖고 있다. 성녀 헬레나Helena는 망치와 못 혹은 천사들이 지니고 있었던 십자가와 함께 묘사된다. 시에나의 성녀 가타리나Catharina Senensis는 백합

과 함께 십자가가 주어져 있는 반면, 파도바의 성 안토니오Anthonius de Padova는 꽃으로 뒤덮인 십자가를 가졌다. 카파도키아의 성 제오르지오 Georgius Cappadiciae와 성녀 우르술라Ursula는 빨간 십자가가 있는 기旗와 함께 그려진다.

그리스식 십자가는 네 개의 동일한 가로대를 가졌다. 이 십자가는 그리스도와 인류를 위한 그의 희생을 상징하기보다는 그리스도의 교회를 암시하기 위해 좀 더 자주 사용된다.

십자가의 다른 형태로 잘 알려진 것은 X 모양의 대각선으로 놓인 교차 가로대로 구성된 성 안드레아 십자가이다. 이 형태의 기원은 성 안드레아Andreas에 기인한다. 십자가에 못 박도록 선고가 내려졌을 때, 성인은 그리스도가 희생되었던 것과 똑같은 십자가에 못박힐 수 없다고 했다. 성 안드레아는 진정한 겸손으로 순교에 있어서도 자신은 구세주와 유사함에 감히 접근할 수 없다고 믿었다. 따라서 성 안드레아의 십자가는 고통 중에 겸손의 상징이 되었다.

더 오래된 십자가의 형태는 이집트의 혹은 타우 십자가이다. 단 세 개의 가로대들로 구성되며, 문자 T자 모양으로 정렬되어 있다. 이것은 구약성경의 십자가로 알려져 있다. 전승은 십자가에 그리스도의 들어 올림을 예시하는, 모세가 광야에서 뱀을 들어 올렸던 그런 십자가였다(요한 3, 14)고 말한다. 타우 십자가는 자신의 순교에 대한 환시에 따르면, 성 필립보Philippus는 이 형태의 십자가에 못 박혔기 때문에 그의 상징물들 중 하나이다. 그것은 또한 성 안토니오 아빠스Antonius Abbas의 상징물들 중 하나이다.

교회의 십자가는 교계제도 안에서 다른 지위들을 구분하는 데 사용된다. 세 개의 가로대가 있는 삼중의 십자가는 오로지 교황만 사용하는 반면에, 두 개의 가로대가 있는 이중의 십자가는 총대주교와 대주교를 뜻하는데 사용된다.

십자고상 十字苦像, crucifixus, crucifix, rood 십자가에 매달린 그리스도에 대

한 묘사이다. '루드'rood라는 단어에서 유래한, 십자고상에 대한 교체된 영어 이름은 십자가 간벽間壁*으로써 성당 제단 입구에 있던 칸막이의 명칭에서 왔다. 그곳 위에 거대한 십자고상을 세우려는 관습이 있었기 때문이다. 성 파도바의 안토니오를 포함하여 다수의 성인들은 손에 작은 십자고상을 들고 있는 모습으로 그려지곤 한다. 톨렌티노의 성 니콜라오Nicolaus Tolentini의 상징물 중 하나는 백합으로 장식된 십자고상이다. 성 요한 괄베르토Joannes Gualbertus는 자신을 향해 머리 숙인 그리스도와 함께 큰 십자고상 앞에서 무릎 꿇고 있는 모습으로 그려진다.

왕관 王冠, corona, crown 초기부터 승리 혹은 탁월함의 표시였다. 그래서 왕관은 왕권의 표시로 받아들여져 왔다. 그리스도교의 미술에서 성모 마리아가 왕관을 쓰고 있는 것은 그녀가 하늘의 여왕이라는 것을 가리킨다. 왕관이 순교자의 상징물로 사용되었을 때, 죄와 죽음에 대한 승리를 뜻하거나 그 성인이 왕족의 혈통이었다는 것을 나타낸다. 왕관은 때로는 단지 작은 원이지만, 꽃들의 화관이나 금과 보석들로 꾸민 훌륭한 원형이 될 수 있다.

가시관은 그리스도의 수난과 십자가에 못 박힘의 표장들 중 하나이다. "군사들은 … 그분께 자주색 옷을 입히고 가시관을 엮어 머리에 씌우고서는, '유다인들의 임금님, 만세!' 하며 인사하기 시작하였다."(마르 15, 16-18) 그리스도는 이 순간부터 십자가로부터 내려질 때까지 가시관을 쓰고 있는 것으로 묘사된다. 원래 하느님에게 바친 봉사에 대한 봉헌의 표징인 수도승의 삭발은 그리스도의 희생적인 가시관에 대한 경건한 모방이다.

여러 가지 형태의 왕관은 몇몇 성인들의 상징물로 사용된다. 예를 들

성당 안에 신자석과 성직자 성가대나 제단 사이를 칸막이한 벽. 이 간벽으로 막힌 곳에는 한쪽에 설교단을 설치하기도 했으며, 간벽에 십자가상을 붙여 놓았을 때는 십자가 간벽(rood screen)이라고 하였다. 건축적으로 성당에서 큰 십자가를 지지(支持)하기 위하여 내진(內陣, choir) 입구 위에 걸친 들보 밑에 만든 내진장벽(內陣障壁)을 가리킨다.

어 삼중관은 헝가리의 성녀 엘리자베스Elisabeth Hungariae의 상징물이다. 알렉산드리아의 성녀 카타리나Catharina Alexandriae는 자신의 신분 때문에 왕관이 주어진다. 시에나의 성녀 카타리나Catharina Senensis는 그녀의 오상 때문에 가시관을 쓴다. 프랑스의 루도비코Ludovicus Francorum는 성지聖地에서 가시관을 발견한 것을 기념하여 왕관뿐만 아니라 가시관도 함께 나타난다. 툴루즈의 루도비코Ludovicus Tolosanus는 왕위 계승에 대한 거부의 표시로 그의 발 앞에 왕관과 홀과 함께 그려진다. 성녀 체칠리아Caecilia는 장미 화관과 함께 그려진다. 성녀 베로니카Veronica와 성녀 마리아 막달레나Maria Magdalena는 때때로 가시관을 받는다. 교황은 자신의 삼중의 특권에 대한 표장으로 삼중관을 쓴다(제12부 교황 삼층관 참조).

잔 calix, cup 잔은 겟세마니 동산에서 그리스도의 고통에 대한 상징이다. 하느님에게 기도하는 중에 "아버지, 이 잔이 비켜 갈 수 없는 것이라서 제가 마셔야 한다면, 아버지의 뜻이 이루어지게 하십시오."(마태 26, 42)라고 말하였을 때, 그리스도의 말에 근거를 두고 있다. 자신이 유다에 의해 배신당하고 십자가 위에서 자신의 최고 희생이 눈앞에 놓인 것을 아는 그리스도는 하느님이 자신에게 놓았던 무거운 짐을 받아들였다.

제대 altare, altar 그리스도교의 제대는 돌이나 나무로 만든 식탁이고, 아름답게 조각되어 있다. 제단祭壇, sanctuarium의 중앙에 위치하며, 성당 안에서 최고의 중심이다. 전례적으로, 제대는 동쪽과 그리스도의 수난과 죽음의 성지聖地인 예루살렘을 향한다. 이 위치는 전통적이고 에제키엘서 43장 4절 "그러자 주님의 영광이 동쪽으로 난 문을 지나 주님의 집으로 들어갔다."에서 성경의 취지에 입각하는 권위를 가졌다. 제대 혹은 거룩한 식탁은 성체성사에서 그리스도의 현존을 상징한다.

성당의 제대 후벽에 있는 벽화(reredos)를 가리기 위해 사용했던 휘장.

제대 祭臺 **뒤 걸개그림** dorsal, dossal* 제대 뒤에 두었던 풍부하게 수놓아진 벽걸이 천이다. 일반적으로 금실을 넣어 짠 천[金襴]에 바느질로 수를 놓아 두껍게 짠 비단 brocade 이다. 만일 제대 뒤 걸개그림이 제대 측면까지포함되도록 연장하는 것은 난제難題로 알려져 있다(제대 뒤 장식화 참조).

제대 뒤 장식화 병풍화, retabulum, altarpiece* 제대에 부착되거나 제대 바로 뒤에 설치된 패널화를 말한다. 제대 뒤 장식화는 여러 형태로 나타나는데, 한 폭으로 된 장식화largen, 세 폭으로 된 병풍화tryptycum, triptych , 다폭多幅 병풍화polyptych 가 있다. 대체로 화려하게 장식되며, 세 폭 병풍화가 가장 일반적이다. 중앙의 패널에는 그리스도의 생애에서 어떤 사건을 묘사할 수도 있지만, 주로 예수의 십자가에 못 박힘을 묘사한다. 대신 성모자聖母子에 대한 묘사가 중앙에 들어가기도 한다. 양 측면의 패널에는 그리스도나 동정녀, 혹은 특별한 성당이나 경당이 봉헌되었던 성인과 관련된 사건들을 묘사한다. 이 측면의 패널들은 종종 보속의 시기 동안 닫을 수 있고 특별한 경우에 열 수 있도록 경첩이 달려 있다.

제대 밑 장식 antependium, frontal 일반적으로 제대의 앞 부분을 덮는 움직일 수 있는 장식용 조각을 말한다. 이 직사각형의 판은 그림이나 조각적인 부조로 화려하게 장식된다.
르네상스 시기 제대 밑 장식은 비단이나 수를 놓아 두껍게 짠 비단 brodcade 이었고, 교회 시기 혹은 축일의 색이었다.

제대포 祭臺布, tabales, altar cloths 제대의 윗면을 덮고 양쪽을 아래로 펼치는 순수한 흰색 아마포로 만든 것이다. 그리스도를 덮었던 수의壽衣의 상징이다.

현재 "제단화"(祭壇畫)라는 용어를 사용하는 경우가 많은데, 실제 설치된 예와 설치된 역사와 단어적인 의미를 염두에 둔다면 "제단 뒤 장식화" 혹은 "제대 뒤 병풍화"라고 번역하는 것이 옳다.

제병 祭餠, hostia, host 집전자가 성찬 전례, 혹은 미사에서 축성하였던 이스트를 넣지 않은 빵의 납작하고 원형圓形인 조각이다. 이 이름은 "희생자나 희생"을 의미하는 라틴어 '호스티아'hostia에서 유래된 것이다. 특별히 성작과 함께 나타날 때, 십자가 위에서 그리스도의 희생을 상징한다.

종 鐘, campana, bell 성당의 탑이나 첨탑에 있는 종은 흠숭하려는 신자들을 호출한다. 제대에 있는 미사 때 치는 종sanctus bell은 성찬 전례에 그리스도의 오심을 알린다. 성 안토니오 아빠스는 악령들에 대한 경고로서 목발에 종을 달고 있는 모습으로 자주 묘사된다.

주교좌 主敎座, cathedra, cathedral 고유하게 '카테드라'cathedra라고 불렸던, 공식적인 주교의 자리 또는 의자이다. 교회의 아주 초기부터 주교의 위엄의 상징이다. 비록 옛날에는 제대 뒤에 놓였지만, 이후에는 제단의 복음서 쪽이나 왼쪽에 위치한다. 로마의 성 베드로 성당에서는 여전히 이 위치에 놓는다. 주교좌는 고대에 교사의 자리였고, 여기에서 그 이름이 파생되었다. 교구의 주요한 성당인 주교의 성당은 주교좌성당으로 불린다. 이 이름은 그의 권위와 재치권의 상징으로서 카테드라주의 자리가 그곳에 위치해 있다는 사실에서 비롯된다.

주교좌성당 主敎座聖堂, cathedra, cathedral 공식적으로 주교의 자리가 있는 교구의 주요한 성당이다. 제단에 있는 주교좌 즉 주교의 자리 때문에 붙은 이름이다.

주수병 酒水甁, urceolus, cruets 성찬 전례의 포도주와 물을 담고 있는 작은 용기이다. 구속의 상징이다.

초 cereus, candela, candle 초는 성당 내에서 크고 가지각색의 중요한 역할을 담당하고, 초의 사용 용도와 개수에 따라 교회의 가르침은 상징적으로 표현된다. 예를 들어 제대 위에 있는 여섯 개 불빛과 성찬전례의 초들과 성체등lampas semper ardens, sanctuary lamp은 교회의 끊임없는 기도의 고리를 의미하고, 성체의 초는 영성체에서 그리스도의 오심을, 부활초Pascal candle는 부활 시기 동안 부활한 그리스도를 상징한다. 또한 초가 여러개 함께 사용되었을 때 상징적이다. 세 개의 초는 삼위일체를 상징하고, 일곱 개는 칠성사를 의미한다. 주교의 초는 주교가 주교의 직무를 행하거나 미사의 집전자일 때 사용된다. 순례지들과 성체거동에서 신심적인 목적으로 사용하는 초는 르네상스 시기 미술에서 보편적이며 자주 등장한다. 초의 상징적 의미 때문에 촛대는 주로 예술적이고 아름답게 만들어진다.

향로 香爐, tribulum, censer 향을 불태우는 그릇이다. 반달형으로 구멍이 뚫린 덮개가 사슬로 매달려 있다. 구약성경에서 향로는 자신의 기도가 하느님에게 받아들여질 수 있을 흠숭하는 사람들의 탄원을 상징한다. "저의 기도 당신 면전의 분향으로 여기시고 저의 손 들어 올리니 저녁 제물로 여겨 주소서."(시편 141, 2) 그리스도교의 상징적 의미에서, 향의 연기는 천국으로 올라가려는 신자들의 기도를 상징한다. 향로는 성 라우렌시오와 성 스테파노의 상징물이다.

14

상징물

갑옷 armatura, armor 기사도의 상징이다. 성 제오르지오 Georgius 처럼 전사戰士였던 성인들은 미카엘 대천사처럼 갑옷 입은 모습으로 자주 등장한다. 또한 갑옷은 그리스도인의 믿음을 악으로부터 보호하는 것으로 여겨진다. 성 바오로는 에페소인들에게 보낸 편지에서 말한다. "악마의 간계에 맞설 수 있도록 하느님의 무기로 완전히 무장하십시오. … 의로움의 갑옷을 입고 … 믿음의 방패를 … 구원의 투구를 받아 쓰고 성령의 칼을 받아 쥐십시오. 성령의 칼은 하느님의 말씀입니다."(에페 6, 11 이하)

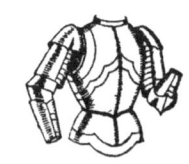

거울 speculum, mirror 동정녀의 모습을 지닌 거울은 성 제미니아노 Geminianus의 상징물 중 하나이다. 더럽혀지지 않은 거울은 동정녀 마리아의 상징이다.

곤봉 棍棒, fustis, club, [방망이, bat] 그리스도에 대한 배신의 상징들 중 하나이다. 또한 소小 야고보의 상징물이다. 왜냐하면 곤봉 혹은 방망이가 그의 순교 도구였기 때문이다. 전승에 따르면, 소小 야고보는 성전 꼭대기에서 땅으로 던져졌으나, 다행히 목숨을 잃지 않았다. 그 후 기도하려고 무릎을 세웠을 때, 곤봉 혹은 빨래 방망이로 살해당했다.

공 sphaera, ball 세 개의 공 혹은 돈주머니는 미라의 성 니콜라오의 상징물 중 하나이다. 전설에 따르면, 그 성인이 가난해진 남자의 집 창문으로 세 개의 돈주머니를 던져 혼기를 맞은 세 딸의 지참금으로 주려했던 돈이 든 세개의 선물을 묘사한다.

구체 球體, sphaera, globe 권력의 상징이다. 그래서 성부 하느님의 상징물로 자주 나타난다. 그리스도의 손에 들린 구체는 그분의 주권의 표장標章, emblem 이다. 인간의 손에 들린 구체는 제국의 위엄의 상징이다.

그림 繪畫, pictura, painting 동정녀에 대한 그림에서 종종 그녀의 초상화를

그리는 모습을 보여준, 성 루카에게 주어진 상징물들 중 하나이다.

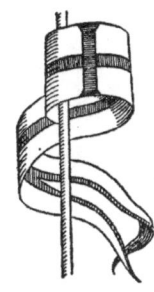

기 旗, banderia, banner 기旗는 십자가와 함께 승리의 상징이다. 이는 콘스탄티누스 황제를 암시하기도 한다. 그는 구름 사이에서 십자가를 보고 그리스도교로 개종하면서 자신의 깃발 도안에 십자가를 포함시켰다. 그리스도교의 미술에서, 하느님의 어린 양은 그리스도의 순교로 죽음을 이겼음을 상징하는 십자가와 함께 기를 지닌다. 그리스도가 무덤에서 저승으로 내려감에서, 부활 후와 승천 전에 땅에서 나타남이 일어날 때에만 기를 가지고 있다. 세례자 성 요한은 종종 십자가와 함께이거나 "보라, 하느님의 어린 양"Ecce, Agnus Dei.이란 라틴어가 새겨진 기와 함께 묘사된다. 또한 군인 성인들과 외국으로 복음을 전하였던 사람들의 상징물이다. 빨간색 십자가가 그려진 기는 카파도키아의 성 제오르지오 Georgius Cappadociae와 성 안사노Ansanus 의 상징물이다. 성녀 레파라타 Reparata와 성녀 우르술라Ursula는 기가 자신들의 것으로 간주되었던 유일한 여성 성인들이다.

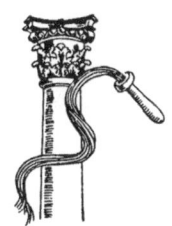

기둥 columna, pillar 그리스도가 채찍질을 당하는 동안 묶였던 기둥은 주님 수난의 표장들 중 하나로 사용된다. 기둥은 필리스티아인들의 궁전 기둥을 허물어 죽었던 삼손의 상징물이다. 성 세바스티아노는 일반적으로 기둥에 묶여 몸에 화살이 찔린 모습으로 나타난다.

기름의 가마솥 전설에 따르면, 기름이 끓는 가마솥에 던져졌으나 기적적으로 죽음에서 구해졌던 성 요한 복음사가의 상징으로 사용된다.

긴 창 槍, lancea, lance 창은 십자가 위에 있는 그리스도의 옆구리를 꿰찌르는 데 사용되었으므로 주님 수난의 상징이다. 카파도키아의 성 제오르지오Georgius Cappadociae는 종종 한 손에 창이나 부러진 창을 들고 등장한다. 왜냐하면 창이 부러지는 바람에 칼을 이용해 용을 죽였다는 전설이 전해지기 때문이다. 또한 창 혹은 투창投槍은 성 토마스의 순교 도구였기 때문에 그의 상징물이다.

꽃병 一瓶, urceus, vase 백합이 꽂힌 꽃병은 주님 탄생 예고의 그림들에서 가장 자주 묘사되는 물건이다. 꽃병은 때때로 투명 유리로 만들어져 있다. 깨끗하고 투명한 유리 때문에 동정녀의 완벽한 순결을 상징한다. 일반적인 의미에서, 빈 꽃병은 혼과 분리된 육체를 상징한다. 새들이 갈증을 푸는, 가장자리에 새들과 함께 있는 꽃병은 영원한 지복至福의 상징이다.

단도 短刀, pugio, dagger 단도는 비수匕首로 목을 찔려 죽음으로써 순교를 당하였던, 성 루치아Lucia의 상징물 중 하나이다.

닻 ancora, anchor 희망과 견고함에 대한 그리스도교의 상징이다. 이는 하느님 조언의 끝없는 덕과 관련 있는 히브리서 6장 19절 "이 희망은 우리에게 영혼의 닻과 같아, 안전하고 견고하며 …"라는 말에 근거한다. 이 상징은 고대 로마의 카타쿰바cathcumba들에서 이런 의미로 자주 사용되었고, 그리스도인의 오래된 보석에도 새겨져 있었다.

닻에 묶여서 바다에 던져진 성 클레멘스Clemens, 그리고 선원들의 수호성인인 미라의 니콜라오Nicolaus Myrensis의 상징물이다.

대패 runcina, plane 나자렛 마을에서 목수로 일했던 성 요셉의 상징물이다.

돈 pecunia, money 돈으로 가득 찬 두 손은 유다의 배신에 대한 암시로, 때때로 주님 수난의 상징으로 사용된다. 돈 자루는 그리스도교로 개종하기 이전에 세리였던 성 마태오 사도의 상징물이다. 세 자루의 돈은 미라의 성 니콜라오의 상징물 중 하나이다. 돈이 담긴 접시나 자루는 가난한

사람들에게 교회의 보물들을 분배하였던 성 라우렌시오와 동일시되어 사용되었을 것이다. 또한 자비로움으로 주목할 만한 다른 성인들은 돈을 가난한 이들에게 나누어주는 모습으로 묘사되었다. 헝가리의 성녀 엘리사벳이 그중 하나이다.

동전 nummus, coin 은돈 서른 닢은 유다 이스카리옷 Judas Iscariot 의 그리스도에 대한 배신과 관련하여 주님 수난의 상징들 중 하나이다. "유다 이스카리옷이라는 자가 수석 사제들에게 가서, '내가 그분을 여러분에게 넘겨주면 나에게 무엇을 주실 작정입니까?' 하고 물었다. 그들은 은돈 서른 닢을 내주었다."(마태 26, 14. 15)

성 라우렌시오는 때때로 금전과 은전의 접시를 손에 들고 보여진다. 이것은 교황 식스토 2세의 명령에 따라 가난한 사람들에게 교회 재산을 나누어준 일과 관련된다.

두루마리 volumen, scroll 두루마리, 혹은 둥글게 말아놓은 원고原稿는 저자로서의 특별한 능력을 암시하려고 책을 대신해서 사용된다. 특히, 한 손에 두루마리를 들고 있는 모습으로 자주 그려졌던 대차 성 야고보에게 전형적인 것이다. 책의 고대 형태인 두루마리는 구약성경의 저자들을 나타낼 때 더 자주 사용되었다.

등불 燈—, lucerna, lamp 빛을 발산하기 때문에 지혜와 경건함의 상징으로 사용된다. 성경은 하느님의 말씀을 신자들을 위한 등불로 묘사한다. 지혜롭고 어리석은 처녀들의 비유에서, 빛나는 등불은 지혜로운 사람들을 가리키는 데 사용된다. 등불은 몇몇 성인들의 상징물로 사용되는데, 특히 성녀 루치아가 유명하다. 성녀 루치아 앞에 성녀 아가타가 나타나 "루치아, 그 방법은 참으로 빛입니다."라고 말한 현시와 관련이 있다.

막자사발—沙鉢, mortarium, mortar**과 막자** pistillum, pestle 약제사가 약을 조

제할 때 사용하는 막자사발과 막자는 의사 성인 고스마Cosmas와 다미아노Damianus의 상징물이다.

망토 clocca, cloak **혹은 외투** cottus, coat 칼로 반으로 나눈 망토는 한겨울 자신의 망토를 반으로 나누어 줌으로써 가난한 사람들의 친구가 되었던 성 마르티노의 상징물이다.

머리 수건 一手巾, velum, veil 착용자를 감춰주기 때문에 머리 수건은 겸손과 순결을 상징한다. 머리 수건 위에 묘사된 그리스도의 머리는 성녀 베로니카의 상징물이다. 베로니카가 자신의 머리 수건으로 골고타로 가는 그리스도 얼굴의 땀을 닦았고 그 수건에 그분 얼굴의 흔적이 남아 있었다는 것과 관련되어 외경인 『니코데모의 복음서』에 있는 구절에 연결된다. 또한 성녀 아가타Agatha의 상징물이다. 에트나Etna 산에 화산 폭발이 일어나 카타니아Catania 시가 큰 위험에 처했을 때 성녀 아가타의 머리 수건이 용암을 멈추게 했다는 전설과 관련이 있다.

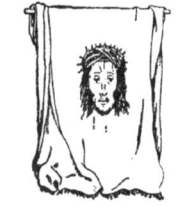

목발 木一, baculum, crutch 성 안토니오의 상징물로 자주 사용된다. 그가 사막에서 은수자로 오랜 세월을 보낸 후에 연로한 나이와 무기력을 상징한다. 방울은 사악한 영들을 쫓아내는 자신의 힘을 상징하려고 목발에 매달려 있다.

못 clavus, nail 그리스도의 십자가에 못 박힘에서 사용되었기 때문에 주님 수난의 상징이다. 초기 십자고상들은 그리스도의 손과 발을 꿰뚫는 4개의 못이 보인다. 하지만 대부분의 십자고상들에는 단 3개의 못만 그려져 있으며, 두 발은 하나의 못으로 박혀 있다. 이는 아마도 삼위일체에 대한 상징적인 언급으로, 수난의 도구로서 별도로 그려질 때 선호된다.

문 門, porta, gate 문은 그리스도교 미술에서 수많은 상징적인 의미를 나

타낸다. 문은 죽음과 이 세상의 삶으로부터의 출발을 상징할 것이다. "… 저를 미워하는 자들에게 당하는 고통을 굽어보시어 저를 죽음의 성문에서 끌어 올려 주소서."(시편 9, 14)* 또한 천상의 낙원으로 들어감을 말할 것이다. "성문들아, 머리를 들어라. 오랜 문들아, 일어서라. …"(시편 24, 7) 문은 아담과 하와가 에덴의 동산에서 추방당하는 장면에서 두 가지 의미를 갖고 있다. 또한 최후 심판의 장면에서 의로운 사람들과 단죄 받은 사람들 사이에 갈라지는 장벽으로 나타난다. 문은 항상 지옥으로 내려감의 묘사들에서 중심이 된다. 그리스도는 그 문을 뚫고 나아갔고 문의 파편들이 그분의 발 앞에 흩어져 놓여 있었다. 동정녀 마리아는 흠이 없는 순결함과 관련하여 때때로 닫힌 문으로 불린다.

미늘창 halberd 미늘창은 성 시몬과 함께 여행 중에 미늘창으로 살해되었다고 전해지는 성 유다의 상징물이다.

반지 斑指, annulus, ring 반지 혹은 작은 고리는 일반적으로 영원함과 끝없는 존재의 상징으로 받아 들여졌다. 또한 영원한 결합의 상징이다. 주교의 반지는 교회와 자신의 일치를 암시한다. 결혼반지는 영구적인 일치의 상징들이다. 연결된 두 개의 반지 혹은 겹쳐진 두 개의 작은 고리들은 땅과 하늘의 표상이다. 함께 연결된 세 개의 반지는 삼위일체를 의미한다.

신부新婦의 반지는 수도 생활에 전념하였고 그리스도가 자신의 신랑이 되게 하려고 기도하였던 시에나의 성녀 가타리나의 상징물이다.

밧줄 rigamen, rope 예수에 대한 유다의 배신의 상징들 중 하나이다. 요한 복음 18장 12-13절**에 따르면, "군대와 그 대장과 유다인들의 성전 경

---

* 영어본에서는 9장 13절로 되어 있으나 한글 성경에서는 14절이다.
** 영어본은 12절만 언급하지만, 인용된 구절은 12-13절이다.

비병들은 예수님을 붙잡아 결박하고, 먼저 한나스에게 데려갔다. 한나스는 그해의 대사제 카야파의 장인이었다."이기 때문이다. 성 요한은 예수가 이때 묶였다고 언급한 유일한 복음사가이며, 마태오와 마르코는 그분이 다음 날 아침 빌라도에게 갔을 때 묶였다고 언급한다. 전승에 따르면, 유다는 자신의 끔찍한 행동에 대한 자포자기의 후회로 배신 후에 스스로 밧줄에 목을 맸다고 한다.

배 ₼, navis, ship 배는 그리스도의 교회의 상징으로 특별한 의미를 갖고 있다. 홍수 한가운데서 모두가 물에 잠기는 동안 안전하게 표류하였던 노아의 방주는 교회에 대한 명백한 상징이었다. 성 암브로시오는 자신의 작품에서 교회를 배에, 십자가를 배의 돛대에 비유하였다. 그리스도가 파도를 진정시켰고 재난에서 사도들의 배를 구한 갈릴래아 바다의 기적도 마찬가지로 상징적인 종교적 의미를 부여한다.

 또한 몇몇 성인의 상징물이다. 가장 많이 알려졌던 것은 성 빈첸시오와 미라의 성 니콜라오이다. 성 율리아노는 스스로 나룻배 사공이 되었기에 그림에서 배는 자주 배경으로 보여진다.

벌집 beehive 벌집은 '달콤한 말'이라는 표현처럼 훌륭한 웅변을 상징하는 데 사용되었다. 벌집은 '그들의 웅변이 꿀처럼 달콤하였기' 때문에 클레르보의 성 베르나르도와 성 암브로시오 두 성인 모두에게 상징물로 주어졌다(제1부에 있는 벌 참조).

빵 panis, bread 빵은 언제나 생명을 유지하는 수단의 상징이었고, "빵은 생명의 지팡이입니다."라는 구절이 있다. 구약성경에서 빵은 하느님의 섭리, 돌봄, 자기 백성 양육의 상징이었다. 하느님은 광야에서 이스라엘의 자손에게 만나를 보냈다. "이것을 보고 이스라엘 자손들은 그것이 무엇인지 몰라, '이게 무엇이냐?' 하고 서로 물었다. 모세가 그들에게 말하였다. '이것은 주님께서 너희에게 먹으라고 주신 양식이다.'"(탈출 16, 15)

그리스도는 자신이 "내가 생명의 빵이다. 나에게 오는 사람은 결코 배고프지 않을 것이며, …"(요한 6, 35)라고 말하였을 때 이 상징적 의미에 새로운 의미를 부여하였다. 최후 만찬에서 그리스도는 십자가 위에서 자기희생의 상징으로 빵을 사용하였다. "예수님께서는 또 빵을 들고 감사를 드리신 다음, 그것을 떼어 사도들에게 주시며 말씀하셨다. '이는 너희를 위하여 내어 주는 내 몸이다. 너희는 나를 기억하여 이를 행하여라.'"(루카 22, 19)

세 덩어리의 빵은 이집트의 성 마리아의 상징물이다. 왜냐하면 그녀는 자신의 세 덩어리의 빵을 가지고, 고독과 기도의 삶을 살려고 사막으로 갔기 때문이다. 한 덩어리의 빵을 가져오는 까마귀는 은수자 성 바오로의 상징물 중 하나이다. 성 바오로가 광야에서 오랜 세월을 보내는 동안 까마귀가 빵을 가져다주었기 때문이다. 또한 성 도미니코의 상징물로 사용된다. 하느님의 개입으로 자신의 수도원을 위한 빵을 얻었던 전설에 근거한다.

빗 pecten, comb 쇠빗은 성 블라시오 Blasius 의 상징물들 중 하나이다. 황제 루치니우스 Licinius 의 명령으로 그는 양털을 빗질하기 위해 사용하였던 빗과 비슷한 쇠빗으로 살을 찢어내는 고문을 받았다.

사다리 scala, ladder 사다리는 주님 수난의 도구 중 하나로 십자가에서 내려짐의 장면에서 자주 나타난다. 또한 야곱의 현시와 관련된다. "꿈을 꾸었다. 그가 보니 땅에 층계가 세워져 있고 그 꼭대기는 하늘에 닿아 있는데, 하느님의 천사들이 그 층계를 오르내리고 있었다."(창세 28, 12) 성조聖祖들의 그림에서 자신의 수도회의 형제들이 사다리로 천국으로 올라가는 환시를 보았던 성 베네딕도의 상징물인 사다리가 사용된다.

석쇠 craticula, gridiron 석쇠 위에서 구워지는 고문을 받았다고 전해 내려오는 성 라우렌시오 Laurentius 의 상징물로 자주 사용된다.

쇠망치 malleus, hammer 그리스도를 십자가에 못 박으려고 사용되었기에 주님 수난 도구들 중 하나이다. 십자가에 못 박힘 Crucifixio 의 상징이다.

손도끼 securicula, hatchet, [도끼, securis, axe] 파멸의 상징이자 몇몇 성경 인물의 상징물로 사용된다. 손도끼는 세례자 성 요한의 표장이다. 그는 유다 사람들에게 설교하면서 선언하였다. "도끼가 이미 나무뿌리에 닿아 있다. 좋은 열매를 맺지 않는 나무는 모두 찍혀서 불 속에 던져진다."(마태 3, 10)

또한 목수였던 요셉의 직업에 대한 암시로 그의 표장이다. 성 마태오와 성 마티아는 참수로 순교를 당했기 때문에 그들의 상징물 중 하나이다.

수건 手巾, mantele, towel 더럽혀지지 않은 수건은 순결의 상징이며, 때때로 동정녀 마리아의 상징물이다. 물 주전자 옆에 있는 수건은 빌라도의 손을 씻음과 관련하여 때때로 주님 수난의 상징으로 사용된다(제13부 물병과 손 닦는 그릇 참조).

수레바퀴 rota, wheel 회전하는 힘은 하느님 능력의 상징이다. 그러므로 불타는, 또는 그렇지 않은 수레바퀴는 이 의미를 지닌다. 아담과 하와가 에덴 동산에서 추방당할 때 나타난다. 하느님의 옥좌는 눈과 날개가 달린 불타는 수레바퀴와 관련하여 종종 등장하며, 에제키엘의 환시에 대한 암시이다(에제 1, 1-28). 형거[刑車]는 그 위에서 고문당했던 알렉산드리아의 성녀 가타리나 Catharina 의 특별한 상징물이다.

수술 도구들 의사 형제들인 성 고스마와 성 다미아노의 상징물이다. 한 손에 랜싯 lancet 이나 다른 수술 도구를 들고 있는 모습으로 등장한다 (향유 상자와 막자사발과 막자를 보라).

악기 樂器, Musical Instruments 성녀 체칠리아Caecilia의 상징물들 중 하나이다. 뿐만 아니라 성모자聖母子의 장면에서 천사들의 손에 자주 들려 있다. 천사들의 합창단은 하느님을 향한 영원한 찬미를 상징하려고 악기를 연주하는 것으로 그려진다.

연자맷돌 碾子―, mola, millstone 연자맷돌은 성 플로리아노Florianus와 성 빈첸시오Vincentius를 위한 상징물로 사용된다. 그들 모두 연자맷돌이 목에 묶인 채 물속에 던져져 순교하였기 때문이다.

열쇠 clavis, key 성 마태오복음 16장 19절에 따르면, 예수는 성 베드로에게 "또 나는 너에게 하늘 나라의 열쇠를 주겠다. 그러니 네가 무엇이든지 땅에서 매면 하늘에서도 매일 것이고, …"라고 말하였다. 그래서 성 베드로는 천국문의 수호자로서 존경받고 그의 상징물은 열쇠 혹은 열쇠 꾸러미이다. 신중함과 훌륭한 살림살이의 여성 수호자로서 성녀 마르타는 허리띠에 열쇠 다발을 매달고 있는 모습으로 자주 묘사된다.

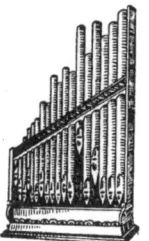

오르간 organum, organ 오르간은 교회가 하느님의 영광에 지속적으로 봉헌하는 찬미를 상징하려고 사용된다. 음악의 수호성녀인 성녀 체칠리아의 상징물이다. 그녀는 자신의 영혼을 가득 채웠던 화음의 홍수를 방출하기 위하여 오르간을 발명했다고 한다.

옷 衣, stola, robe 진홍색 옷 혹은 자주색 옷은 그리스도가 총독 관저에서 입혀진 옷으로서 주님 수난의 상징들 중 하나이다. 그리스도의 고통의 표장 중 하나이고, "그때에 총독의 군사들이 예수님을 총독 관저로 데리고 가서 그분 둘레에 온 부대를 집합시킨 다음, 그분의 옷을 벗기고 진홍색 외투를 입혔다. … 그렇게 예수님을 조롱하고 나서 외투를 벗기고 그분의 겉옷을 입혔다. 그리고 예수님을 십자가에 못 박으러 끌고 나갔다."(마태 27, 27-31) 솔기 없는 옷도 마찬가지로 주님 수난을 상징한다. "군사들은 예수님을 십자가에 못 박고 나서, 그분의 옷을 가져다가, … 속옷도 가져갔는데 그것은 솔기가 없이 위에서부터 통으로 짠 것이었다. 그래서 그들은 … '이것은 찢지 말고 누구 차지가 될지 제비를 뽑자.'…"(요한 19, 23. 24)

유리 琉璃, vitrum, glass 맑고 투명한 유리는 순결의 상징이다. 그래서 동정녀의 삶에 대한 장면에 자주 묘사된다. 동정녀의 주님 탄생 예고 그림에서 종종 투명한 유리병에 백합이 꽂혀 있다. 이는 원죄 없이 잉태하신 마리아의 상징이다. 창조에 대한 그림에서 하느님은 때때로 땅의 창조 이전에 빛의 거룩한 세상을 상징하는 수정 구슬을 갖고 있는 모습으로 등장한다.

뱀을 담고 있거나 깨진 수정 구슬은 독살당할 뻔한 위험에서 기적적으로 모면했던 일과 관련하여 성 베네딕도의 상징물로 사용된다.

인장 印章, signum, seal 인장은 하느님의 부호, 혹은 서명署名이다. "나는 또 다른 한 천사가 살아 계신 하느님의 인장을 가지고 해 돋는 쪽에서 올라오는 것을 보았습니다. 그가 땅과 바다를 해칠 권한을 받은 네 천사에게 큰 소리로 외쳤습니다. '우리가 우리 하느님의 종들의 이마에 인장을 찍을 때까지 땅도 바다도 나무도 해치지 마라.'"(묵시 7, 2. 3) 이것은 살아있는 하느님의 인장으로 알려져 있다.

자 regula, rule 목수의 자는 곤도포로Gondophorus의 천상 궁전의 건축가인 사도 토마스의 관습상의 상징물 중 하나이다.

접시 patina, dish 성반聖盤을 제외하고, 접시 그 자체는 그리스도교의 미술에서 상징으로 사용되지 않으나, 다른 상징물과 함께 등장한다(제13부 성반 참조).

**머리를 담은 접시** 세례자 성 요한의 상징물이다. 살로메의 요청에 따른 요한의 살해를 나타낸다.

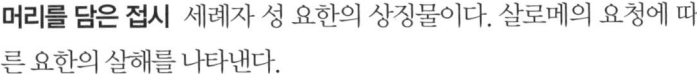**눈을 담은 접시** 전설에 따르면, 성녀 루치아의 구혼자는 너무 아름다운 그녀의 눈에 몹시 흥분되었고, 그는 그녀에게 어떤 평화도 주지 않으면서 그녀의 아름다운 눈이 자신에게 고문이라고 불평하였다. 이를 들은 성녀 루치아는 자신의 눈을 찢어내 접시에 담아 구혼자에게 보냈다. 그런 까닭에 눈을 담은 접시는 성녀 루치아의 상징물이 되었다.

장미를 담은 접시 또는 바구니 처형 장소에서, 천사의 심부름꾼에게 장미와 사과 선물을 받았던 성녀 도로테아의 상징물이다.

**돈을 담은 접시** 로마의 주교인 식스토에 의해 가난한 사람들에게 교회의 보물을 분배하도록 명령받은 성 라우렌시오의 상징물이 되었다.

**여성의 가슴을 담은 접시** 순교의 한 부분으로 큰 가위 혹은 족집게로 가슴이 뜯어내졌던 성녀 아가타의 상징물이다.

**접시저울** libra, scales 미카엘 대천사의 책임들 중 하나가 죽은 사람의 혼의 무게를 다는 것이기 때문에 접시저울[天秤]과 함께 묘사된다. 일반적으로 접시저울은 평등과 정의를 상징한다.

**족쇄** 足鎖, compes, fetter, [사슬, vinculum, chain] 족쇄는 병사들에 의해 그리스도의 채찍질 당함Flagellatio을 지칭하는 주님 수난의 상징들 중 하나이다. 성 레오나르도는 프랑스의 클로비스 왕의 법정에 연관되었던 죄수들을 대신하여 행한 일에 대한 상징인 부서진 족쇄를 손에 들고 있는 모습으로 그려진다.

**족집게** forceps, pincers, [큰 가위, shear] 족집게는 성녀 아가타의 상징물이다. 그녀는 큰 가위 혹은 족집게로 자신의 양 가슴이 찢겨졌다. 또한 알렉산

드리아의 성녀 아폴로니아의 상징물이다. 족집게로 이가 뽑히는 고문을 받은 후 순교했다고 한다.

주사위 alea, dice 십자가에 못 박힘 후에 그리스도의 겉옷을 두고 제비를 뽑은 병사들의 사건과 관련하여 주님 수난의 상징으로 사용된다. "그것은 솔기가 없이 위에서부터 통으로 짠 것이었다. 그래서 그들은 서로, '이것은 찢지 말고 누구 차지가 될지 제비를 뽑자.' 하고 말하였다."(요한 19, 23. 24)

주머니칼 cultellus, knife 주머니칼은 순교 도구로 매우 자주 등장한다. 성 바르톨로메오는 항상 독특한 형태의 큰 칼로, 산채로 피부가 벗겨졌던 것과 관련되어 때때로 자기 팔에 인간의 피부와 함께 그려진다. 또한 성 베드로 순교자는 머리나 손에 칼을 댄 채 등장한다. 그의 순교 도구였기 때문이다.

지팡이 baculum, staff 순례자의 지팡이는 여행과 순례에 주목할 만한 여러 성인의 상징물로 단독으로 사용되기도 하고 다른 상징물과 함께 그려지기도 한다. 두루마리와 가리비의 껍질과 함께 등장하는 순례자의 지팡이는 성 대 야고보의 관습상 상징물이다. 종려나무 지팡이는 성 크리스토포로의 상징물이다. 그는 자신의 지팡이로 사용하기 위해 종려나무를 뿌리째 뽑았던 큰 힘을 가졌던 사람이다. 아기 모습을 한 그리스도를 강 건너편으로 짊어지고 간 후에, 그리스도는 말하였다. "땅에 그 지팡이를 심으면 잎들과 열매가 나올 것이다." 이 기적이 일어났을 때, 성 크리스토포로는 그리스도교로 개종하였다.

세례자 성 요한과 성 예로니모는 순례자의 지팡이를 상징물로 사용하고, 성 필립보 사도는 십자가와 함께 지팡이가 등장한다. 성녀 우르술라는 십자가가 새겨졌던 기旗와 함께 지팡이를 자주 갖고 있다. 성 로코는 때때로 지팡이, 새조개의 조가비, 작은 주머니와 함께 그려진다.

창 槍, hasta, spear 십자가 위에 있는 그리스도의 옆구리를 꿰찌르는 데 사용되었으므로 주님 수난의 상징들 중 하나이다.

채찍 flagrum, scourge 주님 수난의 상징들 중 하나이다. 때때로 그리스도가 묶였던 기둥과 함께 그려진다. 일반적으로 성인의 손이나 발 앞에 있는 채찍은 본인 자신에게 입혔던 보속을 암시한다. 그러나 성 암브로시오의 손에 있는 채찍은 이탈리아의 밖으로 아리우스주의자들을 몰아가는 그의 노력에 대한 암시이다.

책 liber, book 르네상스 시기 그림에서 상징으로 사용될 때, 책은 누구와 함께 등장하느냐에 따라 여러 의미로 나타난다.

복음사가나 사도의 손에 있는 책은 신약성경을 상징한다. 성 스테파노의 손에서 책은 구약성경을 상징한다. 또 다른 성인이 손에 책을 들고 있는 것은 일반적으로 학문이나 저술로 유명하였다는 것을 의미한다. 예를 들어 알렉산드리아의 성녀 가타리나, 교회학자들인 성 토마스 아퀴나스와 클레르보의 성 베르나르도의 그림에서 잘 나타난다. 수도원과 관련된 그림에서, 펜이나 잉크통과 함께 그려진 책은 자신이 저자였다는 것을 가리키며, 그 책에는 종종 작품 제목이 적혀 있기도 하다. 수도회의 설립자 손에 펼쳐진 책은 그 수도원 규칙의 상징이고 규칙의 첫 번째 문장으로 쓰여 있기도 한다.

알파와 오메가가 함께 그려진 책은 그리스도의 상징물이다. 봉인한 책은 시편 139장 16절 "… 당신 책에 그 모든 것이 쓰였습니다."의 암시와 관련하여 종종 동정녀 마리아의 손에 놓여진다. 성 아우구스티노는 네 복음사가의 상징물인 책과 펜과 함께 자주 묘사된다. 파도바의 성 안토니오는 칼로 꿰찔렸던 책과 함께 종종 그려진다.

칼 刀, gladius, sword 전승에 따르면 칼날에 순교를 당하였던 수많은 성인들의 상징물로 사용된다. 그들 중에는 참수를 당하였던 성 바오로,

사자들이 죽이기를 거부하여 비슷하게 참수되었던 성녀 에우페미아 Euphemia, 유사한 방법으로 자신의 운명을 만났던 성녀 아녜스Agnes, 암살 당했던 성 베드로 순교자Petrus Martyr가 대표적이다. 성녀 유스티나 Justina는 자신의 가슴을 꿰찌르는 칼과 함께 그려지곤 한다. 미카엘 대천사는 카파도키아의 성 제오르지오Georgius와 마찬가지로 전사의 칼이 주어진다. 성 요한 괄베르토Joannes Gualbertus는 형제를 죽인 암살자를 추적했던 일과 관련하여, 때때로 손에 칼을 들고 있는 모습으로 묘사된다. 성 마르티노Martinus는 거지와 온기를 나누기 위하여 망토를 반으로 나눠준 일과 관련하여 칼과 망토가 함께 그려진다.

큰 낫 flax, scythe 작은 낫sickle과 마찬가지로 생명 가닥의 절단, 즉 죽음의 상징물로 사용된다. 죽음은 손에 큰 낫을 들고 있는 해골로 자주 묘사된다.

탑 塔, turris, tower 일반적으로 세 개의 창문이 있는 탑은 성녀 바르바라 Barbara의 관습적 상징물이다. 탑이 건축될 때, 그녀는 두 개가 아닌 세 개의 창문들, 삼위일체를 상징하는 세 개의 창문을 가져야 한다고 지시하였다는 전설에 대한 암시이다.

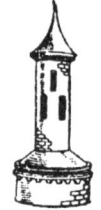

톱 serra, saw 대패, 손도끼와 함께 목수의 톱은 직업상 목수였던 성 요셉의 상징물로 흔히 사용된다. 또한 젤롯당원 성 시몬의 상징물이다. 온몸이 톱으로 잘려서 산산이 흩어져 순교 당하였기 때문이다. 그것은 또한 어떤 거룩한 사람들, 특히 성녀 에우페미아와 이사야의 상징물이다.

펜 calamus, pen 펜 단독으로 또는 때때로 잉크병과 함께 복음사가와 교회학자들의 상징물로 주어진다. 이 상징물이 적용되는 사람들 중에 주목할 만한 사람은 성 아우구스티노, 성 제르나르도, 성 마르코, 성 마태오이다.

포도확 torcular, winepress 포도확은 하느님 분노의 상징이다. 그것은 이사야서 63장 3절 "나는 혼자서 확을 밟았다. 민족들 가운데에서 나와 함께 일한 자는 아무도 없다. 나는 분노로 그들을 밟았고 진노로 그들을 짓밟았다."에 있는 구절로부터 이 의미를 가져온다.

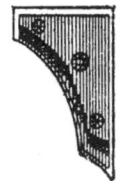
하프 竪琴, harpa, harp 하프는 다윗 왕의 상징물로서 인정된다. "다윗과 온 이스라엘은 비파와 수금과 손북과 자바라와 나팔 소리에 맞추어 노래하며, …"(1역대 13, 8) 하프는 시편과 하느님에게 경의를 표하는 모든 노래와 음악의 상징이 되었다.

거룩한 음악의 도구 하프는 "그들은 저마다 수금을 가지고 있었습니다."로서 하느님의 어좌 주변에 24명의 원로들을 묘사하였던 요한 묵시록 5장 8절과 관련된다. 성 아우구스티노는 자신의 강론들에서 다윗의 하프 10개 현들의 관점에서 십계명을 설명한다.

향유 상자 香油—, box of onitment 향유 상자는 성녀 마리아 막달레나의 상징물로서 르네상스 시기에 가장 흔히 사용된다. 한편으로는 마리아의 개종 후에 라자로의 집에서의 장면을 주목하게 한다. "그런데 마리아가 비싼 순 나르드 향유 한 리트라를 가져와서, 예수님의 발에 붓고 자기 머리카락으로 그 발을 닦아 드렸다. …"(요한 12, 3)

또한 십자가에 못 박힘 후에 무덤에서의 장면을 주목하게 한다. "안식일이 지나자, 마리아 막달레나와 야고보의 어머니 마리아와 살로메는 무덤에 가서 예수님께 발라 드리려고 향료를 샀다."(마르 16, 1)

연고 상자 box of ointment는 성 고스마와 성 다미아노 형제들의 상징물로 사용되기도 하는데, 의사로서 한 손에 작은 연고 상자와 랜싯 lancet, 다른 손에 어떤 수술 도구를 들고 있는 모습으로 묘사된다.

해면 海綿, spongia, sponge 해면은 예수가 십자가에 못 박힘의 표장들 중 하나이다. 이 의미는 예수가 십자가에 못 박힘에 대한 성경의 이야기를 그린 것이다. "그러자 그들 가운데 한 사람이 곧 달려가서 해면을 가져와 신 포도주에 듬뿍 적신 다음, 갈대에 꽂아 그분께 마시게 하였다."(마태 27, 48)

허리띠 zona, girdle, [띠, cingulum, cinture] 허리띠 혹은 띠는 다른 옷에 착용하였고, 고대의 복장에서는 돈지갑이자 보호, 장식 용도로 사용되었다. 허리띠는 여러 상징적인 의미가 있다. 그리스도는 하느님이 자신의 자녀들에게 요구하였던 봉사를 위한 준비의 상징으로 사용하였다. "너희는 허리에 띠를 매고 등불을 켜 놓고 있어라."(루카 12, 35) 성 바오로는 그리스도인들의 갑옷에서 진리의 상징을 허리띠로 불렀다. "그리하여 진리로 허리에 띠를 두르고 …"(에페 6, 14) 예언자들이 착용하였을 때, 허리띠는 겸손과 세상 경멸의 상징이며 가죽으로 만들어진다. 청빈, 순결, 순명의 서약들을 상징하는 수도승들의 허리띠는 아마도 예언적인 의미에서 발전되었다. 또한 순결의 상징이다. 여기에 대한 성경의 기원은 그들의 순결과 덕의 상징이 되는 매우 아름다운 허리띠들을 만드는 덕이 높은 여인들에게 있다(잠언 31장)고 하였다.

동정녀 마리아의 상징물로서 허리띠는 순결을 상징한다. 또한 그녀가 천국으로 실제로 올라갔다는 것을 믿지 않는 성 토마스를 납득시키려고 하늘에서 동정녀 마리아의 허리띠가 내려왔다는 전설과 관련 있다.

홀 笏, sceptrum, sceptre 손에 들고 다니는 홀 혹은 관장官杖은 권위의 상징이다. 이 땅의 군주들과 대천사들, 특히 가브리엘에 의해 입증된다.

화살 sagitta, arrow 화살은 일반적으로 하느님에 대한 봉사에 전념하는 영적인 무기를 암시하려고 사용된다. 화살은 많은 성인들에 대한 묘사와 관련이 있는 전쟁과 죽음의 도구이다. 성 세바스티아노 Sebastianus는 온몸에 화살이 꽂힌 모습으로 묘사된다. 성녀 우르술라 Ursula는 화살에 의한 고문에서 살아남았다고 한다. 화살은 또한 전염병의 상징이었고,

성 세바스티아노는 화살 속 시련에서 살아남았기 때문에 전염병에 대한 모든 희생자들의 수호성인이 되었다.

화형주 火刑柱, palus, stake 불로 고문당했던 사람들의 도구였으며 화형주에서 불태워졌던 성녀 도로테아와 유사한 상황에서 기적적으로 구출된 성녀 아녜스의 상징물로 사용된다.

활 弓, arcus, bow 활은 전쟁과 세속적인 힘의 상징이다. "보라"라고 예레미야 예언자에게 주님은 말하였다. "내가 엘람의 가장 강력한 무기인 활을 꺾어 버리겠다."(예레 49, 35)

횃불 taeda, torch 횃불은 배신의 상징이며 따라서 주님 수난의 표장들 중 하나이다. 이 의미는 유다에 의한 배신을 묘사한 요한복음 18장 3절을 기반으로 한다. "그래서 유다는 군대와 함께, 수석 사제들과 바리사이들이 보낸 성전 경비병들을 데리고 그리로 갔다. 그들은 등불과 횃불과 무기를 들고 있었다."

세상의 빛으로서 그리스도는 주님 탄생의 장면들에서 때때로 횃불로 묘사되었다.

또한 횃불은 어떤 정해진 순교자들의 상징물로 사용된다. 예를 들어 성녀 도로테아Dorothea는 화형주에서 불태워졌기 때문에 때때로 횃불과 함께 그려진다. 입에서 불타는 듯한 횃불들과 함께 개는 성 도미니코 Dominicus의 상징물이다.

그림 목록

바르톨로메오 델라 포르타(Fra Bartolommeo della Porta), 〈하와의 창조〉, 워싱턴주, 시애틀 아트 뮤지엄 | 194

알브레히트 알트도르퍼(Albrecht Altdorfer)의 연작, 〈아담과 하와〉, 〈인간의 타락〉, 세폭 제대 뒤 병풍화의 중앙패널, 워싱턴 국립 미술관 | 195

조반니 디 파올로(Giovanni di Paolo), 〈아담과 하와의 추방〉, 〈주님 탄생 예고〉(Annunciatio)의 세부, 워싱턴 국립 미술관 | 196

안토니오 드 벨리스(Attributed to Antonio de Bellis), 〈노아의 제물을 바침〉, 텍사스주, 휴스턴 뮤지엄 오브 파인 아트 | 197

조반니 바티스타 티에폴로(Giovanni Battista Tiepolo)〈아브라함과 세 천사〉, 베네치아, 스쿠올라 그란데 디 산 로코 | 198

필리프 드 샹파뉴(Philippe de Champaigne), 〈이사악의 희생〉, 개인소장 | 199

알브레히트 뒤러(Albrecht Dürer), 〈롯과 그의 딸들〉, 〈성모자(聖母子)〉의 뒷면, 워싱턴 국립 미술관 | 200

조반니 안드레아 데 페라리(Giovanni Andrea de Ferrari), 〈야곱에게 피묻은 외투를 가져온 요셉의 형제들〉, 텍사스주, 엘 파소 아트 뮤지엄 | 201

파블로 베로네세(Pablo Veronese), 〈우물가의 레베카〉, 워싱턴 국립 미술관 | 202

산드로 보티첼리(Sandro Botticellid) 〈모세의 생애〉, 바티칸 시국, 시스티나 성당 | 204

루카 시뇨렐리(Luca Signorelli) 〈모세의 구원과 죽음〉, 바티칸 시국, 시스티나 성당 | 205

아폴로와 다프네 설화의 거장, 〈파라오 군대의 수몰〉, 펜실베니아주, 벅넬대학교 | 206

세바스티앙 부르동(Sébastien Bourdon), 〈모세의 발견〉, 워싱턴 국립 미술관 | 207

프란체스코 우베르티니(Francesco Ubertini, 바키아카[Bacchiacca]), 〈만나를 줍는 이스라엘 백성〉, 워싱턴 국립 미술관 | 208

헨드릭 테르브루그헨(Hendrick Terbrugghen), 〈다윗과 가수들〉의 세부, 노스캐롤라이나주, 노스캐롤라이나 미술관 | 209

조반니 바티스타 피아체타(Giovanni Battista Piazzetta), 〈불마차에 올라타는 엘리야〉, 워싱턴 국립 미술관 | 210

필리피노 리피(Filippino Lippi), 〈토비아와 천사〉, 워싱턴 국립 미술관 | 211

마테오 디 조반니(Matteo di Giovanni), 〈홀로페르네스의 머리를 든 유딧〉, 인디아나주, 인디아나 대학교 | 212

세례자 요한의 생애의 거장(Master of the Life of St. Jon the Baptist), 〈세례자 성 요한의 탄생, 명명(命名), 그리고 할례〉, 워싱턴 국립 미술관 | 213

도메니코 베네치아노(Domenico Veneziano), 〈사막에서의 성 요한〉, 워싱턴 국립 미술관 | 214

니콜로 다 바랄로(Nicolo da Varallo)의 연작, 〈설교하는 성 요한〉, 사우스캐롤라이나주, 컬럼비아 미술관 | 215

베노초 고촐리(Benozzo Gozzoli), 성 요한의 참수, 〈살로메의 춤과 세례자 성 요한의 참수〉의 세부, 워싱턴 국립 미술관 | 216

안드레아 디 바르톨로(Andrea di Bartolo), 〈동정녀의 탄생〉, 워싱턴 국립 미술관 | 217

안드레아 디 바르톨로, 〈성전에서의 봉헌〉, 워싱턴 국립 미술관 | 218

베르나르 반 오를레(Bernart van Orley), 〈마리아의 결혼〉, 워싱턴 국립 미술관 | 219

바르베리니 패널의 거장(Master of the Barberini Panels), 〈주님 탄생 예고〉, 워싱턴 국립 미술관 | 220

레예스 가톨릭 제단화의 거장(Master of the Retable of the Reyes Catolicos), 〈주님 탄생 예고〉, 캘리포니아주, 엠 에이치 드 영 기념 박물관 | 221

피에트로 디 코시모(Piero di Cosimo), 〈두 성인들과 마리아의 방문〉, 워싱턴 국립 미술관 | 222

안드레아 디 구스토(Andrea di Giusto), 〈성모 마리아의 승천에(Assumptio)에 함께한 성 예로니모와 성 프란치스코〉, 오클라호마주, 필부룩 아트 센터 | 223

파블로 디 조반니 페이(Pablo di Giovanni Fei), 〈성모 마리아의 승천〉, 워싱턴 국립 미술관 | 224

아뇰로 가디(Agnolo Gaddi), 〈성모 마리아의 대관〉, 워싱턴 국립 미술관 | 225

성 루치아 전설의 거장과 조수들(Master of the St. Lucy Legend and Assistant), 〈하늘의 여왕 마리아〉, 워싱턴 국립 미술관 | 226

필리피노 리피(Filippino Lippi), 〈성모 마리아의 대관〉, 워싱턴 국립 미술관 | 227

조반니 바티스타 티에폴로(Giovanni Battista Tiepolo), 〈오색 방울새의 성모〉, 워싱턴 국립 미술관 | 228

카를로 크리벨리(Carlo Crivelli), 〈성모자〉, 워싱턴 국립 미술관 | 229

안젤리코(Fra Angelico)와 필리포 리피(Fra Filippo Lippi), 〈동방박사의 경배〉, 워싱턴 국립 미술관 | 230

산드로 보티첼리(Sandro Botticelli), 〈아기예수를 흠숭하는 동정녀〉, 워싱턴 국립 미술관 | 231

조르지오네(Giorgione), 〈성가정(聖家庭)〉, 워싱턴 국립 비술관 | 232

조르지오네, 〈목자들의 경배〉, 워싱턴 국립 미술관 | 233

세례자 요한의 생애의 거장(Master of the Life of St. John the Baptist), 〈그리스도의 세례〉, 워싱턴 국립 미술관 | 234

두치오 디 부오닌세냐(Duccio di Buoninsegna), 〈베드로와 안드레아 사도들을 부르심〉, 워싱턴 국립 미술관 | 235

빈첸조 카테나(Vincenzo Catena)로 추정, 〈그리스도와 사마리아 여인〉, 사우스캐롤라이나, 컬럼비아 미술관 | 236

야코포 틴토레토(Jacopo Tintoretto), 〈갈릴래아 바다에서의 그리스도〉, 워싱턴 국립 미술관 | 237

세바스티아노 리코(Sebastiano Ricco), 〈최후 만찬〉, 워싱턴 국립 미술관 | 238

벤베누토 디 조반니(Benvenuto di Giovanni), 〈겟세마니에서의 고뇌〉, 프레델라(predella) 〈우리 주님의 수난〉의 일부, 워싱턴 국립 미술관 | 239

움브리아 화파(Umbrian School), 16세기 초, 〈그리스도에 대한 매질〉, 워싱턴 국립 미술관 | 240

야코포 델 셀라이오(Jacopo del Sellaio), 〈수난의 상징들과 함께한 그리스도〉, 앨라배마주, 버밍햄 뮤지엄 오브 아트 | 241

귀도초 코차렐리(Guidoccio Cozzarelli), 〈십자가에 못 박힘〉, 애리조나주, 애리조나 대학교 | 242

프란체스코 델 코사(Francesco del Cossa), 〈십자가에 못 박힘〉, 워싱턴 국립 미술관 | 243

안젤리코(Fra Angelico)로 추정, 〈매장〉, 워싱턴 국립 미술관 | 244

모레토 다 브레시아(Moretto da Brescia), 〈피에타〉(Pieta), 워싱턴 국립 미술관 | 245

필리피노 리피(Filippino Lippi), 〈피에타〉, 워싱턴 국립 미술관 | 246

벤베투토 디 조반니(Benvenuto di Giovanni), 〈고성소 古聖所, Limbo 에 내려감〉, 프레델라(predella) 〈우리 주님의 수난〉, 워싱턴 국립 미술관 | 247

암브로조 보르고뇨네(Ambrogio Borgognone), 〈부활〉, 워싱턴 국립 미술관 | 248

레안드로 다 폰테 다 바사노(Leandro da Ponte da Bassano), 〈최후 심판〉, 앨라배마주, 버밍햄 미술관 | 249

프란치스코회 십자가에 못 박힘의 거장(Master of the Franciscan Crucifix), 〈비탄의 성모〉, 워싱턴 국립 미술관 | 250

야코포 틴토레토(Jacopo Tintoretto), 〈천상의 합창단에게 흠숭받는 삼위일체〉, 사우스캐롤라이나주, 컬럼비아 미술관 | 251

산치오 라파엘로(Sanzio Raffaello)〈성 미카엘과 용〉, 파리, 루브르 박물관 | 252

한스 멤링(Hans Memling, 〈성녀 베로니카〉, 워싱턴 국립 미술관 | 253

조토(Giotto)와 조수들, 〈페루치 가문 제단 뒤 장식화〉(The Peruzzi Altarpiece), 노스캐롤라이나주 롤리 Raleigh , 노스캐롤라이나 미술관 | 254

프란체스코 페셀리노(Francesco Pesellino)의 작업실, 〈일곱 가지 덕(德)들〉, 앨라배마주, 버밍햄 미술관 | 255

바톨로메 에스테반 무리요(Bartolome Esteban Murillo 〈사도 성 안드레아의 순교〉, 마드리드, 프라도 미술관 | 256

조반니 다 밀라노(Giovanni da Milano), 〈성 안토니오 아빠스〉, 매사추세츠주, 윌리엄스 컬리지 | 257

피에로 델라 프란체스카(Piero della Francesca)의 조수, 〈성녀 아폴로니아〉, 워싱턴 국립 미술관 | 258

호세 데 리베라(JOSÉ DE RIBERA), 〈감옥에 있는 성 아녜스〉, 드레스덴, 피나코테크 | 259

프란시스코 데 수르바란(Francisco de Zurbarán), 〈파도바의 성 안토니오〉, 아바나, 국립미술관 | 260

조반니 바티스타 티에폴로(Giovanni Battista Tiepolo), 〈성 시몬 스톡 앞에 나타난 카르멜의 성모〉, 베네치아, 스쿠올라 델 카르미네의 천장화 | 261

피에트로 페루지노(Pietro Perugino), 〈성 바르톨로메오〉, 앨라배마주, 버밍햄 미술관 | 262

필리포 리피(Fra Filippo Lippi), 〈성 플라치도의 구조를 성 마우로에게 명령하는 성 베네딕도〉, 워싱턴 국립 미술관 | 263

올리브 마돈나의 거장(Master of the Olive Madonna, 우골리노 로렌제티[Ugolino Lorenzetti]), 〈알렉산드리아의 가타리나〉, 워싱턴 국립 미술관 | 264

안토니아초 로마노(Antoniazzo Romano)의 제자, 〈성 블라시오〉, 캘리포니아주, E. G. 크로커 아트 갤러리 | 265

바르톨로메 에스테반 무리요(Bartolomé Esteban Murillo), 〈마리아에게 책 읽는 법을 가르치고 있는 성 안나〉, 마드리드, 프라도 미술관 | 266

세바스티아노 델 피옴보(세바스티아노 루치아니 Sebastiano del Piombo)〈성 아가타의 순교〉, 피렌체, 피티 궁 | 267

안토니오 다 코레조(Antonio da Correggio), 〈성녀 가타리나의 신비적인 결혼〉, 워싱턴 국립 미술관 | 268

디르크 바우츠(Drick Bouts), 〈성 크리스트포로〉, 〈브라반트의 진주〉, 오른쪽 날개, 뮌헨, 알테 피나코테크 | 269

거룩한 십자가의 거장(Master of Heiligenkreuz), 〈성녀 클라라의 죽음〉, 워싱턴 국립 미술관 | 270

안젤리코(Fra Anglico), 〈성 고스마와 다미아노에 의한 팔라디오의 치료〉, 워싱턴 국립 미술관 | 271

리포 반니(Lippo Vanni), 〈성 도미니코〉, 플로리다주, 마이애미대학교 | 272

리포 반니, 〈헝가리의 성녀 엘리자베스〉, 플로리다주, 마이애미대학교 | 273

비토레 크리벨리(Vittore Crivelli), 〈성 프란치스코〉, 텍사스주, 엘 파소 아트 뮤지엄 | 274

프란체스코 파셀리노(Francesco Pasellino), 〈십자가에 못 박힌 예수를 바라보는 성 예로니모와 성 프란치스코〉, 워싱턴 국립 미술관 | 275

조반니 안토니오 바치(Giovanni Antonio Bazzi, 소도매[Sodoma]), 〈성 제오르지오와 용〉, 워싱턴 국립 미술관 | 276

세바스티아노 리치(Sebastiano Ricci), 〈참된 십자가의 발견〉, 워싱턴 국립 미술관 | 277

시모네 마르티니(Simone Martini)와 조수들, 〈성 대(大) 야고보〉, 워싱턴 국립 미술관 | 278

성 프란치스코의 거장, 13세기(Master of St. Francis, 13th Century), 〈성 소(小) 야고보〉, 워싱턴 국립 미술관 | 279

조반니 바티스타 치마 다 코넬리아노(Giovanni Battista Cima da Conegliano), 〈광야에서의 성 예로니모〉, 워싱턴 국립 미술관 | 280

프란치스코 주바란(Francisco Zubaran), 〈성 예로니모, 성녀 파울라와 성녀 에우스토키움〉, 워싱턴 국립 미술관 | 281

호세 데 리베라(José de Ribera), 〈성 바르톨로메오의 순교〉, 마드리드, 프라도 미술관 | 282

피에로 디 코시모(Piero di Cosimo), 〈성 요한 복음사가〉, 호놀룰루 미술관(Honolulu Academy of Arts), 하와이주, 호놀룰루 아카데미 오브 아트 | 283

베르나르도 스트로치(Bernardo Strozzi), 〈가난한 사람들에게 교회의 보물들을 주는 성 라우렌시오〉, 오리건주, 포틀랜드 미술관 | 284

브라만티노(Bramantino), 〈라자로의 부활〉, 뉴욕, 크레스 컬렉션(Kress Collection) | 285

프란체스코 델 코사(Francesco del Cossa), 〈성녀 루치아〉, 워싱턴 국립 미술관 | 286

로히르 반 데르 바이덴(Rogier de la Pâture), 〈성모 마리아를 그리고 있는 성 루가〉 상트페테르부르크, 에르미타슈 미술관 | 287

산치오 라파엘로(Raffaello Sanzio), 〈성 마르가리타〉, 빈, 미술사 미술관 | 288

프랑코-라인니쉬 거장(Franco-Rhenish Master), 1440년경, 〈투르의 성 마르티노의 미사〉, 펜실베이니아주, 앨런타운 아트 뮤지엄 | 289

시모네 마르티니(Simone Martini)와 조수들, 〈성 마태오〉, 워싱턴 국립 미술관 | 290

루카스 크라나흐(Lucas Cranach), 〈성 바오로〉, 파리, 루브르 박물관 | 291

지롤라모 마키에티(Girolamo Macchietti), 〈성 니콜라오 생애의 한 장면〉, The Charity of St. Nicholas of Bari, 런던 내셔널갤러리 | 292

세바스티아노 리치(Sebastiano Ricci), 〈성 바오로 은수자의 죽음〉, 캔자스주, 캔자스대학교 | 293

마르토 조포(Marco Zoppo), 〈성 베드로〉, 워싱턴 국립 미술관 | 294

안드레아 브레뇨(Andrea Bregno), 〈성 필립보〉, 대리석 양각석상, 미주리주, 윌리엄 녹힐 넬슨 갤러리 오브 아트 | 295

생질의 거장(The Master of St. Gilles), 15세기 후반, 〈성 레미지오에 의한 아리우스주의자의 전향〉, 워싱턴 국립 미술관 | 296

생 질의 거장, 〈클로비스의 세례〉, 워싱턴 국립 미술관 | 297

로렌초 코스타(Lorenzo Costa)로 추정, 〈성 율리아노와 성 로코〉, 조지아주, 애틀랜타 미술 연합 갤러리Atlanta Art Association Galleries | 298

아미코 아스페르티니(Amico Aspertini), 〈성 세바스티아노〉, 워싱턴 국립 미술관 | 299

비토레 카르파초(Vittore Carpaccio), 〈성 베드로 순교자 성 스테파노〉, 오클라호마주, 필부룩 아트센터 | 300

이탈리아 화파 〈성 라우렌시오〉, 아시시, 성 프란치스코 미술관 | 301

시모네 마르티니(Simone Martini)와 조수들, 〈성 시몬〉, 워싱턴 국립 미술관 | 302

시모네 마르티니와 조수들, 〈성 타대오〉, 워싱턴 국립 미술관 | 303

베네초 고촐리(Benozzo Gozzoli), 〈천사들과 기증자와 함께 한 성녀 우르술라〉, 워싱턴 국립 미술관 | 304

성녀 루치아 전설의 거장과 조수들(Master of the St. Lucy Legend and Assistant), 〈악기를 든 천사들〉, 〈하늘의 여왕 마리아〉의 세부, 워싱턴 국립 미술관 | 305

파올로 베로네세(Paolo Veronese), 〈거룩한 대화〉(Sacra Conversazione), 루이지애나주, 이사악 델게이도 뮤지엄 오브 아트 | 306

플레말의 거장과 조수들(Master of Flémalle and Assistants), 〈알렉산드리아의 가타리나, 세례자 요한, 바르바라와 안토니오 아빠스와 함께 둘러 막힌 정원에서 성모자〉, 워싱턴 국립 미술관 | 307

비아조 단토니오 다 피렌체(Biagio d'Antonio da Firenze), 〈성인들과 기증자들의 아기 예수 경배〉, 오클라호마주, 필부룩 아트센터 | 308

색인

가시나무(bramble) | 34, 36, 43, 47, 57, 134
가시관(crown of thorns) | 36, 43, 52, 57, 133, 145, 147, 171, 185, 366
가슴(breasts) | 62, 63, 67, 75, 143, 153, 309, 335, 385, 388
갈대(reed) | 43, 49, 133, 135, 322, 340, 366, 390
감실(龕室, tabernacle) | 362
갑옷과 투구(armor) | 173, 328, 329, 374
강들(江―, rivers), 네 개의 | 61, 65, 135, 365
강론대(lectern) | 27
개(dog) | 22
개구리(frog) | 22, 88
개두포(蓋頭布, amicus) | 353, 354
거울(mirror) | 156, 327, 374
거위(goose) | 22, 23, 176, 177
고래(whale) | 23, 100, 155
고양이(cat) | 23
곡물(grain) | 43
곤봉(club, 방망이[bat]) | 147, 156, 190, 316, 374
골격(骨格, skeleton) | 70
골고타(Golgotha, Calvary) | 51, 72, 134, 135, 170, 178, 340, 357, 358, 378
골고타로의 길 | 134
곰(bear) | 23, 24, 317
공작(孔雀, peacock) | 24, 180
과일(fruit) | 45, 57, 78, 165, 331 특별한 종(種) 참조
교회(敎會, church) | 24, 27, 29, 35, 38, 45, 49, 50, 51, 58, 65, 66, 72, 77, 120, 143, 145, 151, 152, 158, 162, 165, 167, 168, 181, 182, 184, 310, 311, 317, 319, 320, 334, 346, 348, 349, 351, 353, 355, 356, 357, 360, 362, 367, 370, 371, 372
구름(clouds) | 61, 73, 129, 130, 143, 338, 349, 375,
구체(球體, globe) | 364, 374
국자(ladle) | 175
귀(ear) | 70
그리스도(Christ) | 117 예수 그리스도 참조
그리스도에 대한 조롱 | 133
그리핀(griffin) | 24
금(金, gold) | 61

기(旗, banner) | 136, 139, 173, 313, 322, 324, 336, 345, 367, 375, 386,
기(旗, standard) 기(旗, banner) 참조
기둥(pillar) | 375
기름(oil) | 61
기름 부음(unction) | 94
기름의 가마솥(cauldron of oil) | 375
기린(giraffe) | 24
기하학적인 모형들(geometrical figures) | 349
깃털(feathers) | 24, 26, 40, 41, 180
까마귀(raven) | 40, 80, 182, 183, 189, 313, 314, 381
꽃병(―瓶, vase) | 47, 156, 376
꿀(honey) | 29, 61, 91, 105, 173

나귀(ass) | 24, 41, 92
나무(tree) | 44
나비(butterfly) | 25
나를 붙들지 마라(Noli Me Tangere) | 137, 145
나체(裸體, nudity) | 70, 71
낙타(camel) | 25, 83, 105, 322
날개(wings) | 24, 61, 65, 67, 152, 153, 172, 382
노아(Noah) | 31, 40, 53, 79, 80, 380
눈(eye) | 71
느릅나무(elm) | 44
늑대(wolf) | 26, 34, 339

다윗(David) | 72, 93, 94, 95, 96, 110, 113, 115, 139, 389,
단도(短刀, dagger) | 185, 376
닫힌 정원 | 66
달(moon) 태양을 보라
달걀(egg) | 26
달마티카(dalmatic) | 354, 359
달팽이(snail) | 26
담쟁이덩굴(ivy) | 44
닻(ancora) | 23, 27, 156, 164, 332, 376

대패(plane) | 321, 376, 388
덕과(virtues) 악(vices), 그리고 자유학예(Liberal Arts) | 156
대천사(Archangelus)들 | 149, 151, 390
 성 가브리엘(Gabriel) | 47, 53, 105, 112, 113, 151, 152, 153, 154, 390
 성 미카엘(Michael) | 36, 44, 140, 151, 152, 154, 374, 385, 388
 성 라파엘(Raphael) | 46, 101, 102, 152, 153, 154,
 우리엘(Uriel) | 151, 154,
데이지 꽃(daisy) | 44
도금양(桃金孃, myrtle) | 45
독보리(cockle) | 45
독수리(eagle) | 24, 26, 27, 61, 323
돈(money) | 74, 101, 124, 164, 165, 334, 336, 374, 376, 377, 385
돈주머니(purses, 돈지갑[balls]) | 163, 164, 179, 374
돌(stones) | 28, 53, 62, 68, 72, 84, 90, 95, 123, 125, 127, 136, 137, 161, 176, 189, 191, 320, 339, 348, 369
돌고래(dolphin) | 27
동방박사들(Magi) | 25, 28, 41, 44, 63, 119, 120, 163, 232, 347
동산에서의 고뇌 | 131, 132, 예수 그리스도 참조
동전(coins) | 377
돼지(hog) | 27, 67, 314
두개골(頭蓋骨, skull) | 71, 72, 320, 339
두건 달린 수도복(cowl, 두건[hood]) | 314, 353, 355
두루마리(scroll) | 153, 154, 155, 182, 322, 377, 386
두루미(crane) | 27, 28,
등불(lamp) | 173, 377, 390, 391
딱따구리(woodpecker) | 28
딸기(strawberry) | 45
떡갈나무(holly oak) | 57
띠(cingulum) | 25, 105, 176, 322, 353, 354, 355, 356, 357, 359, 390

———

레몬(lemon) | 45
레베카(Rebekah) | 82, 83, 202
레위 집에서의 만찬 124
롯(Lot) | 81, 82, 201
룻(Ruth) | 93

———

마리아(Virgin Mary) | 109-116, 146
 원죄 없이 잉태되신 동정녀(Immaculata Conceptio) | 147
 방문(Visitatio) | 25, 37, 81, 97, 105, 113, 114, 120, 163, 168, 180, 187, 192, 198, 224, 318, 324, 347,
 탄생(Nativitas) | 23, 24, 25, 26, 32, 37, 38, 41, 47, 50, 53, 93, 105, 106, 111, 112, 113, 118, 119, 146, 152, 153, 155, 164, 180, 197, 214, 216, 223, 318, 319, 321, 348, 376, 384, 391,
 봉헌(Presentatio) | 31, 111, 114, 119, 120, 148, 220, 348,
 결혼 | 111, 112, 221
 주님 탄생 예고(Annunciatio) | 32, 37, 38, 41, 47, 50, 53, 105, 112, 113, 118, 152, 153, 155, 197, 223, 348, 376, 384
 정결례(Purificatio) | 31, 113, 114, 119
 영면(永眠, Dormitio)과 승천(Assumptio) | 114
 대관(戴冠, Coronatio) | 115, 116, 227
마음(heart) | 30, 48, 59, 74, 83, 118, 121, 125, 126, 169, 310, 314, 337, 359
막자사발(一沙鉢, mortar)과 막자(pestle) | 162, 377, 378, 382
만나(manna) | 90, 208, 380
만텔레타(mantelletta) | 355
말(horse) | 28, 39, 45
매(falcon) | 28
매발톱꽃(columbine) | 46
머리(head) | 31, 64, 72, 107, 137, 146, 160, 185, 213, 344, 356, 358, 368, 385
머리 밑가리개(wimple) | 355
머리 수건(veil) | 355, 378

머리카락(hair) | 72
메뚜기(locust) | 30, 89, 105, 322
멜키체덱(Melchizedek) | 81
모노그램(Monograms) | 145, 345, 346, 349, 350
모래시계(hourglass) | 65, 70
모르데카이(Mordecai, 모르드개) | 98
모세(Moses) | 31, 43, 49, 61, 65, 86, 87, 88, 89, 90, 91, 113, 119, 125, 129, 139, 152, 322, 191, 204, 208, 351, 359, 367, 380
모제타(mozzetta) | 355
목발(crutch) | 65, 314, 371, 378
목자들(Shepherds) | 118, 119, 154, 191, 235, 362
목장(木杖, crosier) | 362
못들(nails) | 341, 378
무지개(rainbow) | 62, 140, 343
무화과(無花果, fig) | 46, 52, 78
묵주(默珠, rosary) | 55, 143, 166, 362, 363
문(gate) | 378
문자들(Letters) | 344, 345
물(water) | 62, 121, 124, 127, 128, 131, 135, 154
물고기(fish) | 23, 28, 29, 88, 100, 101, 127, 128, 144, 188, 327, 362
물고기들(fishes) | 27
물병(ewer)과 손 닦는 그릇(basin) | 363
미사(Mass) 성찬 전례 참조
미늘창(halberd) | 325, 379
민들레(dandelion) | 46
밀(wheat) | 43, 45, 46

바실리스크(basiliscus) | 29
박(gourd) | 46
반지(ring) | 112, 160, 353, 355, 356, 379
발(foot) | 28, 32, 33, 36, 67, 73, 122, 123, 130, 131, 137, 168, 171, 175, 176, 177, 178, 179, 186, 187, 188, 190, 192, 310, 320, 325, 378, 379, 387, 389
밤나무(chestnut) | 47

밧줄(rope) | 172, 353, 355, 357, 379, 380
방주(方舟, ark) | 31, 40, 53, 79, 80, 362, 380
배(pear) | 47
배(ship) | 380
백양나무(aspen) | 47
백합(百合, lily) | 45, 47, 48, 51, 53, 150, 153, 159, 164, 166, 171, 190, 315, 321, 329, 332, 366, 368, 376, 384
백향목(柏香木, 香栢, cedar) | 48
뱀(snake) | 29, 36, 37, 49, 65, 78, 91, 152, 156, 183, 323, 340, 365, 367, 384
버드나무(willow) | 48, 87
버즘나무(plane tree) | 48
벌(벌집) | 29, 30, 186, 315, 380
베짱이(grasshopper, 메뚜기[locust]) | 30
벳자타(Bethsatha)의 가난한 사람에 대한 치료 | 127
별(star) | 62, 63, 77, 119, 149, 164, 166, 349
보라, 이 사람을(Ecce Homo) | 133
보라색(purple, violet) | 348, 356, 357, 358
복숭아(peach) | 48
봉성체갑(pyx) | 332, 363
부들(bulrush) | 49
분수(fountain, 우물[well]) | 63, 66, 88, 97, 124, 182, 202, 313, 332
불과 불꽃 | 63
불사조(phoenix) | 30, 31, 180
비둘기(dove) | 31, 32, 46, 53, 80, 112, 121, 124, 145, 146, 159, 162, 168, 183, 190, 321, 343
비유(比喩)들 | 126
빌라도(Pilate) | 62, 74, 133, 134, 136, 340, 345, 358, 363, 380, 382
빗(comb) | 188, 381
빛(light) | 30, 61, 63, 64, 65, 71, 77, 82, 129, 140, 145, 154, 170, 173, 180, 181, 317, 337, 343, 344, 347, 348, 359, 377, 384, 391
빵 | 22, 40, 43, 46, 58, 78, 79, 81, 122, 128, 131, 138, 166, 170, 177, 182, 183,

313, 314, 336, 364, 365, 371, 380, 381

사도(使徒, apostolus)들 성인 참조
사과(apple) | 46, 49, 55, 165, 385
사다리(ladder) | 169, 183, 381
사이프러스(cypress) | 50
사자(lion) | 24, 29, 32, 33, 61, 92, 107, 144, 156, 174, 175, 177, 182, 317, 320, 321, 388
사제각모(司祭角帽, biretum) | 356
삭발(tonsure) | 353, 356, 368
산상설교(山上說敎) | 65, 123
산토끼(hare, 집토끼[rabbit]) | 33
산호(珊瑚, coral) | 64
삼각형(triangle) | 71, 143, 343, 349, 362
삼손(Samson) | 73, 92, 93, 94, 152, 156, 375
삼위일체(Trinity) | 32, 51, 58, 71, 73, 81, 143, 145, 253, 343, 344, 345, 349, 350, 354, 372, 378, 379, 388 하느님 참조
삼층관(tiara) | 354
상아(象牙, ivory) | 64
새들(birds) 동물, 새 그리고 곤충 참조
색(colors) | 346
생쥐(mouse) 쥐 참조
석류(石榴, pomegranate) | 50
석쇠(gridiron, grill) | 63, 167, 189, 381
성가정(Holy Family) | 35, 118, 120, 121, 234, 312
성광(聖光, monstrance) | 364
성령(Holy Ghost) | 31, 32, 46, 52, 106, 112, 113, 114, 143, 145, 146, 162, 180, 338, 343, 348, 350, 374, 하느님 참조
성령 강림(Pentecost) | 64, 114, 348
성모(聖母, Madonna) 마리아 참조
성반(聖盤, paten) | 364
성수예식(聖水禮式, asperges)과 성수채(aspergillum) | 364
성유병(聖油甁, ampulla) | 364
성유물함(聖遺物函, reliquary) | 366
성인 | 158
  가타리나, 알렉산드리아의(Catherine of Alexandria) | 160
  가타리나, 시에나의(Catherine of Siena) | 159
  고스마(Cosmas)와 다미아노(Damian) | 161, 271
  그레고리오(Gregory) | 162
  니콜라오, 미라의(Nicholas of Myra) | 162
  니콜라오, 톨렌티노의(Nicholas of Tolentino) | 164
  도나토(Donatus) | 164
  도로테아(Dorothea) | 165
  도미니코(Dominic) | 166
  라우렌시오(Laurence) | 167
  라자로(Lazarus) | 129, 175
  레미지오(Remigius, Remy) | 167
  레오나르도(Leonard) | 168
  레파라타(Reparata) | 168
  로코(Roch) | 169
  로무알도(Romuald) | 169
  론지노(Longinus) | 170
  루도비코(Louis) | 171
  루도비코, 프랑스의(Louis of France) | 171
  루치아(Lucy) | 172
  루카, 복음사가(Luke, Evangelist) | 172
  리베날리스(Liberalis) | 173
  마르가리타(Margaret) | 173
  마르코(Mark) | 174
  마르타(Martha)와 동생 마리아(Mary) | 175
  마르티노(Martin) | 176
  마리아, 이집트의(Mary of Egypt) | 177
  마리아 막달레나(Mary Magdalene) | 178
  마태오, 사도(Matthew, Apostle) | 179
  모니카(Monica) | 179
  바르바라(Barbara) | 180
  바르톨로메오, 사도(Bartholomew, Apostle) | 181
  바오로, 사도(Paul, Apostle) | 181
  바오로, 은수자(Paul the Hermit) | 182
  베네딕도(Benedict) | 182
  베드로, 사도(Peter, Apostle) | 184

베드로, 순교자(Peter, Martyr) | 185
베로니카(Veronica) | 185
베르나르도(Bernard) | 186
베르나르디노(Bernardino) | 186
보나벤투라(Bonaventura) | 187
블라시오(Blaise) | 188
빈첸시오(Vincent) | 188
세바스티아노(Sebastian) | 189
스콜라스티카(Scholastica) | 190
스테파노(Stephen) | 191
시몬, 사도(Simon, Apostle) | 191
실베스테르(Sylvester) | 192
아가타(Agatha) | 192
아녜스(Agnes, Inez) | 270, 309
아우구스티노(Augustine) | 310
아폴로니아(Apollonia) | 311
안나(Anna) | 312
안드레아 사도(Andrew, Apostle) | 312
안사노(Ansanus) | 312
안토니오 아빠스(Anthony Abbot) | 313
안토니오, 파도바의(Anthony of Padua) | 314
암브로시오(Ambrose) | 315
에우스타키오(Eustace) | 317
에우스타키움(Eustochium) | 319
에우페미아(Euphemia) | 317
엘리사벳(Elisabeth) | 318
엘리자베스, 헝가리의(Elisabeth of Hungary) | 318
예로니모(Jerome) | 319
야고보, 대(大), 사도(James the Great Apostle) | 316
야고보, 소(小), 사도(James the Less, Apostle) | 316
오누프리오(Onuphrius) | 320
요셉(Joseph) | 321
요아킴(Joachim) | 321
요한 세례자(John the Baptist) | 321
요한, 사도(John, Apostle) | 322
요한 괄베르토(John Gualbert) | 323
우르술라(Ursula) | 324
유다 타대오 사도(Jude Thaddaeus, Apostle) | 325
유스티나(Justina) | 325

율리아노(Julian) | 325
제노(Zeno) | 327
제노비오(Zenobius) | 327
제미니아노(Geminianus) | 327
제오르지오(George) | 328
체칠리아(Cecilia) | 329
크리스토포로(Christopher) | 330
클라라(Clare) | 331
클레멘스(Clement) | 332
테클라(Thecla) | 333
토마스, 사도(Thomas, Apostle) | 333
토마스 아퀴나스(Thomas Aquinas) | 334
파울라(Paula) | 319
파트리치오(Patrick) | 58
페트로니오(Petronius) | 335
프란치스코(Francis) | 252, 335
플로리아노(Florian) | 339
피나(Fina) | 339
필립보, 사도(Philip, Apostle) | 340
헬레나(Helena) | 340
후베르토(Hubert) | 34
성작(聖爵, chalice) | 180, 188, 335, 364, 365, 371
성작 덮개(pall) | 365
성작 수건(purificator) | 365
성전(temple) | 31, 44, 97, 105, 110, 111, 112, 114, 119, 121, 122, 124, 125, 139, 140, 152, 220, 316, 321, 348, 374, 379, 391
성찬 전례 | 43, 46, 58, 62, 131, 362, 363, 364, 365, 371
성체포(corporal) | 365
성품성사(ordination) | 353, 364
성합(聖盒, ciborium) | 362, 365
세례(洗禮, baptismus) | 29, 31, 32, 35, 48, 53, 65, 66, 80, 105, 106, 121, 160, 166, 168, 170, 179, 180, 181, 192, 236, 297, 310, 312, 313, 315, 317, 319, 322, 328, 348, 351
세례대(洗禮臺, baptismal font) | 26, 350
세상의 구세주(Salvator Mundi) | 145
그리스도와 사마리아 여인 | 124, 238
소(ox) | 41

소백의(小白衣, rochetum) | 353, 357
소금(salt) | 65, 82
손(hand) | 57, 61, 62, 70, 71, 72, 73, 74, 83, 86, 87, 89, 90, 92, 94, 95, 97, 98, 99, 102, 112, 122, 129, 132, 133, 138, 139, 140, 143, 147, 147, 150, 152, 153, 154, 156, 159, 161, 164, 165, 167, 168, 171, 172, 175, 179, 181, 185, 186, 190, 191, 309, 315, 316, 324, 329, 331, 333, 335, 339, 341, 345, 346, 348, 362, 363, 366, 368, 372, 374, 375, 376, 377, 378, 382, 383, 385, 386, 387, 388, 389
손도끼(securicula, hatchet, [도끼, securis, axe]) | 321, 382, 388
솔로몬(Solomon) | 44, 96, 97, 115, 156
쇠망치(hammer)와 못들(nails) | 382
수건(towel) | 130, 131, 134, 147, 185, 309, 310, 332, 333, 355, 362, 365, 378, 382
수단(soutan, cassock) | 353, 357, 359
수대(手帶, maniple) | 357
수도복(religious habit) | 22, 147, 159, 164, 166, 169, 183, 185, 186, 188, 315, 324, 335, 339, 346, 349, 353, 357
수레바퀴(wheel) | 382
수산나(Susanna)와 노인들 | 103
수선화(水仙花, narcissus) | 50, 54
수술 도구들(surgical instruments) | 382, 389
수탉(cock) | 29, 34, 133, 185
숫자(numbers) | 342, 350, 351
스바(Sheba)의 여왕 | 97
스카풀라(scapular) | 353, 357
슬픔의 사람(The Man of Sorrows) | 145
시간(Time) | 65
시몬 집에서의 만찬 | 123
시클라멘(cyclamen) | 50
신광(身光, mandorla, almond) | 343
십자가(cross) | 134, 135, 136, 144, 244, 245, 276, 277, 366
  십자성호 | 163, 173, 311, 313, 328
  십자가의 길 | 134
십자가에 못 박힘(Crucifixion) | 43, 46, 64, 67, 68, 79, 134, 135, 136, 137, 178, 244, 245, 322, 346, 359, 368, 370, 378, 382, 386, 389 예수 그리스도 참조
십자고상(Crucifix) | 34, 164, 317, 320, 324, 339, 367, 368, 378

아네모네(anemone) | 51
아담과 하와 | 37, 77, 78, 79, 195, 197, 379, 382
아론(Aaron) | 51, 61, 88, 91
아몬드(almond) | 51, 343
아브라함(Abraham) | 34, 80, 81, 82, 83, 84, 198
아이리스(iris) | 51
IHC, IHS | 345
IHSUS, IHCUC | 345
INRI | 345
아카시아(acacia) | 51
악기(musical instruments) | 383
악령(Demon) | 27, 64, 94, 101, 140, 152, 186, 313, 314, 327, 371
악마(Devil, 사탄[Satan]) | 22, 23, 28, 29, 35, 36, 37, 38, 40, 41, 64, 65, 122, 139, 150, 152, 169, 173, 183, 313, 330, 338, 351, 364, 374
알파(A)와 오메가(Ω) | 145, 344, 387
암석(岩石, rocks) 65
야곱(Jacob) | 83, 84, 85, 86, 206, 350, 381
양귀비(楊貴妃, poppy) | 52
엉겅퀴(thistle) | 36, 45, 52
연고(ointment) | 389
육화(肉化, Incarnatio) | 36, 37, 38, 41, 47, 144, 179, 316
양치류(羊齒類, fern) | 52
어둠(darkness) | 30, 33, 36, 40, 41, 62, 64, 65, 77, 89, 346
어린양(lamb, 숫양[ram], sheep) | 35, 144, 270, 322
에덴 동산 | 49, 78 아담과 하와 참조
에스테르(Esther) | 98
여자 무당(sybyl) | 155, 156
여우(fox) | 35

여호수아(Joshua) | 91, 92, 152
연기(smoke) | 65, 101, 140, 372
연자맷돌(millstone) | 383
영대(領帶, stole) | 353, 354, 357, 358
예루살렘(Jerusalem) 입성 | 24, 95, 130
예리코(Jericho)의 함락 | 91
예복(robe) | 150, 153, 192, 310, 320, 333, 353, 354, 355, 356, 357, 358, 360
예수 그리스도(Jesus Christ) | 117 하느님, 성자 참조
  육화(Incarnatio) | 36, 37, 38, 41, 47, 144, 179, 316
  주님 탄생(Nativitas) | 24, 32, 37, 38, 41, 47, 51, 53, 105, 112, 113, 118, 146, 152, 153, 155, 197, 223, 348, 376, 384, 391
  주님 봉헌(Presentatio) | 31, 119, 120, 348
  주님 할례(Circumcisio) | 119, 214
  주님 세례(Baptismus) | 31, 80, 121, 236, 351
  유혹(Temptation) | 121
  기적들(Miracles) | 127, 129, 148
  주님 거룩한 변모(Transfiguratio) | 129, 316, 348, 362
  주님 수난(Passio) | 43, 130
  정원에서의 고뇌 | 131
  배신(背信) | 38, 70, 74, 85, 130, 131, 132, 185, 347, 351, 369, 374, 376, 377, 379, 380, 391
  채찍질 당함(Flagellation) | 133, 385
  십자가에 못 박힘(Crucifixion) | 30, 31, 38, 43, 46, 64, 67, 68, 79, 114, 134, 135, 136, 139, 171, 178, 244, 245, 252, 322, 346, 347, 359, 368, 370, 378, 382, 386, 389
  십자가에서 내려짐 | 144, 381
  매장(Entombment) | 115, 130, 136, 144, 246
  저승(림보[Limbo])으로 내려감 | 139, 375
  주님 부활(Resurrectio) | 23, 31, 32, 64, 127, 136, 137, 138, 139, 145, 168, 178, 250, 333, 348, 350, 372, 375

  출현(Appearances) | 137, 138, 140, 145
  주님 승천(Ascensio) | 138
예언자들(Prophets) | 129, 154, 155, 390
열쇠(key) | 140, 184, 185, 383
염소(goat) | 36, 37, 85, 140
오각형(pentagram) | 349
오렌지(orange) | 52
오르간(organ) | 329, 330, 383
오상(五傷, stigmata) | 43, 68, 74, 145, 159, 338, 339, 358
오색방울새(goldfinch) | 36, 40
올리브(olive) | 53, 80
올빼미(owl) | 30, 320
왕관(crown) | 34, 43, 87, 99, 139, 146, 150, 152, 153, 161, 171, 174, 319, 324, 341, 354, 368, 369
  가시관(crown of thorns) | 36, 43, 52, 57, 133, 145, 147, 171, 185, 356, 366, 368, 369
외투(cloak) | 201, 336, 378, 383
요나(Jonah) | 23, 27, 46, 99, 100, 155
요셉(Joseph) | 31, 47, 85, 86, 112, 113, 118, 119, 120, 121, 136, 153, 201, 321, 347, 376, 382, 388
우물(well) | 66, 88, 97, 124, 182, 202
유니콘(unicorn) | 37, 325
유다 이스카리옷(Judas Iscariot) | 131, 377
유딧(Judith)과 홀로페르네스(Holofernes) | 102
용(dragon) | 36
우슬초(牛膝草, hyssop) | 53, 364
원(圓) | 350
원숭이(aoe) | 37
월계수(月桂樹, laurel) | 54
유리(琉璃, glass) | 376, 384
은(銀, silver) | 66
은방울꽃(lily of the valley) | 54
이마(frontal) | 79, 95, 166, 185, 384
이사악(Isaac) | 24, 34, 82, 83, 84, 152, 199
이집트(Egypt) | 22, 24, 30, 33, 85, 86, 87, 88, 89, 90, 91, 120, 121, 160, 177,

180, 182, 313, 321, 367, 381
인장(印章, seal) | 384

자(rule), 목수의 | 384
자고새(partridge) | 38
자두(plum) | 55
작은 배(Navicella) | 129
작은 주머니(wallet) | 154, 170, 386
잔(cup) | 75, 131, 132, 183, 313, 323, 364, 365, 369
장미(薔薇, rose) | 43, 55, 147, 149, 150, 165, 189, 319, 329, 330, 363, 369, 385
장백의(長白衣, alba) | 354, 357, 358
재(ash) | 66
재스민(jasmine) | 55
전갈(scorpion) | 38, 105, 111, 312, 315, 340
전나무(fir) | 56
전례복(典禮服, liturgical vestments) | 353, 354, 358
전염병(plague) | 40, 89, 149, 169, 170, 171, 190, 347, 390, 391
접시(dish) | 71, 72, 75, 87, 167, 173, 187, 309, 322, 364, 376, 377, 384, 385
접시저울(scales) | 152, 157, 385
정사각형(square) | 343, 344, 350, 356
제대(祭臺, altare) | 63, 364, 365, 369, 370, 371, 372
제대 뒤 걸개그림(dorsal, dossal) | 370
제대 뒤 장식화(병풍화)(retabulum, altarpiece) | 370
제대 밑 장식(antependium, frontal) | 370
제대포(祭臺布, tabales) | 370
제병(祭餠, wafer, host) | 180, 364, 365
제비(swallow) | 38, 358, 384, 386
제비꽃(violet) | 45, 56, 339
제의(祭衣, chasuble) | 358
조개껍질(shell) | 38
족쇄(fetters) | 93, 168, 385
족제비(ermine) | 39
족집게(pincers, 큰 가위[shears]) | 309, 385, 386

종(鐘) | 371
종달새(lark) | 39
종려나무(palm) | 56, 66, 114, 115, 130, 161, 167, 174, 182, 185, 189, 191, 309, 311, 317, 325, 330, 331, 332, 386
죄 없는 아기들의 대량 학살(Massacre of the Innocents) | 120
주님 탄생 예고(Annunciatio) 마리아 참조
주교관(主教冠, mitre) | 186, 187, 192, 315, 354, 358, 359
주교좌(throne, cathedra) | 371
주교좌성당(cathedral) | 314, 371
주머니칼(knife) | 386
주사위(dice) | 386
주수병(cruet) | 371
주케토(skull-cap, zucchetto) | 360
중백의(中白衣, surplice) | 359
쥐(rat, 생쥐[mouse]) | 39, 339
즈카르야(Zacharias) | 105, 106, 152, 321
지구(Earth) | 66, 143, 145
지옥(Hell) | 23, 64, 139, 140, 151, 314, 347, 379
지팡이(staff) | 51, 56, 88, 90, 111, 112, 150, 154, 170, 313, 315, 316, 321, 330, 331, 336, 340, 354, 362, 366, 380, 386
진주(珍珠, pearl) | 67
질경이(plantain) | 56

참나무(oak) | 57
참새(sparrow) | 39
창(lance) | 375, 376, 387
창조(creation) | 77, 78, 79, 143, 150, 194, 331, 350, 384
채찍(scourge, whip) | 124, 185, 189, 315, 387
책(book) | 35, 105, 112, 145, 149, 150, 154, 155, 161, 179, 182, 186, 192, 311, 312, 315, 323, 335, 344, 377, 387
천국(Heaven) | 32, 36, 39, 48, 51, 56, 59, 67, 115, 139, 140, 161, 168, 179,

색인 405

190, 310, 315, 316, 318, 319, 329, 333, 334, 337, 338, 344, 349, 372, 381, 390
천사(天使, angelus) | 43, 47, 55, 61, 81, 82, 84, 101, 105, 110, 111, 112, 114, 115, 118, 119, 120, 121, 132, 136, 137, 140, 142, 144, 146, 147, 149, 150, 151, 152, 153, 160, 161, 165, 166, 174, 178, 179, 188, 191, 198, 213, 305, 309, 321, 326, 329, 334, 336, 337, 338, 341, 343, 348, 351, 366, 381, 383, 384, 385, 388
대천사들도 보라
체리(cherry) | 57, 87,
초(candles) | 371, 372
최후 만찬(Last Supper) | 73, 130, 131, 240, 322, 351, 364, 365, 381
최후 심판(Last Judgment) | 36, 62, 139, 140, 151, 250, 343, 349, 379
추기경의 모자 | 356

―

카나(Cana)의 혼인 잔치 | 127
카네이션(carnation) | 57
카인(Cain) | 79
카파 고리(morse, brooch) | 359
칼(sword) | 70, 95, 96, 103, 132, 152, 156, 157, 161, 168, 171, 176, 177, 181, 182, 185, 310, 316, 317, 325, 328, 329, 374, 375, 378, 386, 387, 388
켄타우로스(Centaurus) | 39, 313
크세르크세스(Xerxes, Ahasuerus) | 98, 99
큰 낫(scythe) | 65, 70, 388
큰 뱀(serpent) | 36, 37, 49, 78, 152, 340
큰솔나물(lady's bed-straw) | 57
클로비스(Clovis, 왕) | 48, 167, 168, 297, 385

―

탑(tower) | 148, 180, 270, 371, 388
태양과 달(sun and moon) | 67, 147
털가시나무(Ilex) | 57, 58
토비아(Tobias) | 22, 29, 153, 213

토끼풀(clover) | 58
투니첼라(tunicle) | 359
톱(saw) | 192, 321, 388
티(T) | 344

―

파라오(Pharaoh) | 30, 85, 86, 87, 88, 89, 90, 206
파리(fly) | 22, 40, 88
팔리움(pallium) | 359
팬지꽃(pansy) | 58
펜(pen) | 175, 186, 311, 387, 388
펠리컨(pelican) | 40
포도(grapes) | 43, 58
포도나무(vine) | 54, 58, 59
포도주(wine) | 43, 58, 62, 81, 82, 102, 103, 126, 127, 135, 183, 323, 364, 365, 371, 390
포도확(winepress) | 389
표범(leopard) | 41
포티파르(Portiphar)의 아내 | 85, 86
플루비알레(cope) | 171, 360
피(blood) | 75
피에타(Pietà) 136, 144, 151, 247, 248,
피치(pitch) | 67

―

하가르(Hager)와 이스마엘(Ishmael) 81
하느님(God) | 142
 성부(聖父) | 82, 143, 144, 146, 147, 180, 343, 344, 348, 349, 374
 성자(聖子) | 25, 75, 115, 118, 119, 143, 146, 147, 180, 343, 349
 성령(聖靈) | 31, 32, 46, 52, 64, 106, 112, 113, 114, 143, 145, 146, 147, 162, 180, 338, 343, 348, 349, 350, 374
 삼위일체(三位一體) | 32, 51, 58, 71, 73, 81, 143, 145, 253, 343, 344, 345, 349, 350, 354, 372, 378, 379, 388
하늘(sky) | 60
하프(harp) | 94, 389
항만(港灣, harbor) | 67

해면(海綿, sponge) | 43, 135, 389, 390
향로(香爐, censer) | 167, 372
향유 상자(香油—, box of onitment) | 389
허리띠(girdle, 띠[cincture] | 115, 149, 154, 333, 383, 390
헤로데의 잔치 | 107
홀(笏, sceptre) | 48, 112, 150, 153, 171, 369, 390
홍수(Flood) | 40, 53, 62, 80, 327, 351, 380, 383
홍옥(紅玉, carbuncle) | 68
홍해(Red Sea) | 89
화살(arrow) | 39, 74, 189, 190, 311, 324, 375, 390, 391
화형주(stake) | 166, 190, 391
환광(環光, glory) | 344
활(bow) | 391
황도십이궁대(黃道十二宮帶, zodiac) | 65
황새(stork) | 41
황소 | 27, 28, 33, 41, 61, 96, 192, 317, 334, 335
횃불(torch) | 22, 166, 391
후광(後光, aureola) | 35, 72, 73, 107, 143, 166, 343, 344
광륜(輝光, halos, 원광[圓光, nimbus]) | 343
흑조(黑鳥) | 41, 183
히아신스(hyacinth) | 59

SIGNS AND SYMBOLS IN CHRISTIAN ART, FIRST EDITION
ⓒ OXFORD UNIVERSITY PRESS

SIGNS AND SYMBOLS IN CHRISTIAN ART, FIRST EDITION was originally published in English in 1954.
This translation is published by arrangement with Oxford University Press, IL PASSO is solely responsible for this translation from the original work and Oxford University Press shall have no liability for any errors, omissions or inaccuracies or ambiguities in such translation or for any losses caused by reliance thereon.

르네상스 미술로 읽는 상징과 표징

초판1쇄 인쇄 | 2019년 11월 27일
초판1쇄 발행 | 2019년 12월 3일

지은이 조지 퍼거슨
옮긴이 변우찬
펴낸이 이동석
펴낸곳 일파소
디자인 권숙정

출판등록 2013년 10월 7일 제2013-000294호
주소 서울 마포구 만리재로 20-5, 4층 04195
전화 02-6437-9114 대표
e-mail info@ilpasso.co.kr

ISBN 979-11-959319-0-3 03600

책값은 뒤표지에 있습니다.

파본은 구입하신 서점에서 교환해 드립니다.
이 책을 무단 복사, 복제 전재하는 것은 저작권법에 저촉됩니다.
이 책에 수록된 사진 대부분은 저자가 직접 촬영한 것으로 저작권은 저자에게 있습니다.
일부 저작권자를 찾지 못한 사진은 차후에라도 저작권자가 확인되는대로 적법한 절차를 따르겠습니다.

Korean translation copyright ⓒ2019 by IL PASSO
Korean translation rights arranged with Oxford University Press through EYA Eric Yang Agency.

이 책의 한국어판 저작권은 EYA에릭양 에이전시를 통한 Oxford University Press사와의
독점계약으로 일파소가 소유합니다.
저작권법에 의하여 한국 내에서 보호를 받는 저작물이므로 무단전재 및 복제를 금합니다.